Wo die Strategie beginnt

für Uli

[illegible]

Mumme — Strategien Auswärtiger Bewußtseinspolitik

Der Autor studierte Germanistik und Philosophie an der Freiburger Universität, unterrichtete Deutsch an der Technischen Hochschule Mansoura in Ägypten und arbeitete als Lehrer und Berater in der Ausbildungsabteilung der Misr Spinning and Weaving Company in Mahala el Kubra. Anschließend war er Dozent des Goethe-Instituts in Alexandria, Rom und Berlin. Er ist heute unternehmerisch tätig und lebt teils in Deutschland, teils in Amerika.

Martin Mumme

Strategien Auswärtiger Bewußtseinspolitik

Von der Macht der Ideen in der Politik

Königshausen & Neumann

Bibliografische Information Der Deutschen Bibliothek

Die Deutsche Bibliothek verzeichnet diese Publikation in der Deutschen Nationalbibliografie; detaillierte bibliografische Daten sind im Internet über <http://dnb.ddb.de> abrufbar.

Gedruckt auf säurefreiem, alterungsbeständigem Papier
Umschlag: Hummel / Lang, Würzburg
Bindung: Buchbinderei Diehl+Co. GmbH, Wiesbaden

Printed in Germany
ISBN 3-8260-3297-7
www.koenigshausen-neumann.de
www.buchhandel.de
www.buchkatalog.de

Inhaltsverzeichnis

Vorwort

Worum geht es in diesem Text?

Es geht um Auswärtige Bewußtseinspolitik, um eine Politik, die darauf zielt, Ideen und Denkansätze anderer Völker zu beeinflussen.

Wir wollen nachweisen, daß mit dieser Art von Politik in der Vergangenheit bei sehr geringem Kostenaufwand immer wieder gewaltige Erfolge erzielt wurden, und wir meinen, wir können belegen, daß die Bundesregierungen von den Möglichkeiten Auswärtiger Bewußtseinspolitik bisher keinen oder fast keinen Gebrauch gemacht haben.

Wir wollen zeigen, warum die Politiker in Deutschland wenig dazu neigen, sich auf Auswärtige Bewußtseinpolitik einzulassen, und das unter anderem auch, weil sie hierfür keine Strategie haben.

Wir meinen, daß man aus den Erfahrungen der Geschichte durchaus eine solche Strategie entwickeln kann.

Und eben das versuchen wir in diesem Buch.

Unter anderem.

Nur wenn, was ist, sich ändern läßt, ist das, was ist, nicht alles.
Adorno

Warum Auswärtige Bewußtseinspolitik

Circa 8000 vor Christus errichteten die Bewohner von Jericho eine Festung zum Schutz der Stadt. Eine hohe Umfassungsmauer, einen Wassergraben, Zisternen, Laufgänge, Schießscharten, einen Turm. Im Prinzip wurden alle Festungen in Europa danach so gebaut wie in Jericho. Wuchtige Mauern, um so höher um so besser, ein breiter Wassergraben, um so tiefer um so besser, ein paar Türme, um so mehr um so besser. Bis Ende des 15. Jahrhunderts. Dann gab es Kanonen, die die Festungen zusammenschossen. Eine neue Technik hatte sie obsolet gemacht. Der Festungsbau mußte grundlegend verändert werden.

Aber dieses Buch handelt nicht von Festungen und Kanonen, sondern von Auswärtiger Bewußtseinspolitik. Wenn wir es hier mit einem etwas kühnen Vergleich versuchen: Wären die in der Bundesrepublik für Auswärtige Bewußtseinspolitik Verantwortlichen Festungsbauer, so wären sie heute noch nicht weit entfernt von Jericho.

Aber definieren wir zunächst einmal genauer, was wir unter Auswärtiger Bewußtseinspolitik verstehen. Wir verstehen darunter die Beeinflussung des Bewußtseins anderer Völker mit einer politischen Zielsetzung. Eine Form der Außenpolitik also, deren Essenz die Handhabung von Ideen ist.

Dabei geht es uns nicht bloß um eine neue Taktik wie beim Festungsbau im 15. Jahrhundert. Es geht uns um mehr, es geht uns um eine Variante der Außenpolitik, die gleichberechtigt neben die klassische Militär- und Wirtschaftspolitik tritt. Um eine Politik, die wir, bis ein besserer Name gefunden wird, Auswärtige Bewußtseinspolitik nennen. Wobei das, was unsere Politiker als Auswärtige Kulturpolitik bezeichnen, hiervon nur ein Teil wäre, allerdings ein wichtiger.

Was zu der Frage führt, ob sich nicht vielleicht von äußeren Umständen unabhängige Prinzipien und Strategien Auswärtiger Bewußtseinspolitik finden lassen, die jenseits der Gezeiten der Tagespolitik gelten. Ähnlich wie sie Machiavelli für die klassischen Formen der Politik formuliert hat.

Unerheblich ist die Beantwortung einer solchen Frage nicht. Auswärtige Bewußtseinspolitik war in der Vergangenheit bis hinein in die Gegenwart immer wieder überaus erfolgreich. Manchmal in einem solchen Maß, daß sie alles in den Schatten stellte, was mit anderen Formen der Politik zu erreichen war.

Insofern ist schwer zu verstehen, warum Auswärtige Bewußtseinspolitik oder, um mit den Politikern zu sprechen, Auswärtige Kulturpolitik für die Bundesrepublik nach wie vor die Rolle eines Aschenputtels spielt, und warum sie hierfür nur einen sehr geringen Bruchteil der Haushaltsmittel ausgibt.[1] Und warum Willy Brandts Forderung, Auswärtige Kulturpolitik müsse zur dritten Säule der Außenpolitik werden, Makulatur geblieben ist.

Dabei gibt es einen ganzen Fächer von Gründen, Bewußtseinspolitik in den Brennpunkt der Außenpolitik zu rücken. Unter anderem, daß sich auf der Erde mit wachsender Geschwindigkeit ein Konfliktpotential aufbaut, dem mit den Mitteln der klassischen Militär- oder Wirtschaftspolitik nicht beizukommen ist.

Wenn es darum geht, die Rodung tropischer Wälder aufzuhalten, die Bevölkerungsexplosion in den Entwicklungsländern zum Stillstand zu bringen oder den Verbrauch von Ressourcen und Energie in den Industrieländern einzuschränken, so läßt sich das nicht mit Gewalt oder durch wirtschaftlichen Druck erreichen, sondern nur durch einen Wandel im Bewußtsein der Völker. Auf einen solchen Wandel kann man nur im Rahmen einer auswärtigen Bewußtseinspolitik hinwirken.

Notwendig ist Auswärtige Bewußtseinspolitik auch deshalb, weil sich eine neue Art der Kriegsführung am Horizont abzeichnet, die sich den Mitteln der klassischen Militärpolitik entzieht. Die Einfriedung des Krieges, die im 18. Jahrhundert geglückt war, und die den Krieg – jedenfalls in Europa – auf reguläre Streitkräfte unter Schonung der Zivilbevölkerung beschränkte, endete im Zweiten Weltkrieg. Der Krieg ist seitdem wieder umfassender, radikaler und weniger beherrschbar geworden. Sein Schwerpunkt verlagert sich zunehmend von der Auseinandersetzung regulärer Streitkräfte zum Partisanenkrieg. Moderne Partisanen kämpfen nicht mehr wie in der Vergangenheit nur zur Verteidigung ihres Landes. Partisanen oder Guerillas oder Terroristen, wie immer man sie nennt, sind zu Angriffskriegen übergegangen und greifen die Zentren industrieller Gesellschaften an, die mit ihren Atomkraftwerken, Lagerstätten atomarer Abfälle und Verkehrsnetzen immer verletzlicher werden. Sie sind mit den Techniken der konventionellen Kriegsführung nicht zu bekämpfen. Niemand kann sie daran hindern, miniaturisierte Atombomben durch Funk in Zentren von Großstädten oder auf Containerschiffen in Häfen zu zünden, Belüftungsanlagen von U-Bahnnetzen, Wolkenkratzern und Regierungsgebäuden bakteriologisch zu verseuchen, Wasserreservoire zu vergiften oder Atommeiler und deren Lagerstätten anzugreifen. Das gilt um so mehr, wenn sie bereit sind, im Namen einer Ideologie oder Religion oder im Namen der Gerechtigkeit ihr Leben zu opfern. Gegen sie gibt es kein militärisches Mittel. Auch hier ist keine andere Reaktion denkbar als zu versuchen, das Bewußtsein von Völkern so zu beeinflussen, daß sich dort kein Klima bildet, das radikale Entscheidungen begünstigt.

Ein weiterer Grund, den Schwerpunkt der Außenpolitik auf die Auswärtige Bewußtseinspolitik zu verlagern, gilt für die Bundesrepublik, aber auch für die meisten ihrer Verbündeten. Die Bundesrepublik bekennt sich in ihrer Verfassung zu den Ideen, die in der amerikanischen Erklärung der Menschenrechte und in der Französischen Revolution formuliert wurden. Die Wahrheit, sagt Brecht, setzt sich nur insoweit durch, als wir sie selbst durchsetzen. Dies gilt auch für die Überzeugungen, die man vertritt. In der Außenpolitik ist der Ort, sie zu behaupten, die Bewußtseinspolitik.

Hinzukommt noch ein weiteres Argument: Der Einfluß der Medien und damit der öffentlichen Meinung auf die Politik. Seit der Erfindung des Rotationsdrucks und der damit verbundenen explosionsartigen Ausweitung des Pressewesens in der Mitte des 19. Jahrhunderts hat die öffentliche Meinung Träger gefunden, durch die sie sich artikulieren kann. Vorher war Politik im wesentlichen Kabinettspolitik. Die öffentliche Meinung spielte bis dahin kaum eine Rolle. Anders war das nur in Zeiten von Revolutionen. Aber die dauerten nie lange. Seitdem hat sich der Einfluß der Medien auf die Politik ständig verstärkt. Revolutionäre besetzen nicht mehr als erstes Bahnhöfe, Kasernen und Verkehrsknotenpunkte, sondern Zeitungsredaktionen, Rundfunksender, Fernsehsender und Telefonzentralen. Die Verbreitung oder Unterdrückung von Nachrichten und Ideen ist zu einem entscheidenden Faktor der Politik geworden. So sehr, daß es seitdem zunehmend Konstellationen gibt, wo die Handhabung von Informationen über Sieg oder Niederlage entscheidet. Noch im Zweiten Weltkrieg gab es technische Mittel, den Fluß von Informationen zu unterbinden oder zu stören. Aber die sind inzwischen dahin. Die Sendungen von Satelliten lassen sich kaum mehr behindern, es sei denn, man wollte auf ein eigenes Nachrichtenwesen verzichten. Das Gleiche gilt auch für den Zugang zum Internet.. Der freie Fluß der Informationen ist unaufhaltsam geworden. Für die meisten Regierungen ist es eine Frage des Überlebens, wie sie diese Informationen handhaben.

Und schließlich hat die Ausbreitung von Computern neben der realen und greifbaren Welt eine zweite artifizielle Welt des Bewußtseins geschaffen. Die Schwerpunkte unserer Zivilisation verschieben sich allmählich von einer materiellen und greifbaren Welt in eine Welt der Ideen und der Informationen. In die sogenannte virtuelle Welt. Virtuell bezieht sich auf das mittellateinische virtualis, das ursprünglich „mögliche Wirklichkeit" bedeutet. Aber möglich ist diese Wirklichkeit nicht, sie ist im höchsten Maße real. Für viele Menschen so real, daß sie sich in dieser artifiziellen Welt inzwischen mehr zu Hause fühlen als in der faßbaren Realität. Eine künstliche Welt, die sich aus zu Bildern und Botschaften zusammengefaßten Informationen zusammensetzt und in der sich Macht auf eine höchst intensive Weise konzentriert. Das beginnt schon im Bereich konventioneller militärischer Konflikte. In Luftkämpfen fallen heute die Entscheidungen auf Bildschirmen von Computern. Wer den Gegner früher im Fadenkreuz hat, behält die Oberhand. Ähnliches gilt für die Duelle von Panzern, Flugzeugen und für Raketenangriffe auf Bodenziele. Wer hier die besseren Computer hat, hat die besseren Karten. Hierbei sind Computer mehr als nur ein Instrument. Die künstliche Realität, die in ihnen erscheint, bezieht den Nutzer mit ein. Er muß sich auf ähnliche Weise wie in der klassischen Realität auf die Bedingungen der virtuellen Welt einlassen. Computer schieben zwischen die Kombattanten eine virtuelle Welt, zu der beide Seiten Zugang haben. Neu daran ist, daß dabei die Entscheidung über Sieg oder Niederlage nicht mehr nur auf dem Schlachtfeld, sondern auch auf Bildschirmen fällt. Wenn das, was auf Computerbildschirmen erscheint, nichts weiter ist als Spiegelungen unseres Bewußtseins, so hat es hier eine universale Wendung aus einer realen und greifbaren Welt in eine Welt des Bewußtseins gegeben.

Ähnliches gilt für den Handel. Die Ware wird auf dem Bildschirm dargestellt, begutachtet, gekauft und verkauft. Es ist schwer abzuschätzen, wo der Schwerpunkt der Operation anzusiedeln ist. In der virtuellen Welt der Bildschirme oder bei der realen Versendung und Auslieferung der Ware. Ähnliches gilt inzwischen für das gesamte Geldwesen, für die Polizei und sämtliche Kontrollapparate. Passanten auf Londoner Hauptstraßen und Plätzen werden heute bereits mehr als dreißig Mal täglich von Videokameras gefilmt, die an Computer gekoppelt sind. Die Computer vergleichen die Photos mit Fahndungslisten und signalisieren gesuchte Personen. In London existieren inzwischen mehr als 1200 elektronische Kameras pro Quadratmeile.[2] Allein in Großbritannien gibt es heute 20.000 Überwachungskameras und jede Woche kommen weitere 500 dazu.[3] Es ist abzusehen, daß solche Kameras bald in allen Städten der Erde Straßen und Plätze kontrollieren.

Am Horizont zeichnet sich die Ersetzung des Geldes durch Chipkarten ab, die durch Computer überwacht werden, so daß jeder einzelne Kauf, jede wirtschaftlich relevante Transaktion erfaßbar wird. Wenn dies alles so ist, und es ist evident, daß es so ist, so sind Informationen nicht nur indirekt, sondern unmittelbar zu Vehikeln der Macht geworden. Eine Situation, die nicht mehr mit der klassischen Wirtschafts- und Militärpolitik zu bewältigen ist, sondern nur mit einer Politik, die die Handhabung von Informationen zum Gegenstand hat, mit einer Form von Politik also, die wir vorschlagen, Bewußtseinspolitik zu nennen.

Nun könnte man der Forderung nach einer Verschiebung der Schwerpunkte der Außenpolitik hin zu einer Auswärtigen Bewußtseinspolitik entgegenhalten, daß hierzu immer noch Zeit wäre, daß es andere Aufgaben gäbe, die auch und vielleicht noch dringlicher gelöst werden müßten, daß so etwas noch gründlich erwogen und erörtert werden müßte. Aber wie, wenn dazu keine Zeit mehr ist? Wie, wenn sich seit langem überall in der Welt ein Konfliktpotential aufgebaut hat und weiterhin aufbaut, mit dem man, ob man will oder nicht, zu Rande kommen muß? Wie, wenn als Folge einer weltweiten Industrialisierung und des hierzu parallel verlaufenden Bevölkerungszuwachses gänzlich neue Konfliktmöglichkeiten entstanden sind, die zu den bisherigen klassischen Konfliktmöglichkeiten hinzukommen? Kein Zweifel. Die Welt ist, was Kriege anbelangt, gefährlicher geworden und wird es in Zukunft noch mehr. Die Debatte, die Donella und Denis Meadows mit ihrem Buch über die Grenzen des Wachstums ausgelöst haben,[4] ist inzwischen leiser geworden, ja fast verstummt. Die Probleme, um die es hierbei geht, sind jedoch im wesentlichen unverändert geblieben. Nach wie vor decken die vorhandenen Ressourcen in vielen Ländern den Bedarf der Bevölkerung nicht. Nach wie vor muß man damit rechnen, daß bei der Verlängerung der Fluchtlinien der derzeitigen industriellen Entwicklungen die hierfür notwendigen Ressourcen auch weltweit nicht mehr ausreichen werden. Mit anderen Worten, die Gefahr militärischer Auseinandersetzungen über die Verteilung der sich verknappenden Ressourcen nimmt von Jahr zu Jahr zu.

Erinnern wir uns an einige Zahlen. 1957 lebten auf dieser Erde 2,5 Milliarden Menschen. Im Jahr 2003 hatte sich diese Zahl mit 6,3 Milliarden mehr als verdoppelt. Zur Zeit wächst die Erdbevölkerung um 76 Millionen Menschen pro Jahr, etwa um soviel wie die Bevölkerung der Bundesrepublik. Die jüngste nach unten korrigierte Prognose der UNO geht für 2050 von fast 9,0 Milliarden Menschen aus.[5] Dem steht die Verknappung fruchtbarer Böden gegenüber. Durch Wasser und Winderosion gehen jährlich 75 Milliarden Tonnen an Ackerboden verloren. Während sich in einem Jahr nur etwa 1 bis 2 Tonnen Boden pro Hektar neu bilden, werden in Europa und den USA im gleichen Zeitraum 17 Tonnen, in Asien, Afrika und Südamerika sogar bis zu 30 bis 40 Tonnen Boden pro Hektar abgetragen. In vielen Regionen ist auf diese Weise in den letzten 150 Jahren die Hälfte des fruchtbaren Ackerlandes verloren gegangen.[6] Heute sind 250 Millionen Menschen von Wüsten bedroht. Mehr als eine Milliarde Menschen kommen in absehbarer Zeit hinzu.[7]

Ein weiteres rasch anwachsendes Konfliktpotential ergibt sich aus der Verteilung von Wasser. Zwischen 1900 und 1995 hat sich die globale Wasserentnahme mehr als versechsfacht und ist damit doppelt so schnell angestiegen wie die Weltbevölkerung.[8] Rund 1,1 Milliarden Menschen haben derzeit keinen Zugang zu sauberem Trinkwasser.[9] Innerhalb der nächsten 25 Jahre wird Wasser in voraussichtlich 39 bis 46 Ländern knapp. Bis zum Jahr 2050 werden im günstigsten Fall zwei Milliarden Menschen in 48 Ländern und im schlimmsten Fall 7 Mrd. Menschen in 60 Ländern von Wasserknappheit betroffen sein.[10] Laut WHO sterben jedes Jahr 2,2 Millionen Menschen an Infektionskrankheiten aufgrund unzureichender Versorgung mit Trinkwasser.[11] Mehr als die Hälfte aller großen Flüsse sind laut Aussage der Weltwasserkommission von 1999 stark verschmutzt oder von Austrocknung bedroht. Schlechtere Umweltbedingungen an Wasserläufen waren 1998 die Ursache für die Umsiedlung von rund 25 Millionen Menschen. Die Zahl der Umweltflüchtlinge lag damit erstmals über der Zahl der Kriegsflüchtlinge.[12] Nur zwei der 500 größten Flüsse können als gesund eingestuft werden.[13] 2050 werden 39 Länder mit 3,7 Mrd. Menschen unter Wassermangel leiden.[14]

Eine weitere Quelle für globale Konflikte ist der Energieverbrauch der Menschheit. Er ist von 1860 bis 2001 um das siebzigfache gestiegen und steigt unaufhörlich weiter.[15] Den größten Teil der Energie nehmen die Industrienationen für sich in Anspruch. Ein Europäer verbraucht durchschnittlich 20 bis 30 Mal mehr Energie als der Bewohner eines Entwicklungslandes.[16] In Amerika beträgt der Energieverbrauch pro Einwohner das vierzigfache.[17] Im Jahr 1999 deckten die fossilen Brennstoffe Kohle, Erdgas und Erdöl 89,9 % der kommerziell gelieferten Energie.[18] Hält die gegenwärtige Wachstumsrate an, so zeichnet sich mittelfristig bei Erdöl und Erdgas eine Erschöpfung der Lagerstätten ab.[19]

Die Produktion von Energie aus fossilen Brennstoffen hat bewirkt, daß die dabei entstehenden Abgase wie CO^2 und Methan inzwischen eine erheblich höhere Konzentration in der Erdatmosphäre erreicht haben als jemals zuvor.[20] Der globale Ausstoß des wichtigsten Treibhausgases CO^2 hat sich seit 1860 bis 2001 um den Faktor 70 erhöht. Auf 24,1 Milliarden Tonnen pro Jahr.[21] Die Zunahme dieser Gase in der Erdatmosphäre führt zur globalen Erwärmung. Die globale Mitteltemperatur liegt heute 0,6 °C über den Werten am Ende des 19. Jahrhunderts.[22] Die Folge ist ein Anstieg des Meeresspiegels, der zu einer Überflutung vieler Mündungsgebiete wie des Ganges oder des Nils oder auch tiefgelegener Regionen wie Bangladesh führen kann. Der Meeresspiegel ist bis jetzt um 10–20 cm gestiegen.[23] Es ist nicht anzunehmen, daß die betroffenen Länder einen weiteren Anstieg des Meersspiegels widerstandslos hinnehmen werden.

Eine weitere gravierende, in ihren Ausmaßen bisher noch nicht abzusehende Gefährdung der Völker der Erde und Anlaß zukünftiger Konflikte entsteht aus der Produktion von Kernenergie. Anfang 2003 waren weltweit in 31 Staaten 441 Atomkraftwerke in Betrieb.[24] Alle diese Kraftwerke produzieren radioaktive Abfälle, deren Halbwertzeiten vom Bruchteil einer Sekunde bis zu Millionen von Jahren reicht. Ein typischer kommerzieller Atomreaktor stößt jährlich etwa 30 Tonnen abgebrannter Brennelemente aus, wobei jede einzelne Tonne ungefähr 180 Millionen Curie Radioaktivität und 1,6 Megawatt Hitze abgibt. Diese Radioaktivität geht innerhalb eines Jahres auf circa 693.000 Curie zurück, nach 10 000 Jahren bleiben noch 470 Curie. Die global angehäufte Menge abgebrannter Brennelemente betrug bereits 1992 84.000 Tonnen. Nach Schätzungen der Internationalen Atomenergie Organisation der Vereinten Nationen wird sie in der Mitte dieses Jahrhunderts etwa 450.000 Tonnen erreichen.[25] Hinzukommen noch einmal etwa 40 Millionen Tonnen radioaktiver Abfälle, die nicht so strahlenintensiv wie die Brennelemente sind, aber teilweise auch in hohen Dosen Alpha- und Betateilchen sowie Gammastrahlen abgeben, die alles lebende Gewebe schädigen. Das Problem der sicheren Lagerung dieser Abfälle ist bis heute weltweit ungelöst. Unbeantwortet ist auch die Frage, was geschieht, wenn Länder Atomreaktoren errichten, die nur unzureichend über die hierfür erforderliche Hochtechnologie verfügen und dadurch zu einer tödlichen Bedrohung für ihre Nachbarn werden.

Wenn man das Konfliktpotential ansieht, das sich aus der Belastung der Umwelt und dem Verbrauch von schwindenden Ressourcen ergibt, muß man noch folgendes bedenken: Wir haben es nicht mit linearen, sondern mit exponentiellen Wachstumsraten zu tun. Wie bei der Zinseszinsrechnung im Bankgewerbe ist der Kapitalzuwachs nicht konstant, sondern erhöht sich ständig in Relation zu dem jeweils erreichten Kapitalstand. Wächst eine Volkswirtschaft um jährlich 5% so erreicht sie nach hundert Jahren das 500fache ihres gegenwärtigen Standes, sie ist dann um 50.000 Prozent gewachsen.[26] Die Belastung der Erde durch den Menschen folgt den gleichen Gesetzen. Viel zitiert wird das Beispiel, das Meadows hierzu anführt:[27] Wenn in einem Gartenteich eine Seerose wächst, deren Blätter sich täglich verdoppeln, würde sie nach 21 Tagen 1/128 der Seeoberfläche bedecken. Am 25. Tag hätte sie sich erst auf 1/32 des Teichs ausgebreitet. Es gäbe also noch immer sehr viel offene Wasserfläche. Am 29. Tag wäre die Hälfte des Sees bedeckt. Noch immer könnte man gelassen bleiben, was den Umfang der noch freien Fläche anbelangt. Aber schon am Tag darauf, am 30. also, wäre der gesamte See zugewachsen und die meisten übrigen Lebensformen erstickt. Diese Überlegung zeigt, wie exponentielles Wachstum, dem wir uns hier konfrontiert sehen, Grenzen, die in weiter Ferne zu liegen schienen, unversehens überschreitet. Und wie sich hierdurch die Konfliktmöglichkeiten unter den Völkern immer mehr zuspitzen.

Dabei beschreiben wir nur die gegenwärtige Situation. Nur ein Viertel der Weltbevölkerung, also etwa 1,2 Milliarden Menschen lebt zur Zeit in Ländern mit hohem Lebensstandard. Die übrigen 4 Milliarden Menschen und die weiteren 1,5 Milliarden, die in der dritten Welt in den nächsten 25 Jahren noch hinzukommen, möchten den Wohlstand erreichen, den die Industrienationen jetzt schon haben. Sie wünschen sich Autos und Kühlschränke, eine gute medizinische Versorgung, sauberes Wasser und technischen Komfort im gleichen Umfang wie er der westlichen Welt zur Verfügung steht. So steigt die Anzahl der Automobile dreimal schneller als die Weltbevölkerung. Es ist nicht zu erwarten, daß die Ressourcen der Erde ausreichen, um solche Ansprüche zu erfüllen.

Vielleicht gelingt es in der Zukunft, was bisher keineswegs sicher ist, durch Kernfusion und Photosynthese neue für die Menschheit ausreichende Energiequellen zu erschließen und den Rohstoffverbrauch durch Wiederverwertung zu senken. Vielleicht wird es gelingen, durch die Anwendung neuer Techniken die Agrarproduktion zu vervielfachen. Und vielleicht wird es auch möglich sein, mit Entsalzungsanlagen genügend Süßwasser für die Menschheit zu produzieren. Aber selbst dann bleibt ungeklärt, wer die hierfür erforderlichen astronomisch hohen Investitionen aufbringen könnte, und ob es hierfür überhaupt genügend Finanzmittel auf dieser Erde gibt. Dessen ungeachtet haben die Industrienationen und die Länder der Dritten Welt eins gemeinsam: Sie sind entschlossen, ihre wirtschaftliche und industrielle Expansion fortzusetzen, ungeachtet der Konsequenzen, die das hat. So konkurrieren schon jetzt immer mehr Menschen um die Nutzung schwindender und immer aufwendiger zu gewinnender Rohstoffe, wobei die Belastung der Umwelt nicht wie bisher regional, sondern global ständig zunimmt.

Daß die meisten Staaten mit einer wachsenden Gefahr militärischer Auseinandersetzungen rechnen, zeigt der weltweite Anstieg der Rüstungsausgaben. Sie stiegen von 1999–2000 auf 811 Milliarden Euro.[28] Bis zum Jahr 2003 hatten sich die internationalen Rüstungsausgaben auf 956 Mrd. Dollar erhöht. Das entspricht dem höchsten Stand während des Kalten Krieges.[29] Die Entwicklungsländer stehen hierbei keineswegs zurück. Ihre Rüstungsausgaben haben sich von 1960 – 1991 real verfünffacht.[30] Das entspricht einem Zuwachs, der doppelt so hoch ist wie der Zuwachs ihres Bruttosozialprodukts. Zwischen 1978 und 1988 importierten Entwicklungsländer für 439 Milliarden US-Dollar Waffen. 1995 gaben die Entwicklungsländer bereits 200 Milliarden US-Dollar für die Rüstung aus.[31] 22 Länder der Dritten Welt mit einer Bevölkerung von 1,8 Milliarden Menschen investierten von 1984 bis 1987 mehr für Rüstung als für ihr Gesundheits- und Bildungswesen zusammen.[32] Wie fragil der Frieden auf dieser Erde ist zeigt, daß etwa 40 Millionen Menschen in mehr als 125 grenzüberschreitenden Kriegen und Bürgerkriegen von 1945 – 1990 umgekommen sind.[33] Von 1990 – 2000 kamen weitere 56 Kriege mit über zehn Millionen Toten hinzu.[34] Im Zeitraum von 1946 bis 2003 gab es in 148 Ländern insgesamt 229 bewaffnete Konflikte.[35] Und als ob das alles nicht schon Bedrohung genug wäre, müssen wir uns auch noch mit einer zunehmenden Ausbreitung atomarer Waffen abfinden. Schon jetzt verfügen Israel, Pakistan, Nordkorea, Indien und China neben den klassischen Atommächten über Atombomben. In wenigen Jahren werden immer mehr Staaten über atomare Waffen verfügen, wobei man davon ausgehen muß, daß sie sie im Falle einer drohenden Niederlage auch gebrauchen werden. Dabei ist keineswegs sicher, ob militärische Konflikte zwischen Industrienationen und Entwicklungsländern, etwa über die

Nutzung von Land oder Ressourcen, immer zu Gunsten der Ersteren ausgehen. Selbst wenn ein Industrieland in der Lage ist, einen technisch und militärisch unterlegenen Gegner vielfach zu vernichten, so genügt es für eine Niederlage, wenn es selbst einmal tödlich getroffen wird.

Auch wenn man sich mit all diesen Szenarien nicht weiter auseinandersetzen möchte, so verdeutlichen sie doch, daß ein grundlegender Wandel der gegenwärtigen Lage nur auf Grund der Einsicht der Völker und nur auf friedlichem Weg erfolgen kann, und daß es hierzu keine Alternative gibt. Was wiederum die Bewußtseinspolitik ins Zentrum der Außenpolitik rückt.

Kambodscha und die Roten Khmer

Nun könnte man einwenden, daß Auswärtige Bewußtseinspolitik zwar wirksam sein könnte, nur billig wäre sie nicht. Man müßte auch bereit sein, für die Kosten aufzukommen, wie England und Frankreich hierzu bereit waren, als sie Schulen, Universitäten und Bibliotheken in ihren Kolonien gründeten. Auf die Weise hätten sie ganze Völker veranlaßt, Englisch oder Französisch zu lernen und sich teilweise auch ihre Denkungsart zu eigen zu machen. Ob man das moralisch bedenklich fände oder nicht, wirksam wäre diese Art von Bewußtseinspolitik jedenfalls gewesen. Und wirksam war sie in der Tat. Von den Farmen, Fabriken, Immobilien und Militärstützpunkten Englands und Frankreichs ist in diesen Ländern nichts übrig geblieben. Geblieben ist dort nur ihr kulturelles Erbe. Heute noch wird Englisch und Französisch in weiten Teilen Asiens und Afrikas als Lingua franca gesprochen. Aber abgesehen davon, daß heute niemand mehr eine solche Kulturpolitik kolonialer Couleur betreiben möchte, die dafür erforderlichen Mittel hat man nicht. Die Einnahmen aus den Kolonien sind dahin wie die Kolonien dahin sind, und ähnliche Einnahmen sind nicht in Sicht.

Daß der Einwand, eine effiziente Auswärtige Bewußtseinspolitik wäre zu teuer, nicht immer zutrifft, zeigt die Geschichte der kambodschanischen Revolution. Vorausgesetzt, man stimmt darin überein, daß Auswärtige Bewußtseinspolitik nicht erst im Ausland, sondern schon an den Schulen und Universitäten des Inlands beginnt. Die kambodschanische Revolution ist ein Exempel dafür, daß eine punktuelle Instruktion einer Handvoll Menschen ohne nennenswerten finanziellen Aufwand gewaltige politische Konsequenzen haben kann. Die Handvoll Menschen, von denen wir hier sprechen, war eine Gruppe von etwas mehr als einem Dutzend kambodschanischer Abiturienten, die ihre Eltern in den fünfziger Jahren zum Studium nach Paris geschickt hatten. Ihre Vorbildung entsprach dem, was man gemeinhin an den französischen Schulen in den Kolonialgebieten lernte. Ihre Erziehung und die Verhältnisse, aus denen sie stammten, waren die des kambodschanischen Bürgertums.[1] Gemeinsam war ihnen der Wunsch, ihr Land von der Fremdherrschaft zu befreien und die dort herrschende Armut zu beseitigen. Auf der Suche nach einer Verwirklichung dieser Ziele studierten sie Soziologie und Wirtschaftswissenschaft an den Hochschulen von Paris[2] und teilweise auch in den Seminaren der kommunistischen Partei. Dort glaubten sie schon deswegen eine unvoreingenommene Antwort auf ihre Fragen zu finden, weil damals die kommunistische Partei die einzige Partei in Frankreich war, die die Beendigung der Kolonialherrschaft forderte.

Während ihrer Studienzeit in Paris in den fünfziger und zu Anfang der sechziger Jahre dürften sie von nicht mehr als einem Dutzend Professoren und Dozenten der Soziologie und Wirtschaftswissenschaften unterrichtet worden sein. Einer Handvoll von Dozenten trat damals also eine Handvoll von Studenten gegenüber. Was sie in den Seminaren und Vorlesungen in Paris kennen lernten, war das, was sie gesucht hatten: Ein spezifisches Modell für eine Veränderung der gesellschaftlichen Strukturen in den Entwicklungsländern. Ein Modell, das eine marxistische Basis hatte, aber eine Weiterentwicklung der marxistischen Doktrin hinsichtlich der Situation in der Dritten Welt darstellte.

Sowohl die Dozenten, die es vortrugen, als auch das Modell selbst, müssen außerordentlich überzeugend gewirkt haben. Fast alle aus der Gruppe von Kambodschanern, die damals in Paris studierten, traten nach ihrer Rückkehr der kommunistischen Partei Kambodschas bei.[3] Sie stiegen dort zu Führern einer Revolution auf, in der sie die Gesellschaftstheorie, die sie bei ihren Studien in Paris kennengelernt hatten, in die Wirklichkeit umsetzten. Eine Revolution, die an Radikalität in der Geschichte des zwanzigsten Jahrhunderts nichts ihresgleichen hatte. Sie kostete rund 1,2 Millionen Kambodschanern das Leben, etwa jedem siebten Einwohner des Landes, ruinierte seine Wirtschaft und verschob das Kräfteverhältnis in Indochina um mehr als ein Jahrzehnt zugunsten kommunistischer Gesellschaftsordnungen.[4]

Es ist nicht bekannt, ob die Dozenten, die diese Studenten unterrichteten, sich jemals gefragt haben, ob sie für die Hunderttausende von Toten, die die Revolution der Roten Khmer verursacht hat, mitverantwortlich waren. Aber das ist ein anderes Kapitel.

Nachdem die Führer der Roten Khmer im April 1975 die Macht in Kambodscha erobert hatten, ließen sie in wenigen Tagen sämtliche Städte des Landes evakuieren, darunter Phnom Penh mit zwei Millionen Einwohnern.[5] Die Menschen mußten ihre Häuser binnen weniger Stunden verlassen. Sie durften nur das mitnehmen, was sie tragen konnten. Wer sich weigerte, wurde erschossen. Da es auf dem Land für sie weder ausreichend Nahrung noch Unterkünfte gab, kam es bereits nach zwei Wochen zum Ausbruch von Cholera, an der rund hunderttausend Menschen starben. Und danach zu Hungersnöten, denen weitere Hunderttausende zum Opfer fielen.[6] Die Roten Khmer liquidierten alle Offiziere und höheren Beamten des früheren Regimes[7], und die Landbesitzer und die Angehörigen der Bildungsschicht, wobei es oft schon zur Begründung der Exekution ausreichte, daß sie einige Semester studiert oder im Ausland gelebt hatten oder fremde Sprachen beherrschten.[8] Sie schafften das Privateigentum ab,[9] kollektivierten die Landwirtschaft, schlossen die Märkte, beseitigten Geld und Löhne und ließen der Bevölkerung die tägliche Nahrung zuteilen.[10, 11] Sie stellten den Außenhandel, außer den mit China, ein und kapselten das Land von der Außenwelt ab.[12, 13] Die meisten der wenigen Fabriken in Kambodscha legten sie still. Sie schlossen alle Bibliotheken und ließen alle Bücher vernichten, die sich im Privatbesitz befanden.[14] Sie schlossen oder zerstörten die buddhistischen Tempel und vertrieben oder exekutierten die Mönche.[15] Sie verwandelten das Land in ein Arbeitslager, in dem jeder seine tägliche Schale Reis durch Arbeit auf den Feldern verdienen sollte und nahmen es hin, daß die Menschen starben, weil die medizinische Versorgung zusammenbrach, denn als Angehörige der ehemaligen Bildungsschicht hatten sie auch die meisten Ärzte umgebracht, sofern sie nicht rechtzeitig geflohen waren.[16, 17, 18] Sie regelten den Tagesablauf jedes einzelnen und setzten durch, was sie zu moralischen Normen erklärten. Außerehelichen Geschlechtsverkehr oder Ehebruch bedrohten sie mit der Todesstrafe.[19] Die Frauen hatten sich schwarz zu kleiden und ihr Haar kurz zu schneiden.[20] Mit der Todesstrafe mußte auch rechnen, wer sich einen Diebstahl an kollektivem Eigentum, also auch an der Nahrung, die er selbst produziert hatte, zu schulden kommen ließ. Exekution drohte auch jedem, der Kritik an der Regierung oder an der Arbeitsplanung oder Klagen über die unzureichende Ernährung äußerte oder den geforderten Arbeitseifer vermissen ließ.[21]

Barbarisch war die Herrschaft der Roten Khmer allemal, aber woher hatten sie diese durch nichts zu erschütternde Sicherheit, sich auf dem richtigen Weg zu befinden? Auf welche Theorie stützten sie sich? Die Gesellschaftstheorie, die ihnen als eine Art Blaupause ihrer Revolution diente, hatten sie während ihrer Studien in Paris kennen gelernt. In französischer Sprache publizierende Soziologen hatten sie zu Beginn der sechziger Jahre entwickelt. Die prominentesten unter ihnen waren Franz Fanon und Samir Amin. Beide hatten sie eine Weiterentwicklung der marxistischen Gesellschaftslehre, bezogen auf die Dritte Welt, vorgelegt. Für sie waren nicht wie bei Marx und Lenin die städtischen Proletarier, sondern die Landarbeiter Träger eine zukünftigen sozialistischen Revolution. Franz Fanon hatte in den fünfziger Jahren in Lyon Psychologie und

Medizin studiert, war Mitglied der algerischen Befreiungsbewegung, gab eine Zeitung in Tunis heraus und wurde schließlich Botschafter der Republik Algerien in Ghana. Samir Amin hatte an der Pariser Universität im Jahr 1957 über das Thema „Wirkungen internationaler Integration auf vorkapitalistische Wirtschaftsräume“ promoviert. 1960 wurde er Professor für Wirtschaftswissenschaften an der Universität von Poitiers und 1966 an der Universität von Paris. Zu den Schülern von Amin gehörte der spätere Ministerpräsident der Roten Khmer Khieu Sampan. Khieu Sampan hat sich in seiner Doktorarbeit über das Thema „L' Economie du Cambodge et les Problemes de l' Industrialisation“, die er 1959 an der Sorbonne vorlegte, ausdrücklich auf die Schriften von Samir Amin berufen.[22, 22a] Sowohl Fanon als auch Samin beschrieben die Bourgeoisie und die Stadtbevölkerung in den Kolonialgebieten und in den unabhängigen Ländern der Dritten Welt als parasitär. In seinem 1960 veröffentlichten Buch „Die Verdammten der Erde“ schrieb Fanon:

> „Die nationale Bourgeoisie in unterentwickelten Ländern produziert nicht, erfindet nicht, baut nicht und leistet keine produktive Arbeit. Sie befaßt sich lediglich mit Vermittlungstätigkeiten. Ihr hauptsächliches Geschäft besteht darin, sich auf dem Laufenden zu halten, Teil des Rackets zu bilden und die Rolle des Handlangers, Agenten und Geschäftsführers in den Geschäften und Unternehmungen der Kolonialherren auszufüllen. Auch das embryonale Proletariat ist in den kolonialen Gebieten privilegiert. In den kapitalistischen Ländern hat das Kapital nichts zu verlieren aber eventuell alles zu gewinnen. In den kolonisierten Ländern hingegen hat das Proletariat alles zu verlieren. Als Straßenbahnfahrer, Taxichauffeure, Bergarbeiter, Hafenarbeiter, Dolmetscher und Krankenpfleger zieht es Vorteil aus dem kolonialen System. Ziehen die Kolonialherren ab, so setzt sich die in den Städten residierende Bourgeoisie und deren Nutznießer an deren Stelle. Unter nunmehr nationalem Vorzeichen setzt sie die bisherige Ausbeutung der Bevölkerung oft noch krasser als zuvor fort. Da die nationale Bourgeoisie in der dritten Welt weder genügend materielle noch genügend intellektuelle Mittel hat, auch kaum über Ingenieure und Techniker verfügt, beschränkt sie sich darauf, die einst von den Kolonialherren betriebenen Geschäftsbüros und Handelhäuser zu übernehmen. Sie setzt sich an die Stelle der ehemaligen europäischen Bevölkerung, der Ärzte, Rechtsanwälte, Kaufleute, Vertreter, Generalvertreter, Transithändler und übernimmt so die Rolle eines Transmissionsriemens für den westlichen Kapitalismus. Dabei zeigt sie sich unfähig, die historische Rolle der Bourgeoisie in den Indu-

strienationen auszufüllen. Die Dynamik ihrer Erfinder, Pioniere und Entdecker fehlt ihr in kläglicher Weise. Statt dessen organisiert sie Entspannungszentren und Vergnügungskuren für westliche Touristen. Die Spielkasinos von Mexiko und Havanna, die Strandbäder von Rio, die kleinen Brasilianerinnen und Mexikanerinnen, die dreizehnjährigen sich prostituierenden Mestizinnen in Acapulco und auf der Copa Cabana sind die Stigmata ihrer Verkommenheit. Ohne Einfälle, auf sich selbst zurückgezogen, abgeschnitten vom Volk, schwach durch die Unfähigkeit, die Probleme unter dem Aspekt der ganzen Nation zu überdenken, organisiert die Bourgeoisie der dritten Welt die Plünderung ihrer Länder und macht sie zum Bordell Europas. Ist die nationale Bourgeoisie erst einmal untergegangen, wird man erkennen, daß sie von Anfang an nichts geleistet hat, und daß man noch einmal am Nullpunkt anfangen muß."[23]

Von den Angehörigen der Bildungsschicht in der Dritten Welt sagt er:

„Von den wenigen abgesehen, die sich mit den Unterdrückten solidarisieren, haben sie den Platz der Kolonialherren eingenommen. Sie wollen, daß die Kolonialherren mit den Kolonisierten in einer Neuen Welt friedlich zusammenleben und sehen nicht ein, daß der Kolonialismus sie in allen seinen Denkweisen infiziert hat. Als verwöhnte Kinder des Kolonialismus organisieren sie die Plünderung der Reichtümer, die ihrem Land geblieben sind. Unablässig versuchen sie durch Schiebung oder legale Diebstähle, durch Börsenspekulation oder Import – Exporthandel sich der nationalen Misere zu entziehen. Sie verlangen die Nationalisierung des Handels, das heißt die Reservierung der Märkte und günstige Gelegenheiten zu Geschäften einzig für die eigenen Leute. Die Angehörigen der gebildeten Schichten in der dritten Welt sind nichts weiter als Handlanger einer ausbeuterischen Bourgeoisie. Die Stadtbevölkerung, die Bourgeoisie und die Gebildeten verhindern den notwendigen Wandel in der dritten Welt."[24]

Ähnlich wie Franz Fanon argumentierte Samir Amin: Amin bezeichnete den gesamten Dienstleistungssektor der Dritten Welt, der im wesentlichen in den Städten zu Hause sei, als ausbeuterisch. Auf Ausbeutung der Dritten Welt läuft nach Amin aber auch ihr Anschluß an den Welthandel hinaus. Dieser Anschluß habe das traditionelle Wirtschaftssystem der Dritten Welt zerstört und sie zu permanenter Abhängigkeit verurteilt. Die meisten ihrer einheimischen Handwerksbetriebe seien verschwunden, weil sie der Konkurrenz importierter Industriewaren nicht Stand halten könnten. Auch ihre Agrarproduktion habe sich verringert, weil sie genötigt waren, sich den Anforderungen des Weltmarktes anzupassen. Sofern überhaupt eine Industrialisierung in der Dritten Welt stattfände, so erfolge sie nur auf Grund von Modellen, die man von den Industrienationen übernommen hätte und die insofern nie konkurrenzfähig würden. Die Entwicklung von Wirtschaftsystemen in der Dritten Welt sei schwindelhaft. In Wahrheit finde sie nicht statt.[25] Nach Amin beruht der Antagonismus des kapitalistischen Weltmarkts auf dem Gegensatz zwischen saturiertem Monopolkapital im Zentrum und ausgebeuteten Massen an der Peripherie. Diesen Antagonismus gelte es dadurch aufzulösen, daß sich die Länder der Dritten Welt – jedenfalls zunächst einmal – vom internationalen Handel abkoppelten.[26]

Die Führer der Roten Khmer haben sich sehr genau an die Theorien dieser beiden Soziologen gehalten und sie Punkt für Punkt realisiert. Dabei waren sie sich durchaus darüber im klaren, daß ihre Revolution eine Revolution sui generis war. Sie haben immer wieder verkündet, daß sie sich grundlegend von allen anderen Revolutionen unterschiede. In der Tat wies sie eine Reihe von Elementen auf, die es in keiner anderen revolutionären Bewegung gab, auch nicht in den kommunistischen. Die Kollektivierung der Produktionsmittel, die Diktatur von politisch geschulten Kadern und die Anwendung von Gewalt zur Schaffung einer klassenlosen Gesellschaft, konnte man noch als eine Politik ansehen, die sich im Rahmen der marxistischen Lehre hielt. Radikal anders als alle anderen kommunistischen Parteien und auch anders als in der klassischen marxistischen Gesellschaftstheorie vorgesehen, verhielten sich die Führer der Roten Khmer jedoch in folgendem:

- Sie evakuierten die Städte,
- isolierten das Land,
- beseitigten das Dienstleistungsgewerbe einschließlich von Märkten und Handel,
- schafften Löhne und Geld ab,
- legten die Industrie still
- und eliminierten weitgehend das Bildungswesen.

Weder Lenin noch Mao Tse Tung, ja noch nicht einmal Stalin, hatten jemals eine derartig radikale Politik betrieben. Weder haben sie daran gedacht, Städte zu evakuieren, noch haben sie Geld, Löhne und Märkte abgeschafft. Die Industrialisierung haben sie nicht unterbunden, sondern vorangetrieben, Bibliotheken ausgebaut und nicht geschlossen. Geld,

Handel und Märkte haben sie beibehalten. Die rasche wirtschaftliche Entwicklung ihrer Länder hatte für sie Vorrang.

Die Roten Khmer haben sich hiervon nicht beeinflussen lassen. Auch nicht von der Politik des benachbarten Chinas. Die dortige kommunistische Partei betrieb sehr anders als die Roten Khmer die Kollektivierung der Produktionsmittel zunächst nur behutsam. Auch die von ihr geforderte Nivellierung der sozialen Schichten nahm sie nur allmählich vor. Sie unterteilte die Bevölkerung, nachdem sie die Macht übernommen hatte, in vier Klassen, wovon eine die Unternehmer waren. Die Unternehmer blieben zunächst Eigentümer ihrer Fabriken, hatten das volle Wahlrecht und eine eigene Vertretung in der Volkskammer.[27] Die Fabriken wurden dann zwar Mitte der fünfziger Jahre verstaatlicht, aber die bisherigen Besitzer durften als ihre Direktoren weiterarbeiten und behielten ihre Häuser. Bis zu Beginn der sogenannten Kulturrevolution 1966 kassierten sie noch Dividenden aus ihren Aktien und die Zinsen aus ihren Bankguthaben.[28]

Die Führer der Roten Khmer hätten von dieser Art, schrittweise vorzugehen, sicherlich lernen können. Statt dessen waren sie fest davon überzeugt, daß sie über Nacht das Modell einer perfekten kommunistischen Gesellschaftsordnung verwirklichen könnten. Wie unerschütterlich diese Überzeugung war, beschrieb Prinz Sihanouk in seinen Erinnerungen. 1975 besuchte er zusammen mit dem Staatsoberhaupt der Roten Khmer Khieu Sampan und seinem Stellvertreter Ieng Sary den damaligen chinesischen Außenminister Zhou en Lei in Peking. Zhou en Lei riet seinen beiden Begleitern, nicht zu versuchen, sofort den reinen Kommunismus in Kambodscha durchzusetzen. Sie sollten sich Zeit lassen. China habe gewaltige Rückschläge erlitten, als es in einem großen Sprung versucht habe, den Kommunismus mit einem Schlag zu verwirklichen. Als Antwort hierauf schwiegen Khieu Sampan und Ieng Sary und lächelten nur auf eine ungläubige und überlegene Art.[29] Nachdem sie nach Phnom Pen zurückgekehrt waren, äußerten sie gegenüber Prinz Sihanouk, daß Kambodscha der Welt zeigen werde, daß der reine Kommunismus doch mit einem Schlag geschaffen werden könne.[30] Sie sagten das, obwohl sie wußten, daß sie sich mit ihrer Art von Revolution den größten Teil der kambodschanischen Bevölkerung zum Feind machten:

- Die Besitzenden und die Gebildeten, weil sie nur flüchten oder sterben konnten.
- Die Stadtbevölkerung, weil sie aus ihren Häusern vertrieben wurde.

– Die Arbeiter und Angestellten im Dienstleistungssektor und in der Industrie, weil sie ihre Arbeit verloren.

Wenn überhaupt, konnten nur die Landarbeiter von dieser Revolution profitieren. Und auch sie kamen schließlich zu Hunderttausenden um, weil die Roten Khmer die Wirtschaft und die medizinische Versorgung des Landes schon bald nach der Machtübernahme zu Grunde gerichtet hatten. Durchzusetzen war diese Revolution von Anfang an nur durch die systematische und rücksichtslose Anwendung von Gewalt. Gewalt haben die Roten Khmer denn auch geradezu verschwenderisch gebraucht, ja zum eigentlichen Vehikel ihrer Revolution gemacht. Auch dafür gab es entsprechende Empfehlungen in den Schriften von Franz Fanon und anderer französischer Soziologen und Autoren und in den Seminaren der kommunistischen Partei Frankreichs.

In seinem Buch „Die Verdammten der Erde“ beschrieb Fanon neurotische Erkrankungen und psychische Deformationen von Algeriern. Er führte sie zu einem wesentlichen Teil auf den Kolonialismus zurück. Insofern sei die Anwendung von Gewalt gegen die Herrschenden in der Dritten Welt nicht nur gerechtfertigt, sie habe auch eine eigene sittliche Qualität. Sie wirke wie eine Reinigung der Seele, führe eine Katharsis und seelische Heilung herbei und gebe den Unterdrückten ihre Identität zurück.[31] Hierzu führte Fanon Sequenzen aus einem von Aimé Césaire 1946 publizierten Theaterstück an. Genau wie Fanon stammte auch Césaire aus den französischen Kolonialgebieten und schrieb in französischer Sprache. Er hatte Literaturwissenschaft in Paris studiert und wurde anschließend Dozent in diesem Fach. Die von Fanon zitierte Szene beschreibt, wie Aufständische einen Gutshof besetzen und den Besitzer töten:

> „Wir rannten wie die Wahnsinnigen. Schüsse ertönten. Wir schlugen zu. Der Schweiß und das Blut erfrischten uns. Wir schlugen zu. Zwischen den Schreien, und die Schreie wurden schriller, und großer Lärm erhob sich gegen Osten, das waren die Wirtschaftsgebäude, die brannten, und die Flamme berührte zart unsere Wangen. Dann kam der Sturm auf das Herrenhaus. Man schoß aus den Fenstern. Wir traten die Türen ein. Das Zimmer des Herren war weit offen und hell erleuchtet. Der Herr saß da, ganz ruhig, und die Unsrigen blieben stehen. Es war der Herr. Ich trat ein. Du bist es, sagte er ganz ruhig zu mir. Ich war es, gerade ich, sagte ich zu ihm, der gute Sklave, der treue Sklave, der sklavische Sklave und plötzlich waren seine Augen zwei verängstigte Schaben zur Regenzeit.

> Ich schlug zu. Das Blut spritzte, das ist die einzige Taufe, an die ich mich heute erinnern kann."[32]

Die Gewalt gewinnt bei Cesaire hier eine ästhetische Komponente. Lustvoll und befreiend zugleich. Nicht unmoralisch, sondern ein Akt von sittlicher Qualität. Daß man revolutionärer Gewalt eine sittliche Qualität zusprechen kann, nicht nur als Mittel zum Zweck – das ohnehin – sondern als solcher, als Selbstfindung, Befreiung und Reinigung, ist eine These, die auch der französische Soziologe Georges Sorel vertrat. Für ihn ist die eigentliche Legitimation der Revolution das Blut. In seiner Schrift „Reflexions sur la violence", die er kurz vor dem Ersten Weltkrieg veröffentlichte, verfocht er einen revolutionären Syndikalismus und damit verbunden die Anwendung proletarischer Gewalt.

Man könne nicht daran zweifeln, schrieb Sorel, daß der Krieg der Republiken des Altertums die Ideen begründet habe, die die Zierde der modernen Kultur bildeten.[32a] Die Furcht des Bürgertums vor der Gewaltanwendung durch das Volk sei albern.[33] Der Krieg der Klassen, auf den sich das Proletariat vorbereite, werde eine neue Zivilisation hervorbringen, wie sie für ein Volk von Werktätigen angemessen sei.[34] Auch für die kapitalistische Klasse sei die Drohung der Gewaltanwendung nützlich, weil sie klare Fronten herstelle und ihren Verteidigungswillen stärke.[35] Der Gewalt verdanke der Sozialismus die hohen moralischen Werte, durch die er der modernen Welt das Heil bringe.

Wir wissen nicht, ob die Führer der Roten Khmer diesen Text von Sorel bei ihren Studien in Paris gelesen haben. Es kann aber als sicher gelten, daß sie seine Thesen direkt oder indirekt während ihres Studiums kennen gelernt haben. Dabei befand sich Sorel mit seinem Lob der durch keine Gesetze legitimierten Gewaltanwendung durch das Volk nicht allein. Er fand damit auch Unterstützung im katholischen Frankreich. Um die Berechtigung seiner Thesen zu belegen, beruft sich Sorel auf zwei katholische Moraltheologen: Auf Pater Pierre Bureau und den katholischen Publizisten de Rosier. Bureau hatte in seinem 1905 in Paris veröffentlichten Buch „Le Paysan des Fjords de Norvege"[36] die damalige Sitte norwegischer Bauern lobenswert gefunden, einen Dolch im Gürtel zu tragen und auch zu gebrauchen. Wobei er nicht versäumte zu erwähnen, daß sie dessen ungeachtet tief christlich geblieben seien. Ein verweichlichter und weibischer Charakter der Männer, so Bureau, sei mehr zu fürchten als selbst ein übertriebenes und brutales Gefühl ihrer Unabhängigkeit. Ein Messerstich, den ein in seinen Sitten ehrenhafter, obschon gewaltsamer Mann anbringe, sei ein weniger schweres und leichter zu heilendes soziales Übel als die Zügellosigkeit und Wollust junger Menschen, die man zivilisierter als jenen nenne.[37] De Rosier, den Sorel ebenfalls zitiert, hatte in seinem 1912 veröffentlichten Buch „La vie americaine, ranches, fermes et usines“ den Mut amerikanischer Bürger gerühmt, dem Rat des Richters Lynch zu folgen und das Gesetz in die eigene Hand zu nehmen.[38] Ein in Amerika des Mordes oder Diebstahls überführter Mensch, schrieb de Rosier, konnte erleben, daß er in weniger als einer Viertelstunde festgenommen, abgeurteilt und aufgehängt wurde, wenn sich nur ein energischer Überwachungsausschuß seiner bemächtigte. Ein anständiger Amerikaner lasse sich nicht unter dem Vorwand zu Grunde richten, daß er ein anständiger Kerl sei. Weil er die Ordnung liebe, sei er nicht notwendigerweise auch eine Memme, wie das oft in Frankreich vorkäme. Statt dessen halte ein anständiger Amerikaner dafür, daß sein Interesse dem eines rückfälligen Sträflings oder eines Spielers vorzugehen habe. Ein solcher Amerikaner werde keine Bedenken tragen, im Namen der höheren Interessen, die er vertrete, Banditen zu beseitigen, die die Zukunft seines Landes gefährdeten.[39] So habe ein Überwachungsausschuß in New Orleans im Jahr 1890 zur hohen Befriedigung aller anständigen Leute Mafiosi aufgehängt, die ein Gericht freigesprochen hatte. Auch in Korsika, wo die Vendetta die Tätigkeit einer allzu lahmen Gerichtsbarkeit ergänzt habe, sei die Bevölkerung doch moralischen Grundsätzen verpflichtet gewesen. Und bei den Kabylen habe es sich keineswegs um schlechte Menschen gehandelt, obwohl es dort kein anderes Strafverfahren als die private Rache gegeben habe.[40]

Für Sorel, für Fanon und die von ihm zitierten Theologen hatte der Terror vor allem dann auch eine sittliche Qualität, wenn er auf die Durchsetzung von Moralvorstellungen in einem Bereich der Ethik zielte, der von jeher als ein Kernbereich jeder Ethik angesehen wurde, der Sexualmoral. Was das anbelangt, so vertraten sie strikt puritanische Anschauungen. Die Führer der Roten Khmer haben sie übernommen und nachdem sie die Macht in Kambodscha erobert hatten, Geschlechtsverkehr nur in der Ehe zugelassen. Ihre Eingrenzung des Eros auf die Ehe war nicht ohne Logik. In einer radikal egalitären Gesellschaft bildet der Eros ein Piece de Resistance. Er entzieht sich hartnäckig und auf eine unkorrigierbare Weise dem Prinzip einer gleichmäßigen Verteilung.

Die Schriften von Fanon Amin und Sorel bildeten dann in den fünfziger Jahren Eckpfeiler der Argumentation links gerichteter Soziologen und Schriftsteller. Nicht unbedingt was die Sexualmoral, aber was die Forderung nach einer revolutionären Umwandlung der Gesellschaftsordnung in der Dritten Welt und der dabei anzuwenden Methoden betraf. Einer von ihnen war Jean Paul Sartre. In einem Vorwort zu Franz Fanons Buch „ Die Verdammten der Erde" bezeichnet er den Einsatz von Terror durch die Kolonialvölker als unverzichtbar. Unverzichtbar schon deshalb, weil sich dadurch die Kolonisierten von ihrer kolonialen Neurose heilen könnten.[41] Das Argument, daß der Terror eine reinigende und moralisch zu rechtfertigende Qualität habe, gebraucht er genau so wie Sorel und Fanon. Wie Cesaire findet auch Sartre zu einem lyrisch gefärbten Enthusiasmus, wenn es um die Beschreibung von Terror geht. Er schrieb:

> „Wenn der Befreiungskrieg in der dritten Welt ausbricht, wird er kein absurdes Unwetter, auch nicht das Wiederaufbrechen wilder Instinkte, ja noch nicht einmal die Wirkung eines Ressentiments sein, sondern nichts weiter als die Folge eines sich neu schaffenden Menschen. Der Krieg der Kolonisierten wird erbarmungslos sein. Entweder wird man terrorisiert oder wird selbst terroristisch. Auch muß in der ersten Zeit getötet werden. Einen Europäer erschlagen heißt dann, zwei Fliegen auf einmal zu treffen. Nämlich einen Unterdrückten und einen Unterdrücker aus der Welt zu schaffen. Was übrig bleibt, ist ein toter Mensch und ein freier Mensch.[41] Die diesen Krieg wagen, werden die Landarbeiter sein. Sie bildeten die einzige radikale Klasse in den Ländern, deren Entwicklung der Kolonialismus bewußt angehalten hat. Sie kennen die nackte Unterdrückung, und leiden darunter viel mehr als die Arbeiter in den Städten. Sie sind das eigentliche Reservoir der nationalen und revolutionären Armee. Wenn die Landarbeiter in den kolonisierten Gebieten nicht verhungern wollen, müssen sie alle vorhandenen Strukturen sprengen. Die ohnmächtige Bourgeoisie von Geschäftemachern und Compradores, das stets privilegierte Stadtproletariat, das Lumpenproletariat, sie alle müssen sich an den Positionen der ländlichen Massen ausrichten. Wenn die Landbevölkerung ihren Elan verliert, wenn sie zuläßt, daß die nationale Bourgeoisie an die Stelle der Kolonialherren tritt, wird der neue Staat trotz seiner formalen Souveränität in den Händen der Imperialisten bleiben. Die Landarbeiter müssen nicht nur die Kolonialherren, sondern auch die nationale Bourgeoisie ins Meer werfen."[42]

Daß die linke Intelligenz in Frankreich solche extremen Positionen hinnahm und sich kein entschiedener Widerspruch dagegen erhob, zeigt, wie sehr sie sich in den fünfziger Jahren unter dem Einfluß des Stalinismus radikalisiert hatte. Radikalisiert hatten sich auch die Führer der Roten Khmer. Von links gerichteten Soziologen und Schriftstellern übernahmen sie die Bereitschaft zu extremer Gewaltanwendung, vom Stalinismus die Techniken des Terrors. Wie Stalin

- liquidierten sie die Landbesitzer,
- errichteten sie ein Netz von Konzentrationslagern,
- veranlaßten sie regelmäßig mit Hinrichtungen verbundene Säuberungen der Partei,
- organisierten sie Schauprozesse, in denen sie die Angeklagten zwangen, Selbstbezichtigungen und Geständnisse abzulegen, die dann als Rechtfertigung ihrer Hinrichtung dienten,
- brachten sie alle Kritiker des Regimes um, deren sie habhaft werden konnten und alle, von denen sie glaubten, daß sie ihrer Macht gefährlich werden konnten.[43]

Was die Ideologie des Terrors betrifft, gingen sie noch einen Schritt über Stalin hinaus. So wie es Sorel, Fanon, Sartre und Cesaire verkündet hatten, sprachen sie dem Terror selbst schon eine moralische Qualität zu. Das vergossene Blut war für sie eine Legitimation der Revolution. Zum Ruhm der Gewalt und der durch die Revolution Getöteten schufen sie eine Art Mythos des Blutes, wobei es ihnen nicht darauf ankam, daß dieses Blut nicht das Blut von auswärtigen Feinden, sondern von Kambodschanern war. In der Nationalhymne der Roten Khmer hieß es:

> „Das rote, rote Blut spritzt in den Städten und auf den Feldern unseres kambodschanischen Vaterlandes. Das heilige Blut der revolutionären Kämpfer. Im Blut strömt unsere Entschlossenheit zu kämpfen. Das Blut befreit uns sicher von der Sklaverei."[44]

In einer Rede zur Feier der neuen Verfassung erklärte der Minister für Information Hu Nim: Die Verfassung sei durch das frische Blut der kambodschanischen Bauern und Arbeiter geschaffen worden. In einer weiteren Rede vom 17. April 1976 beschwört er das rote Blut der Brüder und Schwestern und Kameraden in Waffen, das in Bächen und Strömen über das heilige Land Kambodschas geflossen sei. In einer Rede am 27.12.1977 erklärte der Ministerpräsident der Roten Khmer, daß die Beschwörung des Blutes in die Nationalhymne eingegangen sei. Das Blut habe den Zorn der Klassen und der Nation erregt. Das Blut habe sie zum Sieg geführt. Das Blut rufe danach, die Macht des Volkes zu verteidigen und in einem großen Schritt vorwärts, ein großes und ruhmreiches Kambodscha zu schaffen.[45] Blut haben die Führer der Roten Khmer in der Tat in Strömen fließen lassen. Was das anbelangt, hatten sie keine Bedenken.

Sie waren überzeugt, daß sie die gewaltigen Leiden der Kambodschaner, die Hungersnöte und die Seuchen, für eine bessere Zukunft in Kauf nehmen mußten.

Woher sie diese Überzeugung und die Theorie ihrer Revolution hatten, haben sie selbst gesagt. Sie waren ihnen in ihrer Studienzeit an den Hochschulen von Paris vermittelt worden. Der Ministerpräsident der Roten Khmer Khieu Sampan antwortete im Jahr 1978 auf die Frage eines Journalisten, was ihn zum Revolutionär gemacht habe:

> „Dies geht auf meine Zeit als Student in Paris zurück, wo ich in der gleichen Situation war wie viele der Studenten aus meinem Land. Wir erörterten damals die Zukunft unseres Volkes und Wege unsere Ziele zu verwirklichen, nämlich nationale Unabhängigkeit, wirtschaftlichen Fortschritt und allgemeinen Wohlstand zu erreichen. Meine Studien wie meine Erfahrungen überzeugten mich damals, daß der einzige Weg, unsere Ideale und besonders unsere rückständige Landwirtschaft aufzubauen, der Sozialismus war. Aus diesen Gründen wurde ich Kommunist. Ich wurde es aus einer objektivierbaren Überzeugung und nicht aus Tagträumerei.[46]

Bemerkenswert hierbei war, daß Kieu Sampan sich auf die Wissenschaft berief. Die Revolution der Roten Khmer war für ihn objektivierbar und rational nachvollziehbar. Nichts weiter als die Realisierung soziologischer Erkenntnisse in der Politik. Die Durchsetzung des Notwendigen in der Geschichte. Die Frage, ob sich die gewaltigen Opfer, die seine Landsleute hierfür auf sich nehmen mußten, rechtfertigen ließen, stellte sich für ihn insofern nicht. Ihm ging es darum, eine perfekte Gesellschaftsordnung zu schaffen.

Auch nachdem die Radikalität der Revolution der Roten Khmer bekannt geworden war, blieb ihnen wissenschaftliche Unterstützung nicht versagt. Samir Amin veröffentlichte 1977 unter dem Titel „Imperialism and unequal development“ eine Schrift, in der er die Revolution in Kambodscha ein Vorbild für die Völker in Afrika nannte. Die Roten Khmer seien bessere Marxisten als die Vietnamesen oder die Chinesen. In Kambodscha habe der eigentliche Widerspruch im gesellschaftlichen System zwischen der Landbevölkerung auf der einen Seite und den über Kapital verfügenden Stadtbewohnern auf der anderen Seite bestanden. Diesen Widerspruch habe die Revolution der Roten Khmer beseitigt.[47] Als Professor für Wirtschaftswissenschaften an der Pariser Universität war Samir Amin ein prominenter, wenn nicht der prominenteste Vertreter der französischen Soziologie. Auf ihn beriefen sich die Führer der Roten Khmer, wenn es darum ging nachzuweisen, daß ihre Politik wissenschaftlich fundiert war.[48]

Kehren wir an dieser Stelle noch einmal zurück zu den kambodschanischen Studenten, die in den fünfziger Jahren in Paris studiert hatten. Sie alle waren damals gerade frisch von der Schule gekommen. Der Jüngste von ihnen, der spätere Ministerpräsident Khieu Sampan war gerade 17 Jahre alt, als er in Paris eintraf. Keiner von ihnen hatte zuvor jemals daran gedacht, soziologische Untersuchungen anzustellen oder sich auf wissenschaftlicher Basis mit marxistischer Theorie zu befassen. Hierfür war auch in Kambodscha wenig Raum. Die französische Kolonialverwaltung hatte an der Erörterung kommunistischer Gesellschaftstheorien kein Interesse. Und noch weniger der ihr folgende rechtsgerichtete Diktator Lon Nol. Auch in ihrem Elternhaus dürfte es für eine Kollektivierung der Wirtschaft wenig Sympathie gegeben haben. Die kambodschanischen Studenten, die in Paris studierten, stammten alle aus wohlhabenden Familien, und die konnten sich sicherlich nicht für ihre Enteignung erwärmen. Wohlhabend mußten sie schon deswegen sein, weil sie sonst ihre Kinder nicht zum Studium nach Paris hätten schicken können.

Erst in Paris und an den dortigen Hochschulen hatten die jungen Kambodschaner zum ersten Mal die Möglichkeit, sich ernsthaft mit Soziologie und vor allem mit links gerichteter Soziologie zu beschäftigen, und das Modell einer neuen, radikal sozialistischen Gesellschaft, zugeschnitten auf die Situation in der Dritten Welt, kennen zu lernen.[49] Eine Voraussetzung dafür, daß sie später in Kambodscha die Macht ergreifen konnten. Fast alle Kambodschaner, die damals in Paris Soziologie studierten, sind zu Führern der Roten Khmer aufgestiegen. In keinem anderen Land der Erde gab es im 20. Jahrhundert einen so engen Zusammenhang zwischen einem Studium an einer europäischen Universität und einer Revolution. Von der kleinen Gruppe kambodschanischer Studenten in Paris wurden:

- Khieu Sampan Staatspräsident,
- Saloth Sar, der sich Pol Pot nannte, Premierminister und Oberkommandierender der – Streitkräfte,
- Ieng Sary, stellvertretendes Staatspräsident und Außenminister,
- Son Sen Verteidigungsminister,
- Hu Nim Minister für Propaganda und Information,
- Khieu Thiritt Minister für Soziale Angelegenheiten,
- Youn Yat Minister für Erziehung und Kultur,

– Hon Youn Innenminister und Minister für die Kooperativen und Khieu Pomary Präsidentin der kambodschanischen Frauenbewegung.[50]

Sie alle waren nach ihrer Rückkehr nach Kambodscha der kleinen im Untergrund agierenden kommunistischen Partei beigetreten. Allerdings war es nicht so, daß die Funktionäre der Partei besonders auf sie gewartet hätten. Sie warfen ihnen Weltfremdheit vor und daß sie von der wirklichen Situation im Land keine Ahnung hätten. Sie nannten die aus Frankreich Zurückgekehrten „Die Pariser Gruppe", womit sie zum Ausdruck brachten, daß es sich für sie um aus dem Ausland zugereiste studierte Leute handelte, die den alteingesessenen Kadern Vorschriften machen wollten. Die Rückkehrer haben diese Bezeichnung angenommen und sich selbst dann ebenfalls „Die Pariser Gruppe" genannt[51], sicherlich mit einigem Selbstgefühl. „Pariser Gruppe" das bedeutete auch, daß sie über eine Universitätsausbildung verfügten.

In der Auseinandersetzung mit der etablierten Parteihierarchie bestanden sie darauf, daß eine marxistische Revolution in Kambodscha nur unter einer Bedingung Erfolg haben könnte: Wenn sie auf einer aus dem dialektischen Materialismus entwickelten Konzeption beruhte, die die spezifischen Verhältnisse der Dritten Welt berücksichtigte. Und nur sie wären es, die über eine solche Konzeption verfügten. Durch ihre Ausbildung, dadurch, daß sie eine in sich geschlossene Theorie vorweisen konnten und wohl auch durch die rhetorischen Fähigkeiten, die sie sich in ihrer Studienzeit erworben hatten, konnten die Rückkehrer aus Paris allmählich die Schlüsselpositionen in der Partei besetzen. Später beendeten sie die Kontroverse dadurch, daß sie ihre Widersacher zur Zeit des beginnenden Bürgerkrieges Anfang der sechziger Jahre liquidieren ließen.

Wir haben keinen Grund anzunehmen, daß die Führer der Roten Khmer überdurchschnittlich begabt waren oder über besondere analytische Fähigkeiten verfügten. Keiner von ihnen ist jemals durch außergewöhnliche akademische Leistungen hervorgetreten. Theoretiker wie Lenin oder Mao Tse Tung oder Trotzki befanden sich nicht unter ihnen. Die Theorie ihrer Revolution haben sie nicht entwickelt, sondern übernommen. Auch nachdem sie die Macht in Kambodscha ergriffen hatten, haben sie keinerlei soziologischen Texte zur Begründung ihrer Politik veröffentlicht.[52] In dieser Hinsicht blieben sie stumm. Auch an der Theorie der Revolution, so wie sie sie in Paris kennengelernt hatten, haben sie später nichts mehr verändert. Auch dann nicht, als der Stalinismus untergegangen war, und der Kommunismus Mao Tse Tungs im benachbarten China einen schweren Rückschlag erlitten hatte. Ihre Revolution war wie ein Uhrwerk, das man in den sechziger Jahren an den Universitäten und Hochschulen von Paris zum Laufen gebracht hatte, und das seitdem nicht mehr zum Stillstand gekommen war. Als Begründung für ihren Führungsanspruch genügte ihnen der Nimbus der Wissenschaft, mit dem sie sich umgaben. Heine hat einmal den Kreis um Marx die Doktoren der Revolution genannt. Eine solche Bezeichnung hätten auch sie akzeptiert. Der Name „Pariser Gruppe" war im Grunde nichts anderes.

Eigennützig waren sie nicht. Für sich wollten sie keinerlei Vorteile. Als sie an der Macht waren, haben sie bescheiden gelebt und manchmal auch noch auf den Feldern mitgearbeitet. Einige von ihnen fuhren nicht mit dem Auto, sondern mit dem Fahrrad ins Büro.[53] Sie waren das, was Enzensberger die schönen Seelen des Terrors genannt hat. Was sie miteinander verband, war lediglich die Überzeugung, daß es genügte, mit dem nötigen Nachdruck an einigen Rädern zu drehen, um den Mechanismus einer Gesellschaft für immer und zum Besseren zu verändern.

Wenn man sich darüber einig ist, daß die Unterrichtung ausländischer Studenten an den Schulen und Hochschulen eines Landes immer auch ein Derivat Auswärtiger Bewußtseinspolitik ist, so waren die kambodschanischen Studenten in Paris in den sechziger Jahren eine ihrer Zielgruppen. Zwar nicht der damaligen französischen Regierung, aber linksgerichteter französischer Soziologen.

Generell läßt sich sagen, daß das, was an den Hochschulen der westlichen Welt an Soziologie gelehrt wurde, die theoretischen Grundlagen für die Revolutionen in der Dritten Welt abgegeben hat. Sie reichten von der gewaltlosen Machtübernahme Gandhis über den gemäßigten Sozialismus Nassers bis hin zum radikalen Kommunismus in Kambodscha. Vielleicht ist es müßig, sich zu fragen, ob die kambodschanische Revolution anders verlaufen wäre, wenn ihre Führer nicht in Paris der fünfziger Jahre, sondern etwa in London oder Boston studiert hätten. Sicher ist jedoch, daß ihnen die Professoren und Dozenten, die sie unterrichteten, nicht das vermittelt haben, was sie am meisten hätten brauchen können – die Fähigkeit, zu zweifeln.

Die Herrschaft der Roten Khmer dauerte nur 44 Monate. Danach rückten die Vietnamesen in das wirtschaftlich und militärisch geschwächte Land ein und setzten ihrer Macht ein Ende. Die Kluft zwischen Realität und Vision hatte sich als unüberbrückbar erwiesen.

Was von der Revolution in Kambodscha bleibt, ist die Erinnerung an das Scheitern einer bis zum Äußersten getriebenen Staatsutopie und die Erfahrung, daß die Beeinflussung und Unterrichtung einer sehr kleinen Gruppe von Menschen, die ohne besonderen finanziellen Aufwand betrieben wurde, gewaltige Konsequenzen haben kann. Oder anders gesagt, die Revolution in Kambodscha ist ein Lehrstück über die Wirksamkeit Auswärtiger Bewußtseinspolitik.

Von der Propaganda

Eine der Möglichkeiten Auswärtiger Bewußtseinspolitik ist die Förderung politischer Interessen durch Propaganda. Wie das in der brillant geführten Propagandaoffensive der Alliierten im Ersten Weltkrieg der Fall war. Eine Propagandaoffensive, die wesentlich, wenn nicht sogar entscheidend, zum Sieg der Alliierten im Ersten Weltkrieg beigetragen hat. Sich hiermit zu befassen, ist schon deshalb der Mühe wert, weil das einem Vorurteil ein Ende setzt. Dem Vorurteil nämlich, daß man im Krieg von allen Formen der Kreativität vor allem technische Kreativität benötigt, künstlerische, literarische Kreativität aber nur wenig oder gar nicht. Aber nicht allein das macht es lohnend, sich mit der englischen Propagandaoffensive im Ersten Weltkrieg zu befassen. Es lohnt sich auch, die damalige alliierte, vor allem die englische Propaganda, mit der damaligen deutschen Propaganda zu vergleichen. Es gibt wenig Abschnitte in der Geschichte des deutschen Reiches, auch wenn man von der nationalsozialistischen Periode absieht, in der die traditionellen Defizite der deutschen Politik so sichtbar werden wie in der Organisation der deutschen Propaganda im Ersten Weltkrieg.

1916 war zwischen Alliierten und Mittelmächten ein annähernd militärisches Gleichgewicht entstanden. Was die Alliierten an Wirtschaftskraft und Bevölkerungszahl voraus hatten, glichen die Deutschen durch eine exzellente Militärmaschine aus. Rußland war nur für kurze Zeit ein ernsthafter Gegner gewesen und dann aus innenpolitischen Gründen zusammengebrochen. Der Glanz, den der Krieg einmal gehabt hatte, war inzwischen gründlich verloren gegangen. Der Einbruch der Technik hatte ihn grundlegend verändert. Der Traum von Reiterattacken und blitzenden Lanzen, von wehenden Standarten, von Trommelwirbeln und kühnen Stoßtruppunternehmen, von Orden und Ehrungen, der Krieg als Abenteuer und willkommene Unterbrechung eines allzu gemächlichen Daseins, der Traum, der die Völker Europas bei Kriegsanbruch beflügelt hatte, war vorüber. Der Krieg hatte sich in eine ungeheure, unersättliche, schreckenerregende Knochenmühle verwandelt. Allein am ersten Tag der Schlacht an der Somme am 1. Juli 1916 fielen 60.000 Engländer.[1] Das entsprach der Zahl der Toten und Verletzten im gesamten Burenkrieg. Nach Ablauf der ersten vierzehn Tage der Somme – Schlacht hatten die Briten 90.000 Mann verloren. Die Deutschen ebenso viele.[2] Die Verluste der französischen Armee betrugen bis Ende September 1914 306 000 Mann. Die Deutschen hatten 241 000 Mann verloren.[3] Die Schlacht von Verdun kostete von Februar bis Dezember 1916 Frankreich 317.000 und die Deutschen 282 000 Gefallene, ohne daß ein Ende abzusehen war.[4] Angesichts der 1916 eingetretenen Pattsituation, in der es keiner der beiden Seiten mehr gelang, entscheidende Vorteile zu erringen, hatte der deutsche Oberbefehlshaber General Falkenhayn den bisherigen Offensivkrieg in einen Abnutzungskrieg umgewandelt.[5] Er wollte den Gegner so erschöpfen, daß er friedensbereit würde. Auch auf der englischen Seite stellte man sich die Frage, ob es nicht angesichts der gewaltigen Menschenopfer sinnvoll wäre, den Krieg durch Verhandlungen zu beenden. Anfang 1916 stimmten der damalige britische Premierminister Lord Asquith mit dem Kriegskabinett und mit dem damaligen Außenminister Viscount Grey und einem erheblichen Teil der englischen Öffentlichkeit überein, daß man Friedensverhandlungen in Erwägung ziehen sollte.[6] Solche Tendenzen gab es in Frankreich, das den Gegner mitten im Land hatte, zwar nicht, aber das hätte keine Folgen gehabt, weil Frankreich allein mit Italien den Krieg nicht hätte fortsetzen können.

Immerhin gab es in dieser Situation für die Alliierten eine letzte, wenn auch sehr ferne Möglichkeit, doch noch den Sieg zu erzwingen. Sie mußten Amerika als die einzige noch neutral gebliebene Großmacht zum Eingreifen auf ihrer Seite bewegen. Allerdings hatte Amerika hierzu keinen Grund, jedenfalls keinen, der rational nachvollziehbar war. Weder hatte es irgendwelche territorialen Ansprüche in Europa, noch wurde es durch den Sieg der einen oder anderen Seite bedroht, auch nicht, was seine wirtschaftlichen Interessen anbelangte. Keine der beiden Kriegsparteien hätte nach dem Krieg ein Interesse daran gehabt, die Handelsbeziehungen mit Amerika zu unterbinden oder auch nur einzuschränken. Amerika konnte sehr gut ohne einen Krieg in Europa zurechtkommen. Die Aufgabe der alliierten Politik bestand also darin, die amerikanische Regierung und das amerikanische Volk davon zu überzeugen, daß Amerika sich zwar nicht aus materiellen, aber doch aus ideellen Gründen am europäischen Krieg beteiligen müßte. Eine solche Überzeugung konnte nicht durch Zwang, auch nicht durch wirtschaftlichen Druck, sondern nur durch eine geeignete Propaganda, also durch eine Form der Bewußtseinspolitik erzeugt werden. Die englische Regierung hatte bereits zu Beginn des Krieges begriffen, daß es den Sieg der Alliierten bedeutete, wenn das gelänge.

Eine Einsicht, die den damaligen Schatzkanzler Lloyd George veranlaßte, bereits kurz nach Kriegsausbruch den Aufbau der englischen Auslandspropaganda einem hochrangigen Regierungsmitglied zu übertragen. Seine Wahl fiel auf seinen Kollegen und Minister im Kabinett C.F.G. Masterman.[7] Masterman war seit 1906 Mitglied des englischen Parlaments und mit 38 Jahren als der jüngste Minister in die Regierung unter Lord Asquitt eingetreten. Wegen seiner intellektuellen Brillanz sah man in ihm einen Kandidaten für das Amt des Premierministers. Zudem hatte er sich als Autor und homme de lettres einen Namen gemacht. Er hatte seit 1903 die Literaturabteilung des Daily Chronicale geleitet, und war als Autor eines Buches über die politische und wirtschaftliche Situation Englands hervorgetreten.[8] Sowohl als Schriftsteller als auch als Verantwortlicher für die Literaturabteilung des Daily Chronicale verfügte er über gute Beziehungen zu den prominenten Autoren in England.

Bemerkenswert ist, wie die Betrauung Mastermans mit dem, wie sich bald herausstellte, wichtigsten Sektor der englischen Außenpolitik verlief. Masterman und Lloyd George hatten sich zum Golf getroffen und anschließend im Club gegessen. Dabei äußerte Lloyd George, daß es an der Zeit wäre, etwas für die Auslandspropaganda zu tun und bat Masterman, sich darum zu kümmern.[9] Beiläufiger und uninformeller hätte man einen solchen Auftrag zwischen Vorspeise und Dessert kaum vergeben können, der nicht weniger beinhaltete als die wichtigste außenpolitische Aufgabe der englischen Regierung. Allerdings war es gerade diese Art der Auftragsvergabe, die einen gewaltigen Freiraum ließ und die Abwesenheit eines Behördenapparates, die Masterman dann auf eine höchste effiziente Weise nutzte.

Die erste Maßnahme, die er veranlaßte, war die Kappung des Telefonkabels zwischen Deutschland und den Vereinigten Staaten.[10] Von diesem Augenblick an war jede unmittelbare Kommunikation zwischen den beiden Nationen dahin. Das effektivste Instrument zur Übermittlung von Nachrichten und Propaganda war damit für Deutschland und die Mittelmächte unbrauchbar geworden. Den amerikanischen und anderen Korrespondenten neutraler Staaten blieb daraufhin nichts anderes übrig, als für ihre Berichte das englische Kabel zu benutzen. Damit unterlagen sie der englischen Zensur, und die ließ nur das passieren, was für die Sache der Alliierten günstig war. Dabei ging sie rigoros vor. Schon 1915 fielen ungefähr drei Viertel aller Nachrichtensendungen amerikanischer Korrespondenten in Zentraleuropa ihrer Schere zum Opfer.[11] Nachdem die amerikanischen Zeitungen von ihren eigenen Informationen abgeschnitten waren, mußten sie sie von da aus beziehen, wo sie sie bekommen konnten – aus England. Führende amerikanische Zeitungen wie die New York Times, die Tribune und die World kauften dort die Vorabdrucke englischer Zeitungen und verwandten die darin enthaltenen Informationen für ihre eigenen Meldungen und als Grundlage ihrer Kommentare.[12] Englische Nachrichten wurden auf diese Weise zu amerikanischen Nachrichten. Während Masterman dafür sorgte, daß die Deutschen von der Telefonverbindung mit Amerika abgeschnitten wurden und sie somit hinsichtlich ihrer Propaganda in Amerika zunächst einmal aufs Trockne setzte, begann er gleichzeitig mit geradezu atemberaubender Geschwindigkeit mit dem Aufbau eines Propagandaapparates. Innerhalb von drei Wochen nach Kriegsausbruch gründete oder unterstützt er insgesamt zehn verschiedene Organisationen und Institutionen, die Auslandspropaganda betrieben.[13]

Dabei widerstand er von vornherein der für ein Regierungsmitglied naheliegenden Versuchung, für die Leitung dieses Apparates Beamte oder Angestellte des Auswärtigen Amtes oder des Schuldienstes oder überhaupt irgendwelche Beamten einzusetzen. Die hätte er nur zu delegieren brauchen. Aber gerade das hat er gar nicht erst versucht. Offensichtlich, weil er sich darüber im Klaren war, daß eine verbeamtete Auslandspropaganda mit Bürozeiten, Registraturen, Aktenvermerken und Verwaltungsabläufen hierfür gänzlich ungeeignet war. Statt dessen berief er am 2. September 1914 – also vier Wochen nach Kriegsausbruch – eine Konferenz von 25 prominenten englischen Schriftstellern ein und bat sie, ihm bei der Konzipierung und Gestaltung der englischen Auslandspropaganda zu helfen. Zu ihnen gehörten Autoren von Weltruf wie Arnold Toynbee, Rudyard Kipling, Joseph Conrad und Conan Doyle und in Amerika viel gelesene Romanciers wie J.M. Barrie, Arnold Bennett, G.K. Chesterton, John Galsworthy, Thomas Hardy, John Masefield, Gilbert Murray, G.J. Trevelyan, und H.G. Wells.[14]

Zusammen mit Masterman entwarfen und realisierten sie die Strategien der britischen Propaganda. Als federführende Institution etablierte Masterman das sogenannte Wellington House Office, in das elf Autoren als ständige Mitarbeiter eintraten. Zum Leiter der Abteilung, die sich mit der Propaganda in Amerika als ihrem wichtigsten Ziel befaßte, ernannte Masterman den in Kanada geborenen und mit einer amerikanischen Frau verheirateten Romancier Sir Gilbert Parker.[15] Gilbert Parker war Abgeordneter des englischen Parlaments seit 1900 und war 1902 auf Grund seiner Verdienste als Autor geadelt worden. Sein Assistent wurde der Historiker Arthur Toynbee.[16] Die zweite Schlüsselposition im Wellington House Office übernahm der Romancier Antony Hawkins.[17] Er leitete ein aus Schriftstellern gebildetes Komitee, das über den Ankauf von Büchern und Pamphleten zu Propagandazwecken und deren Publikation und Verteilung, also faktisch über die gesamte Struktur der englischen Propaganda entschied. Zum Wellingtonhouse Office gehörte auch eine Gruppe von Autoren, die dort teils ironisch, teils respektvoll „Die Intellektuellen" genannt wurden. Diese Autoren reisten regelmäßig nach Amerika, um in Vorträgen vor Professoren und Studenten an den dortigen Universitäten den englischen Standpunkt zum Krieg zu vertreten.[18] Masterman hätte statt Schriftstellern natürlich auch Journalisten mit der Organisation und Gestaltung der Auslandspropaganda betrauen können. Das wäre insofern einfacher gewesen wäre, als es für Journalisten nicht ungewöhnlich ist, weisungsgebunden zu handeln und sich nach den politischen Überzeugungen ihrer Auftragsgeber zu richten. Für Schriftsteller, die sich eher jenseits der Ämter ansiedeln, gilt dies in der Regel nicht. Die Vorstellung, man könnte Autoren wie Joseph Conrad oder Rudyard Kipling veranlassen, Regierungsangestellte zu werden und sich nach den Anordnungen ihrer jeweiligen Vorgesetzten zu richten, wäre absurd gewesen. Masterman hat dergleichen auch gar nicht erst versucht. Auf ihren Patriotismus und somit auch auf ihre Loyalität konnte er allerdings vertrauen. Ohnehin entsprachen die Demokratien Englands und Frankreichs und deren Publikations- und Meinungsfreiheit den Überzeugungen und Interessen freier Autoren mehr als die Verfassungen des deutschen Kaiserreiches und der Habsburger Monarchie.

Mit der Organisierung von Auslandspropaganda betraten Masterman und die mit ihm zusammenarbeitenden Autoren Neuland. Noch nie hatte man eine strategisch konzipierte Auslandspropaganda zum Mittel der Politik und zu einer Art neuen Waffe im Krieg gemacht. Wie wenig Propaganda bis dahin Gegenstand politischer oder strategischer Überlegungen war, läßt sich auch daran sehen, daß der führende Militärtheoretiker des 19. Jahrhunderts, Clausewitz, sie in seinen Schriften noch nicht einmal erwähnt. Was damit zusammenhängt, daß erst Ende des 19. Jahrhunderts die öffentliche Meinung begonnen hatte, in der Politik eine gewichtige Rolle zu spielen. Daß die britische Regierung diese grundlegende Veränderung des politischen Umfeldes begriffen hatte und daß der zuständige Minister hierauf auf eine kühne und unkonventionelle Weise reagierte, war eine ihrer bedeutendsten Leistungen im Ersten Weltkrieg.

Was die von Masterman mit der Organisierung der britischen Propaganda betrauten Autoren binnen weniger Wochen zu Stande brachten, war außerordentlich. Sie konzipierten eine Strategie, die sich als Grundmuster aller erfolgreichen Kriegspropaganda im 20. Jahrhundert erwies.

Hierzu gehörte:

- Sich auf moralische Grundsätze zu berufen,
- eigene Argumente ständig zu wiederholen und auf gegnerische Argumente nicht einzugehen,
- Ideen zu vertreten, mit denen sich jedermann identifizieren kann,
- Individuen direkt und nicht nur als Gruppen anzusprechen,
- sich mit rational nachvollziehbaren Argumenten an meinungsbildende Personen und mit emotionalen Appellen an die übrige Bevölkerung zu wenden,
- Propaganda mit dem Anspruch objektiver Informierung zu betreiben,
- zu verbergen, daß sie von Regierungsstellen ausgeht,
- den Gegner diffamierende Nachrichten zu erfinden,
- Propagandaanstrengungen nicht zu verzetteln, sondern auf ein Land zu konzentrieren, in diesem Fall auf die kriegsentscheidende Macht Amerika.

Dabei vermieden es die englischen Propagandisten, sich auf eine Erörterung der eigentlichen Kriegsursachen einzulassen. Aus guten Gründen. Deutschland und Frankreich wollten ihre Territorialansprüche durchsetzen oder behaupten. Rußland und Österreich kämpften um die Vormacht auf dem Balkan. England wollte seinen Rang als Seemacht und Kontinentalmacht sichern. Die englischen Propagandisten konnten nicht erwarten, daß sich die neutral gebliebenen Völker, darunter die Amerikaner, um die es ihnen vor allem ging, sich für die Durchsetzung solcher handfester Interessen erwärmen würden.

Statt dessen erfanden die englischen Propagandisten Mythen, mit denen sich ganze Völker identifizieren konnten. Etwa den, daß es sich bei dem Krieg gegen das kaiserliche Deutschland nicht um eine Auseinandersetzung zwischen miteinander konkurrierenden Großmächten handelte, sondern um den Kampf von Demokratie und Volkssouveränität auf der eigenen Seite, gegen Militarismus und autoritäre Staatsräson auf der anderen Seite. Oder sie verbreiteten den Mythos, daß England in den Krieg eingetreten wäre, um die Unabhängigkeit der kleinen Völker zu verteidigen. England hätte Deutschland nur deshalb den Krieg erklärt, weil es in Belgien und Luxemburg einmarschiert wäre. Oder sie behaupteten, der Kampf der Alliierten sei ein Kampf für die Freiheit des Menschen. Oder – und das war der folgenreichste Mythos –, daß es in diesem Krieg darum ginge, Kultur und Zivilisation gegen die deutsche Barbarei zu verteidigen. Alle diese Mythen waren so beschaffen, daß sie einen Aufruf an alle anständigen Menschen bedeuteten, sich der Sache der Alliierten anzuschließen.

Allerdings war es alles andere als leicht nachzuweisen, daß diese Mythen auch ihre Berechtigung hatten. Als Kolonialmächte schränkten England und Frankreich selber die demokratische Willensbildung in ihren Kolonien ein oder unterdrückten sie vollständig. Wenn man das in Amerika noch hinnehmen mochte, weil es sich hier um farbige Völker handelte und man der schwarzen Bevölkerung im eigenen Land auch nur geringe Rechte zugestand, so galt dies für die englische Herrschaft in Irland und Südafrika nicht. Die harte und blutige Unterdrückung der Buren und zwanzig Jahre später der irischen Freiheitskämpfer war in Amerika gut bekannt. Obendrein gab es dort holländische und vor allem starke irische Bevölkerungsgruppen, die wegen dieser Politik den Anspruch Englands, die Demokratie zu verteidigen, nicht hinnahmen.

Auch war die Behauptung der englischen Regierung fragwürdig, es ginge ihr um nichts anderes als um die Verteidigung der Neutralität kleiner Völker gegen einen übermächtigen Nachbarn. Man brauchte sich hierzu nur an die Bombardierung von Kopenhagen durch die englische Flotte mitten im Frieden im Jahr 1808 zu erinnern.[19] Oder an das Schreiben an die englische und französische Regierung, das der König von Griechenland 1916 veröffentlichte.[20] Es sei pure Heuchelei, schrieb der König, wenn die Alliierten behaupteten, sie verteidigten die Neutralität von Belgien und Luxemburg. Trotz der Neutralität Griechenlands hätten sie eine ganze Kette von griechischen Inseln, darunter Korfu, und einen großen Teil von Mazedonien und Saloniki besetzt und sich dabei auf angebliche militärische Notwendigkeiten berufen. Sie hätten sich genau so verhalten wie die Deutschen mit ihrem Einmarsch in Luxemburg und Belgien.

Die englische Propaganda ging auf dieses Schreiben mit keinem Wort ein, sondern ließ es sich weiterhin nicht nehmen, die Verletzung der Neutralität Belgiens durch Deutschland unter Verwendung von Slogans wie „Armes, tapferes Belgien“ als Kriegsgrund anzugeben.[21] Auch die Behauptung, daß die Alliierten für Zivilisation und die Freiheit des Menschen kämpften, war unter Hinweis auf die englische und französische Kolonialpolitik mühelos zu widerlegen. Die englischen Propagandisten focht das nicht an, wobei sie immer wieder auf einen Punkt zurückkamen, daß es nämlich in diesem Krieg auch um die Freiheit der Meere ginge. Sie trafen damit einen empfindlichen Nerv der amerikanischen Bevölkerung. Deutschland hatte den sogenannten uneingeschränkten U-Boot Krieg erklärt, was bedeutete, daß deutsche U-Boote im Kriegsgebiet auch Handelsschiffe neutraler Staaten, darunter auch amerikanische Handelsschiffe, ohne Vorwarnung torpedierten.

Die Verteidigung der freien Schifffahrt war jedoch schon immer ein Eckpfeiler der amerikanischen Politik gewesen. Amerika hatte 1801 als erste Kriegshandlung nach Erlangung seiner Unabhängigkeit ein eigens hierfür gebautes Geschwader ins Mittelmeer geschickt, um die dortige Piratenflotte zu bekämpfen. Im Gegensatz zu den etablierten Großmächten England und Frankreich, die es vorzogen, sich durch Tributzahlungen an die Piraten die freie Passage ihrer Schiffe zu sichern. Das Geschwader zerstörte die Flotte der Piraten und zwang den Pascha von Tripolis durch Blockierung seines Hafens und die Landung von Marineinfanteristen im Friedensvertrag von 1804, die freie Passage amerikanischer Schiffe zuzulassen. Der Sieg über die Piraten galt seitdem als eine bewundernswerte Tat in der amerikanischen Geschichte, die in allen Schulbüchern stand.

Auf diese Weise gelang es der englischen Propaganda mit dem Argument, daß die Alliierten für die Freiheit der Meere kämpften, sich eine Welle von Sympathie in Amerika zu verschaffen.

Aber das alles genügte natürlich nicht, um Amerika oder irgendeine andere neutrale Nation zu veranlassen, sich am europäischen Krieg zu beteiligen. Und auch die Propagandamythen, die die alliierten Propagandisten über die Deutschen verbreiteten, reichten hierfür bei weitem nicht aus. Um das zu erreichen, mußten sie mehr leisten als das. Sie mußten die neutral gebliebenen Völker davon überzeugen, daß die Deutschen eine Art Pestilenz wären, zu deren Beseitigung sich alle zivilisierten Völker verbünden müßten. Eine solche Überzeugung konnten sie nur vermitteln, wenn sie glaubhaft machten, daß die Deutschen in den von ihnen besetzten Gebieten die furchtbarsten Greueltaten, auch gegen Frauen und Kinder begingen.[22] Allerdings war das eine fast unlösbare Aufgabe. Unter anderem schon deshalb, weil sie die angeblichen deutschen Greueltaten so gut wie alle erfunden hatten. Es war sehr unwahrscheinlich, daß die Deutschen tatsächlich in großem Umfang Greueltaten begingen, weil

Deutschland als zivilisiertes Land bekannt war, und in keinem der vorangegangenen Kriege deutsche Soldaten jemals durch besondere Grausamkeiten aufgefallen waren. Zudem war ein großer Teil der amerikanischen Bevölkerung deutscher Abstammung und durch zahllose freundschaftliche und verwandtschaftliche Beziehungen mit Deutschen verbunden. Jedenfalls dieser Teil der amerikanischen Bevölkerung konnte also ihren Charakter und ihr Verhalten recht gut einschätzen.

Die für die englische Propaganda verantwortlichen Autoren haben die ihnen gestellte Aufgabe trotzdem perfekt gelöst. Und zwar dadurch, daß sie ihre Professionalität als Schriftsteller ins Spiel brachten. Bei der Abfassung von Greuelnachrichten bedienten sie sich der gleichen Techniken und Strategien, wie sie sie beim Schreiben poetischer Texte anwandten. Sie verliehen ihnen damit die Glaubwürdigkeit einer poetischen Wahrheit. Die englische Propaganda wurde auf diese Weise – nicht nur, aber auch – zu einer Form von Literatur. Zur Verbreitung von Berichten und Interviews über angebliche deutsche Grausamkeiten gründete Charles Masterman eine eigene Abteilung unter der Leitung des Historikers und Professors für internationales Recht James Bryce, die einen ununterbrochen Strom von gefälschten Interviews und Nachrichten produzierte und eine rechtliche Wertung unter völkerrechtlichen Aspekten gleich mitlieferte.[23] So behaupteten die englischen Propagandisten unter anderem, daß die Deutschen Gefallene in einer eigens in Belgien hierfür erbauten Fabrik zu Seife verarbeiteten,[24] Brunnen mit Krankheitserregern infizierten oder Austauschgefangene mit Tuberkelbazillen impften oder Kindern die Hände abschlugen oder Krankenschwestern verstümmelten.[25] Unter den frei erfundenen Greuelmeldungen befand sich auch eine von einem Kanadier, den die Deutschen an der Hoftür eines Bauernhofes gekreuzigt haben sollten. Dieser Kanadier war manchmal ein Franzose und manchmal ein Belgier und trat in verschiedenen Uniformen und mit wechselndem Aussehen auf. Auf die vertrauliche Frage eines amerikanischen Reporters, ob diese Geschichte denn wahr wäre, erhielt er von einem der Mitarbeiter von Wellington House Office die Antwort „Natürlich nicht, aber für die Rekrutierung kanadischer Freiwilliger hat sie einen ausgezeichneten Effekt.[26]

Alle diese erfundenen Meldungen bildeten nur das Rohmaterial der Propaganda, das die englischen Propagandisten dann mit einer Legion von Details anreicherten. Die wiederum gestalteten sie so vielfältig und so farbig und beschrieben sie so präzise, daß sie allein dadurch schon der Anschein von wirklichen Geschehnissen erzeugten. Darüber hinaus kreierten sie ein imaginäres Heer von Zeugen mit den unterschiedlichsten Charaktereigenschaften. Den aufmerksamen Zeugen, der alles genau gesehen hatte und das auch gewandt beschreiben konnte, den schüchternen Zeugen, der sich nur schwer zu überwinden vermochte, überhaupt etwas zu sagen, den mundfaulen Zeugen, der sich nur schleppend äußerte, den geltungssüchtigen Zeugen, der gern im Mittelpunkt stehen wollte und so fort. Sie sorgten dafür, daß angebliche Zeugen, die man direkt zu Wort kommen ließ, nach Herkunft und Bildungsstand die ihnen angemessene Sprachebene einhielten. Ein angeblicher Universitätsprofessor formulierte wie ein Universitätsprofessor, ein angeblicher Bauarbeiter wie ein Bauarbeiter, wobei die Autoren, die solche imaginären Zeugenaussagen verfaßten, auch noch Eigenarten regionaler Dialekte berücksichtigten.

Eine von den britischen Propagandisten häufig angewandte Methode war, eine fiktive Person ausführlich erklären zu lassen, warum sie sich gerade in der Nähe einer Greueltat befunden hätte: Etwa weil sie ihrer Schwiegertochter in einem benachbarten Gutshof eine Brille habe überbringen wollen, die sie bei ihrem letzten Besuch vergessen hätte, und daß sie dort noch hätte Kirschen holen wollen, die man in der Stadt schon lange nicht mehr bekommen könnte. Ein mißtrauischer Leser würde die Frage bejahen, ob das glaubhaft wäre, so daß zunächst einmal ein Vorschuß an Glaubwürdigkeit für das erzielt wurde, was dann folgen sollte. Eine weitere Propagandatechnik war, daß man angebliche Zeugen allerlei Einzelheiten vorbringen ließ, die das Geschilderte plastischer und greifbarer machten. Etwa dadurch, daß sie berichteten, es hätte zum Zeitpunkt der Greueltat ein bißchen geregnet oder daß in der Ferne Kuhglocken zu hören waren oder daß ein kleiner Junge auf dem Fahrrad vorbeigekommen wäre, der aber schleunigst das Weite gesucht hätte. Oder man ließ einen Zeugen eine imaginäre deutsche Greueltat so beschreiben, daß jedermann sehen konnte, wie sehr er sich darum bemühte, alles akribisch genau zu berichten und nichts hinzufügen oder wegzulassen. Etwa indem er erklärte, daß er nicht alles vollständig gesehen hätte, und sich auch nicht ganz sicher wäre, ob die Greueltat genau so stattgefunden hätte. So könne er im nachhinein nicht mehr genau sagen, ob ein Deutscher bei der Massakrierung eines Kindes ein Gewehr getragen hätte oder nicht und ob es sich um einen Unteroffizier oder einen gemeinen Soldaten gehandelt hätte. Auf die Weise vermittelte man den Eindruck, daß der Zeuge sich aufs treuherzigste darum bemüht hatte, nur das zu berichten, was er wirklich gesehen hatte, so daß an seiner Ehrlichkeit kaum zu zweifeln war.

Was die Glaubwürdigkeit ihrer Behauptungen anbelangt, so hatten die englischen Propagandisten noch ein weiteres Problem. Gaben sie von einem angeblichen Zeugen einer Greueltat Namen und Anschrift an, so mußten sie mit einer Überprüfung durch neutrale Journalisten oder durch andere Personen rechnen, sodaß der Schwindel herausgekommen wäre. Gaben sie keine Zeugen an, wurden sie unglaubwürdig. Die englischen Propagandisten lösten dieses Dilemma dadurch, daß sie unzählige Meldungen über angebliche Untaten deutscher Soldaten produzierten und über deren imaginäre Zeugen nur vage Angaben machten. Auf diese Weise fragten die Menschen bei einzelnen Berichten über deutsche Grausamkeiten nicht zu genau nach, weil es davon so viele gab, daß sie annehmen konnten, daß irgend etwas davon schon stimmen würde. Ohnehin konnten die Deutschen dazu nichts weiter sagen, als daß sie davon nichts wüßten. Widerlegen konnten sie die Berichte über ihre angeblichen Greueltaten nicht, überprüfen auch nicht, und das schon deshalb nicht, weil es sie nicht gab.

Zu den Methoden der englischen Propaganda gehörte es auch, in angesehenen Zeitungen wie der Times Greuelmeldungen über die Deutschen zu veröffentlichen und sie anschließend von einem angeblich unabhängigen Redakteur kommentieren zu lassen. So hatten die Leser den Eindruck, daß der Grundsatz aller seriösen Zeitungen gewahrt blieb, Kommentar und Nachricht zu trennen. Die Redakteure, die sich dann im Hinblick auf die Greuelmeldungen zu Wort meldeten, brachten mehr oder weniger entschieden Zweifel an ihrem Wahrheitsgehalt vor, wiesen auch auf Unklarheiten oder Widersprüche hin, um schließlich angesichts der Vielzahl ähnlicher Meldungen widerstrebend einzuräumen, daß es damit doch seine Richtigkeit haben könnte. Hinter dieser scheinbaren Objektivität blieb verborgen, daß sie, genau so wie die Erfinder der Greuelmeldungen, Mitwirkende der englischen Propagandaoffensive waren. Der Effekt war, daß die Leser überzeugt wurden, daß sich die jeweilige Zeitung um nichts weiter als um Objektivität bemühte und die Leser bloß dabei unterstützen wollte, sich ein unabhängiges Urteil zu bilden.

Die englischen Propagandisten ließen sich auch nicht durch Aussagen neutraler Beobachter beirren, die ihre Behauptungen in Frage stellten. Am 7. September 1914 erklärte eine Gruppe von amerikanischen Reportern in einem Schreiben an Associated Press:

> „Die Berichte über deutsche Greueltaten sind, soweit wir das überprüfen konnten, unzutreffend. Wir haben deutsche Truppen zwei Wochen lang in Belgien auf einer Strecke von über hundert Meilen

begleitet und konnten keinen einzigen Bericht über einen unprovozierten Zwischenfall finden. Flüchtlinge, die von Greueltaten berichteten, waren nicht in der Lage, hierfür irgendwelche Beweise zu erbringen. Wir verpfänden unser Wort, daß das die Wahrheit ist."[27]

Gemäß ihrer Taktik, sich auf für den Gegner günstige Berichte nicht einzulassen, übergingen die britischen Propagandisten dieses Schreiben mit Schweigen, auch nachdem es die New York Times publiziert hatte. Statt dessen ertränkten sie das amerikanische Publikum in einer Flut von weiteren Meldungen über angebliche deutsche Greueltaten. Die Aussagen der wenigen Journalisten, die ihnen widersprachen, gingen darin fast spurlos unter.

Im Jahr 1916 versenkte ein deutsches U-Boot vor der irischen Küste das amerikanische Passagierschiff Lusitania, wobei 1198 Passagiere, darunter 128 Amerikaner, umkamen. Eine der Ursachen, die zum Eintritt Amerikas in den Krieg führten. Auch hier hielt sich die englische Propaganda an ihre Strategie, auf Argumente des Gegners nicht einzugehen und auch nicht zu versuchen, sie zu widerlegen. Als die deutsche Seite vorbrachte, daß die Luisitania Munition für die Alliierten transportiert hatte, daß ein erheblicher Teil der Passagiere kanadische Kriegsfreiwillige waren und daß obendrein der deutsche Konsul in New York vor Abreise des Schiffes in Zeitungsannoncen ausdrücklich vor der Mitfahrt gewarnt hatte, blieb die englische Propaganda hierzu stumm.[28] Sie beharrte vielmehr darauf, den Tod amerikanischer Zivilisten als Folge einer barbarischen und bedenkenlosen Kriegsführung anzuprangern und hierauf immer aufs neue zurückzukommen. Eine Strategie, die erfolgreich war. In der amerikanischen Öffentlichkeit setzte sich der Eindruck durch, daß die Deutschen grundlos und ohne jede Rechtfertigung ein Schiff mit am Krieg unbeteiligten Amerikanern versenkt hatten.[29]

Zur Technik der englischen Propaganda gehörte auch, sich die Vorurteile und Überzeugungen der amerikanischen Bevölkerung zunutze zu machen, vor allem ihre puritanische Einstellung zur Sexualität. Die englische Propaganda wurde nicht müde, über angebliche Vergewaltigungen durch deutsche Soldaten und Offiziere im besetzten Belgien und Frankreich zu berichten. Der Abscheu gegen die Deutschen, den sie dadurch hervorrief, war extrem. Vergewaltigungen verstießen viel stärker noch als Mord und Totschlag gegen fundamentale sittliche Grundsätze der von protestantischer Ethik geprägten amerikanischen Gesellschaft. Gleichzeitig profitierte die englische Propaganda von der Ambivalenz aller puritanisch orientierten Sexualmoral. Sie kommentierte die angeblichen Vergewaltigungen durch deutsche Soldaten mit der gebotenen sittlichen Entrüstung, versäumte dabei aber nicht, sie in allen Einzelheiten zu beschreiben, sodaß sie für die angesprochenen Massen den gleichen pornographischen Unterhaltungswert hatten wie entsprechende Artikel in der Yellow Press. Was dazu führte, daß sich die einschlägigen Propagandaschriften sogar verkaufen ließen.[30] Zu dieser Taktik gehörte auch, daß die englische Propaganda die spektakuläre Exekution der französischen Agentin Mata Hari durch die Deutschen nur am Rande erwähnte. Mata Hari war Nackttänzerin gewesen und für eine Nackttänzerin konnte man in der amerikanischen Bevölkerung kein besonderes Mitgefühl erwarten. Anders verhielt es sich mit der Hinrichtung der englischen Spionin Edith Cavell. Edith Cavell gehörte dem Mittelstand an und war Krankenschwester, was sie für Amerikaner besonders respektabel machte.[31] Die britische Propaganda konnte kein Ende finden, die Exekution von Edith Cavell immer wieder unter den verschiedensten Aspekten zu beleuchten, ihren Heroismus zu rühmen und ihren Tod zu beklagen.[32] Die Aura von Wohlanständigkeit und Pflichttreue, die den Beruf einer Krankenschwester umgab, bewirkte, daß das amerikanische Bürgertum sich in vertrauter Umgebung fühlte, wenn die englischen Propagandisten auf sie zu sprechen kamen.

Wenn sie sich an die Massen wandte, nutzte die englische Propaganda als Vehikel Artikel der englischen Boulevardpresse, die dann amerikanische Zeitungen und Zeitungen in neutralen Ländern übernahmen. Deren Sprache war einfach, direkt, volkstümlich, oft brutal und immer geeignet, starke Gefühle zu wecken. In Abbildungen, Karikaturen und kruden Beschreibungen angeblicher deutscher Greueltaten prangerte die englische Boulevardpresse den deutschen Militarismus in grellen Farben an, wobei man griffige Slogans wie „Die deutsche Kriegsschuld“ oder „Verteidigt die Demokratie“ ständig wiederholte. Daneben gab es noch eine weitere und wahrscheinlich wichtigere Schiene der englischen Propaganda. Auf ihr lief eine Propaganda, die sich ausschließlich an Gebildete, an Akademiker und an Personen in Schlüsselpositionen richtete. Sir Claude Shuster, einer der Direktoren der englischen Propagandaorganisation, hat hierzu bemerkt, es sei besser, die zu beeinflussen, die andere beeinflussen können, als zu versuchen, sich direkt an die Masse der Bevölkerung zu wenden.[33] Bei einer Bevölkerung von damals 130 Millionen Amerikanern wäre der Versuch, die meisten von ihnen direkt anzusprechen, ohnehin nicht finanzierbar gewesen.

Um Listen von einflußreichen Personen in Amerika zu erstellen, benutzten die Mitarbeiter von Wellington House Office unter anderem das amerikanischen „Who is Who“, wobei sie die dort aufgeführten Personen nach Beruf und Einfluß in der Gesellschaft in Gruppen unterteilten.[34] Nach der von ihnen eingeschätzten Bedeutung der betreffenden Personen richtete sich dann Menge und Art des ihnen übersandten Propagandamaterials und die Intensität anderer Formen der Beeinflussung, wie etwa die Gewährung von Interviews oder Einladungen zu Kongressen und Vorträgen. Personen, die man für besonders einflußreich hielt, wie Journalisten, Politiker und Unternehmer, lud man nach England ein und behandelte sie dort besonders zuvorkommend. Vielen von ihnen wurden private Interviews mit englischen Politikern oder führenden Militärs gewährt, wobei sie oft Informationen erhielten, die sonst nicht zugänglich waren. Man begegnete ihnen auf diese Art von vornherein als Freunden der englischen Sache, auf deren Verschwiegenheit und Unterstützung man rechnen konnte. Die meisten von ihnen wurden es denn auch oder sahen sich in ihrer wohlwollenden Haltung gegenüber den Alliierten bestärkt. In Frankreich wurden Journalisten aus neutralen Ländern komfortabel in zwei Schlössern untergebracht, wo sie die neuesten Informationen von der Front und Kommentare zur Lage erhielten.[35]

Die britischen Propagandisten hatten aber noch einen weiteren Grund, sich vor allem an meinungsbildende Zielgruppen in Amerika zu wenden. Kenner Amerikas warnten davor, eine offene, vom Ausland gesteuerte und an die Masse der Bevölkerung gerichtete Kampagne für den Kriegseintritt des Landes zu betreiben. Die Amerikaner würden das als eine Einmischung in die Innenpolitik des Landes ansehen und ablehnend reagieren. Aus diesem Grund verzichtete Masterman darauf, eine englische Propagandazentrale in Amerika einzurichten. Statt dessen wandten sich die englischen Propagandisten in persönlichen Briefen an Personen in Amerika, die sie für politisch einflußreich hielten. In vielen Fällen verwandte Wellington House Office noch nicht einmal den eigenen, relativ unauffälligen Namen als Versender von Propagandamaterial.[36] Als Absender firmierten in der Regel Freunde, Verwandte und Geschäftspartner amerikanischer Bürger, auch Lehrer, Kleriker, Mitglieder von wissenschaftlichen Institutionen und Bibliotheken, oft Personen, die schon zu Friedenszeiten Briefkontakte mit Amerikanern unterhalten hatten.[37] Gemeinsam war diesen Briefen, daß das darin enthaltene Propagandamaterial im akademischen Stil abgefaßt war. Oft enthielten diese Briefe auch ein persönliches, an den Empfänger gerichtetes Schreiben G. Parkers. So wurde der Eindruck vermieden, daß es sich hier um eine Aktion einer Regierungskampagne handelte. Typisch für die Mischung von Vertraulichkeit und Raffinement der Beeinflussung war ein zu Tausenden versandter und von G. Parker unterzeichneter Begleitbrief. Er war so formuliert, daß sich die Empfänger nicht nur persönlich angesprochen, sondern auch geehrt fühlten.

Der Brief Parkers lautete:

> „Mir ist bekannt, daß durch die Initiativen vom Amerikanern Nachdrucke offizieller Dokumente zum gegenwärtigen Krieg in Europa veröffentlicht wurden. Aber viele maßgebende Personen verfügen nicht über die Originaldokumente, aus denen sich die wahre Vorgeschichte des Krieges ergibt. Ich erlaube mir deswegen, Ihnen einige dieser Originaldokumente zu übersenden. Ich bin überzeugt, daß Sie es nicht als Unhöflichkeit empfinden, daß uns Engländern daran liegt, daß unsere Sache auf Grund von eindeutigem Beweismaterial beurteilt wird. Wir bezweifeln nicht, daß Sie sich zusammen mit den meisten Amerikanern längst ein Urteil darüber gebildet haben, welches Land für die Tragödie des Krieges verantwortlich ist. Im Hinblick darauf, können die beiliegenden Dokumente nützlich sein, weil sie die Tatsachen objektiv wiedergeben. Sie werden sie in dieser Form sicherlich willkommen heißen. Meine lange und auch auf Grund meiner in Amerika publizierten Bücher sehr persönliche Beziehung zu Ihrem Land ermutigt mich, mich an Sie zu wenden. Im Vertrauen darauf, daß Sie dieses Schreiben nicht als aufdringlich ansehen oder meine Beweggründe mißverstehen.
> Ihr G. Parker 38

Natürlich handelte sich bei den mit diesem Schreiben übersandten Dokumenten nicht um Originaldokumente. Die existierten nur einmal, und ansonsten gab es nur Kopien. Und natürlich waren diese Dokumente so ausgewählt, daß sie nur die alliierten Thesen stützten. Sehr geschickt war auch der Anfang des Briefes, wonach Amerikaner bereits offizielle Dokumente zum Krieg in Europa veröffentlicht hätten. Dadurch erweckte Parker den Eindruck, als handele es sich hier um eine amerikanische Initiative, und daß man als Engländer nur noch ein paar zusätzliche Dokumente, die das Ganze abrunden könnten, überreichen wollte. Die Kunst Parkers bestand auch darin, diese Briefe in einem so herzlichen und offenen Ton zu halten, daß sicherlich nur wenige Empfänger darauf verfallen sind, sie kritisch zu analysieren.

Eine weitere Technik der englischen Propagandisten war, sich möglichst wenig mit verifizierbaren Sachverhalten auseinander zu setzen, etwa, sich auf eine Erörterung der deutschen Kriegsschuld einzulassen. Denn da hätte man auch Zweifel anmelden können. Statt dessen konzentrierte man sich darauf, das deutsche Volk aufgrund seiner Geschichte und seiner Mentalität als von Natur aus militaristisch und imperialistisch hinzustellen.[39] Eine schwer zu erschütternde These, weil sie kaum greifbar war. Um sie zu belegen, stützten sich die englischen Propagandisten unter anderem auf Zitate aus den Schriften von Nietzsche, Treitschke, Fichte, Hegel und auf Äußerungen deutscher Politiker. Sie zitierten etwa auf die Aufforderung des Kaisers, die deutschen Truppen sollten in China wie die Hunnen hausen. Oder die Erklärung Bismarcks, das Schicksal von Völkern werde nicht durch Verhandlungen, sondern durch Blut und Eisen entschieden. Oder sie führten ein Zitat Nietzsches aus „Jenseits von Gut und Böse" wie dieses an: „Man muß sich aller empfindsamen Schwächlichkeit erwehren: Leben selbst ist wesentlich Aneignung, Verletzung, Überwältigung des Fremden und Schwächeren, Unterdrückung, Härte, Aufzwängung eigner Formen, Einverleibung und mindestens, Ausbeutung."[40] Oder man zitierte eine Randnotiz Friedrich des Großen in seiner Tacitusausgabe:

> „Im eigenen Hause: Keine Minister, sondern Gehilfen,
> Im Ausland: Keine Minister, sondern Spione,
> Bündnisse schließen, um Haß zu säen,
> Die Nachbarn zum Krieg treiben und ihn dann schüren,
> Hilfe immer versprechen, nie leisten,
> Unruhen zu nutzen wissen, um die eigenen Pläne in die Tat umzusetzen."[41]

Die englische Propaganda wirkte auf diese Weise überzeugend und kaum faßbar zugleich. In wöchentlichen Konferenzen paßten die englischen Propagandisten ihre Taktik der jeweiligen politischen Lage an. Darüber hinaus analysierten sie täglich die feindliche und neutrale Presse, um sie für die Erstellung eigener Texte zu verwerten. Ihre Propaganda war auf diese Weise ständig aktuell und bildete schon deswegen auch für die neutrale Presse eine attraktive Informationsquelle. Als sehr wirksam erwies sich auch, daß das Wellington House Office wöchentlich jede Woche ein Nachrichtenmagazin mit Kommentaren und Berichten im Sinne der Alliierten an 555 amerikanische Zeitungen und Zeitschriften versandte. Die Zeitungs-Redaktionen brauchten sie nur ganz oder teilweise abzudrukken, wenn sie sich Arbeit sparen wollten. Was häufig schon deshalb der

Fall war, weil es ein deutsches Nachrichtenmagazin als Alternative nicht gab. „Wir haben die deutschen Nachrichten aus den amerikanischen Zeitungen gefegt", sagte hierzu ein Mitarbeiter von Wellington House Office.[42]

Bereits 1916 hatte die britische Propaganda den Umfang einer im industriellen Maßstab organisierten Offensive angenommen. Sie war die erste Form einer von einer Regierung initiierten Bewußtseinsindustrie. Die Zahl der festangestellten Mitarbeiter von Wellington House Office war zu dieser Zeit auf 54 gestiegen, wozu noch eine Legion von Autoren und Korrespondenten auf Honorarbasis kam.[43] Aber das Wellington House Office war nur eine der zehn Organisationen, die englische Auslandspropaganda betrieben. So beschäftigte das neben Wellington House Office und teilweise auch unter seiner Regie tätige sogenannte Zentralkomitee Nationalpatriotischer Organisationen im Jahr 1916 250 Redner, organisierte 15.000 Versammlungen und verteilte 850.000 Propagandaschriften an Schulen und weitere 900.000 an Bibliotheken, vorwiegend in Amerika.[44] Die Liste der vom Wellington House Office angesprochenen prominenten oder einflußreichen Bürger Amerikas umfaßte 1916 170.000 Adressaten und stieg dann auf 260.000 an.[45] Darunter alle Professoren amerikanischer Universitäten, Prediger, Priester, Lehrer, Journalisten, Zeitungsredakteure, angesehene Unternehmer und Geschäftsleute. Sie alle wurden unablässig mit englischen Propagandaschriften eingedeckt.

Erfolgreich war die englische Propaganda denn auch, so erfolgreich, daß sie erfolgreicher gar nicht sein konnte: Amerika hat Deutschland den Krieg erklärt. Aber vergessen wir nicht, es waren keine Professoren, keine Lehrer, keine Journalisten und keine Beamten, es waren Literaten, die die Strategie der englischen Propaganda entworfen und verwirklicht haben. Und das, wiederum war nur möglich, weil es in England zwischen Literaten und Politikern keine Berührungsängste gab.

Was die deutsche Regierung anbelangt, so war sie zunächst nicht auf den Gedanken verfallen, daß Propaganda im Krieg überhaupt notwendig sein könnte. Als sie schließlich doch zu der Einsicht gelangte, daß man in irgendeiner Form Propaganda betreiben müsse, organisierte sie sie auf eine Weise, wie sie dilettantischer kaum sein konnte. Bis zum Frühjahr 1915 gab es lediglich in Berlin eine Pressestelle, die Journalisten Auskünfte erteilte und Meldungen über die Frontlage publizierte.[46] Erst dann gelang es dem Auswärtigen Amt, die oberste Heeresleitung, die alle wesentlichen politischen Entscheidungen an sich gezogen hatte, davon zu überzeugen, daß man auf Auslandspropaganda nicht verzichten könnte. Daraufhin ernannte die Heeresleitung einen gewissen Major Deutschmoser zum Chef der deutschen Auslandspropaganda. Man schätzte ihn dort als einen gewandten Offizier. Allerdings war er nie im Ausland gewesen und auch nie als Autor oder Journalist hervorgetreten. Die Oberste Heeresleitung ersetzte ihn dann ein Jahr später durch einen Oberst Nicolai.[47] Schon der Rang der beiden Offiziere machte offensichtlich, daß die Heeresleitung der Auslandspropaganda nur eine geringe Bedeutung beimaß. Auch Oberst Nicolai war nie Schriftsteller oder Journalist gewesen.

Man muß sich einmal verdeutlichen, was hier geschehen war. Auf englischer Seite stand an der Spitze der Sektion für Auslandspropaganda ein Minister, selbst Literat, mit allen Vollmachten eines Kabinettsmitgliedes mit unmittelbarem Zugang zum Premierminister. Unterstützt von den prominentesten Schriftstellern Englands. Der Propagandaapparat, den sie in wenigen Monaten aufbauten, war so hoch dotiert und ihr Entscheidungsspielraum war so großzügig bemessen, daß er sehr bald das Volumen und die Schlagkraft einer eigens hierfür geschaffenen Bewußtseinsindustrie annahm. Auf deutscher Seite zunächst einmal ein Major als Chef der deutschen Auslandspropaganda, dann ein Oberst. Keiner der beiden Offiziere hatte Zugang zum Kabinett; sie konnten zufrieden sein, wenn sie gelegentlich ihren General sahen. Beide waren sie auf das eigentliche Feld ihrer Tätigkeit, nämlich die Produktion von Texten oder auch nur die Analyse von Texten, nicht vorbereitet. Ganz abgesehen davon, daß die Eigenschaften, die man von Offizieren erwartet, ungefähr das Gegenteil von dem sind, was einen Literaten ausmacht. Ein Art „Thinktank“, also ein Komitee von Autoren, das eine Strategie der Auslandspropaganda hätte entwickeln können, stand ihnen nicht zur Verfügung und hätte wohl auch nicht ins militärische Weltbild gepaßt. Auch waren sie nicht in der Position, frei zu entscheiden. Als Offiziere der mittleren Militärhierarchie waren sie an die Anweisungen von Vorgesetzten gebunden, die von Auslandspropaganda auch nichts verstanden. Beide Offiziere veranlaßten Schriftsteller und Journalisten, die Sache der Mittelmächte propagierende Artikel zu schreiben, und sorgten für deren Verbreitung. Hiermit hätten sich sicherlich auch Erfolge erzielen lassen. Allerdings nicht so, wie sie die deutsche Propaganda organisierten. Die beiden Offiziere waren weder im Stande, eine Strategie zu entwickeln, noch sie zu koordinieren, noch sich auf eine Zielgruppe zu einigen. Das ergab sich schon aus ihren Argumenten, die sich im wesentlichen auf drei Punkte konzentrierten:

- Die Deutschen hätten keine Schuld am Krieg,
- die Berichte über deutsche Greueltaten seien unwahr,
- die deutsche Kultur sei der anderer Völker überlegen.[48]

Die ersten beiden Behauptungen waren schon deswegen unglücklich gewählt, weil sie defensiv waren. Wir wissen heute, auch aufgrund der von der englischen Propaganda angewandten Strategien, daß wirksame Kriegspropaganda offensiv sein muß. Sie sollte agieren und nicht reagieren. Wenn sie sich auf die Argumente des Gegners einläßt, bedeutet das, daß der Gegner über Form und Inhalt der eigenen Propaganda mitbestimmen kann. Obendrein verbreitet man, um sie zu widerlegen, auch noch dessen Argumente. Am Ende hinterläßt man so den Eindruck, daß an den Anschuldigungen des Gegners doch etwas dran sein könnte. Die Behauptung der deutschen Propagandisten, die deutsche Kultur sei der Kultur anderer Völker überlegen, war keine Propaganda, sondern eine Zumutung. Schon aus Gründen des Selbstrespekts mußte man damit rechnen, daß eine nichtdeutsche Bevölkerung einen solchen Anspruch zurückweisen würde. Die Anmaßung der Nationalsozialisten, die die Deutschen zur Herrenrasse erklärten, zeichnete sich schattenhaft und mit den gleichen negativen Konsequenzen bereits in der deutschen Propaganda im Ersten Weltkrieg ab.

Zu den weiteren Kardinalfehlern der deutschen Propaganda gehörte, daß sie keine Thesen vertrat, mit denen sich die Gebildeten oder die Massen im Ausland hätten identifizieren können. Während die Alliierten verkündeten, sie kämpften für Demokratie und Meinungsfreiheit, für Kultur und gegen Barbarei und für die Unabhängigkeit auch der kleinen und militärisch schwachen Völker, gab es in der deutschen Propaganda nichts Vergleichbares. Sie war außerstande, Ideen zu produzieren, für die die Völker bereit gewesen wären zu kämpfen.

Allerdings verhielt es sich auch wiederum nicht so, daß die deutsche Auslandspropaganda gänzlich wirkungslos war. Die Offiziere, die sie organisierten, handhabten sie auf eine Weise, die ihren militärischen Traditionen und Denkmustern entsprach: als Subversion. Wo es möglich war, die Moral des Gegners zu unterminieren, Mittel der Korruption und der Gewaltanwendung einzusetzen, konnten sie damit auch Erfolge verzeichnen. Wie in der Türkei, dort kauften die deutschen Propagandisten alle Zeitungen auf, die für die Alliierten eintraten, ließen Redakteure bestechen, damit sie die Mittelmächte unterstützten und sorgten dafür, daß der damalige türkische Kriegsminister Enver Pascha, der mit den Deutschen sympathisierte, mißliebige Journalisten zum Militär einberufen ließ.[49] Am Ende befürwortete die gesamte türkische Presse den Kriegseintritt der Türkei auf Seiten der Mittelmächte. Als der dann im Oktober 1914 erfolgte, wurden alle Meinungsäußerungen verboten, die sich gegen diese Allianz wandten. Insofern brauchten die Deutschen in der Türkei keine Propaganda mehr zu betreiben. Die Debatte darüber, ob es sinnvoll war, daß die Türkei am Krieg teilnahm, war durch Polizeigewalt beendet worden.

Der Einsatz von Propaganda als Mittel der Subversion im Nahen Osten ergab sich unter anderem auch aus einem deutschen Telegramm, das die englische Abwehr dechiffrieren konnte. Es begann mit dem Satz „An alle Agenten in Syrien: Verbreiten Sie unter den arabischen Stämmen folgendes Gerücht." Welcher Art dieses Gerücht war, ist nicht überliefert.[50] Wenn die deutschen Militärs ihre Agenten anwiesen, Gerüchte zu verbreiten, so offensichtlich deshalb, weil sie sich auf Tatsachen nicht berufen wollten. Man wollte vernebeln, unterminieren, in die Irre führen, sich aber keiner rational geführten Debatte stellen. Weit sind die Deutschen mit solchen Propagandatechniken nicht gekommen. Die Araber traten auf der Seite der Alliierten in den Krieg ein, weil sie ihnen die Freiheit versprachen. Was allemal wirksamer war als Gerüchte, welcher Art auch immer.

Erfolgreich waren die Unterwanderungstechniken der deutschen Propagandisten in Irland, wo sie 1916 zum Ausbruch des Aufstandes gegen die Engländer beigetragen haben.[51] Erfolgreich waren sie auch gegenüber dem russischen Gegner durch die Unterstützung der kommunistischen Revolution und die Einschleusung Lenins nach St. Petersburg und an der Westfront, wo es den deutschen Propagandisten zu Anfang des Krieges für einige Monate gelang, die Moral der französischen Armee durch Flugblätter subversiven Inhalts zu erschüttern. Aber überall dort, wo es darum ging, sich der Rede und Gegenrede zu stellen, nicht einzuschüchtern oder zu bestechen, sondern zu überzeugen, wo man die Verbreitung gegnerischer Meinungen nicht ausschalten konnte, in den Demokratien der westlichen Welt, also gerade dort, wo die Entscheidung über Sieg und Niederlage fiel – in Amerika – lief die deutsche Propaganda ins Leere.

Als besonders verhängnisvoll erwies sich eine Entscheidung der obersten Heeresleitung gleich zu Beginn des Krieges. Sie verbot den Export deutscher Zeitungen, weil sie glaubte, die Alliierten könnten sie zu Spionagezwecken verwerten.[52] Als ob die Alliierten nicht in der Lage gewesen wären, sich deutsche Zeitungen über die Botschaften neutraler Länder zu beschaffen. Ein wirksames, wenn nicht sogar das wirksamste Instrument deutscher Propaganda wurde damit ausgeschaltet. Während die für die englische Propaganda Verantwortlichen alles unternahmen, um den Absatz englischer Zeitungen und damit englischer Nachrichten und Kommentare im Ausland zu fördern, verfolgte die deutsche Heeresleitung die entgegengesetzte Politik. Dabei hätte die Regierung die Zeitungen noch nicht einmal subventionieren müssen. Ihre Werbung für die deutsche Sache wäre kostenlos gewesen. Auch nach der Kappung des deutschen Überseekabels hat die Heeresleitung nicht versucht, nun ihrerseits das englische Überseekabel kappen zu lassen. Andere militärische Operationen waren ihr wichtiger als diese.

Genau so unzulänglich wie die deutsche Propaganda in Europa war sie in Amerika. Sie war ein Produkt einer Reihe von Zufälligkeiten. Der damalige deutsche Botschafter in Washington Graf Bernstorff hatte erkannt, daß man der englischen Propaganda eine eigene Propaganda entgegensetzen mußte und beauftragte hiermit zwei seiner Attachés. Sie blieben bis zum Eintritt Amerikas in den Krieg im Jahr 1917 die beiden einzigen Botschaftsbeamten, die sich mit Propaganda befaßten. Die Attachés engagierten ein halbes Dutzend Geschäftsleute auf Honorarbasis, die ihnen zur Hand gingen, darunter den Agenten der Hamburg Amerika Linie.[53] Keiner ihrer Mitarbeiter war jemals als Autor hervorgetreten oder verfügte über Eigenschaften, die sie für die Konzipierung der Auslandspropaganda einer Großmacht geeignet machten. Gemeinsam war ihnen nur, daß sie durch den Kriegsausbruch in Amerika gestrandet und für jede bezahlte Tätigkeit dankbar waren. Zusätzlich zu den deutschen Geschäftsleuten beauftragten die beiden Attaches, ebenfalls auf Honorarbasis, einen gebürtigen Amerikaner, der ihnen helfen sollte, die Mentalität der amerikanischen Bevölkerung zu verstehen.[54] Ob dieser Amerikaner hierfür besonders qualifiziert war, ist nicht überliefert. Mit der Leitung eines deutschen Propagandabüros in New York betraute der Botschafter einen Dr. Dernburg, der sich zuvor seine Meriten als Beamter im Kolonialministerium erworben hatte.[55] Die deutsche Regierung hatte ihn nach Amerika entsandt, um dort eine Kriegsanleihe zu plazieren, allerdings ohne Erfolg, weil die amerikanische Regierung gleich nach seinem Eintreffen die Vergabe von Krediten an kriegsführende Mächte untersagt hatte. Anschließend hatte er Geldsammlungen für das deutsche Rote Kreuz veranstaltet. Auch hier beruhte die Beauftragung von Dr. Dernburg mit einer der wichtigsten Aufgaben der deutschen auswärtigen Politik auf zufälligen Konstellationen. Er hatte sich als Beamter bewährt, war Akademiker und befand sich in New York. Das genügte, daß er der deutschen Seite als geeignet erschien, die deutsche Propaganda in Amerika zu organisieren. Abgesehen davon, daß sich unter den deutschen Propagandisten in Amerika keine Autoren befanden, dürften ihre Sprachkenntnisse auch nicht ausgereicht haben, um brauchbare Propagandatexte in Englisch zu schreiben oder die Qualität in Englisch abgefaßter Texte zu beurteilen. Insofern lag es nahe, daß sie ihre Propagandaschriften vorwiegend in Deutsch verfaßten und sich damit an die deutschsprachige Presse in Amerika wandten. Allerdings hatten die deutschsprachigen Zeitungen wegen ihrer beschränkten Auflage wenig Einfluß auf die amerikanische Politik. Zudem waren ihre Leser Deutschamerikaner, die ohnehin deutschfreundlich waren. Wozu ein Mitarbeiter von Wellington House nicht ohne Witz bemerkte: „Die Deutschen sind vollauf damit beschäftigt, sich selber zu überzeugen."[56]

Eine weitere fundamentale Schwäche der deutschen Propaganda in Amerika war, daß sie weitgehend ohne die Hilfestellung der deutschen Regierung operieren mußte. Sie gab ihren Propagandisten keinerlei Hinweise, welche Schwerpunkte sie in ihrer Propaganda setzen sollten. Auch übermittelte sie ihnen keine vertraulichen Berichte über die Lage an der Front oder die Situation in Deutschland, noch Informationen über die Absichten der Alliierten, soweit sie der deutschen Regierung bekannt waren, noch Hinweise auf die Zielsetzungen der deutschen Politik. Der Nachrichtenwert der deutschen Meldungen blieb insofern gering.[56a] Bei den englischen Nachrichten war das anders. Die englischen Propagandisten, die sie lancierten, hatten schon deswegen keinen Mangel an Informationen aus erster Hand, weil ihr Chef Kabinettsmitglied war und sie an seine Propagandisten weitergab. Obendrein stand den Deutschen im Gegensatz zu ihren alliierten Gegenspielern nur sehr wenig Geld für ihre Propaganda in Amerika zur Verfügung, insgesamt 38 Millionen Dollar bis zum Eintritt Amerikas in den Krieg.[57] Zum Vergleich: Ein durchschnittlicher Kriegsmonat kostete dem deutschen Rcich 1914 3 Milliarden Reichsmark; 1918 waren es 5 Milliarden Reichsmark pro Monat.[58]

Von den politischen Gegebenheiten in Amerika verstanden die deutschen Propagandisten wenig. Sie organisierten ihre Propaganda in aller Harmlosigkeit von der deutschen Botschaft und von einem Büro aus, das die Botschaft hierfür in New York eingerichtet hatte. Sie verhielten sich damit gänzlich anders als die englischen Propagandisten, die von Anfang an sorgfältig darauf bedacht waren, ihre Propaganda als Initiativen privater Organisationen erscheinen zu lassen. Die Deutschen mußten wegen der Offenheit, mit der sie ihre Propaganda von Amts wegen betrieben, einen bösen Rückschlag hinnehmen. Die amerikanische Regierung verbot deren Weiterführung und wies die verantwortlichen Attachés wegen Einmischung in inneramerikanische Angelegenheiten aus.[58a] Immerhin gab es unter den Deutschen, jedenfalls in Amerika, durchaus die Einsicht, daß eine Kriegserklärung Amerikas gegen Deutschland die Niederlage bedeutete. Kurz vor seiner Abreise 1916 schrieb der damalige Militärattaché in Washington, von Papen, an den Oberbefehlshaber des deutschen Heeres General von Falkenhayn folgenden Brief:

> „General,
>
> Wenn es Ihnen nicht gelingt, die Vereinigten Staaten aus dem Krieg herauszuhalten, werden Sie ihn verlieren. Hieran kann es überhaupt keinen Zweifel geben. Die enormen materiellen und moralischen Ressourcen, die den Vereinigten Staaten offen stehen, werden bei uns so ganz und gar unterschätzt, daß man die Öffentlichkeit ganz anders als bisher hierüber aufklären muß.“[59]

Aber auch dieses Schreiben, so zutreffend es war, führte zu keiner Veränderung der deutschen Politik. Immerhin war es damals noch gestattet, daß ein Militärattaché sich mit solcher Offenheit an seinen obersten Befehlshaber wenden konnte. Argumente, auch wenn sie unbequem waren, durfte man noch vortragen. Zwanzig Jahre später war das dann anders.

Daß die deutsche Propaganda der alliierten Propaganda im ersten Weltkrieg nichts entgegenzusetzen hatte, daß die alliierte Propaganda das Feld fast allein beherrschte, hat sich in der Folge als noch verhängnisvoller erwiesen als der Eintritt Amerikas in den Krieg. Der Haß, den die alliierte Propaganda bei der eigenen Bevölkerung und überall in der Welt gegen die Deutschen erregte, war so gewaltig, daß unter den Alliierten kaum jemand bereit war, auf die Friedensfühler einzugehen, die die Deutschen 1917 ausstreckten. Nach dem Zusammenbruch Deutschlands war dieser Haß einer der Gründe, Deutschland im Friedensvertrag von Versailles Bedingungen aufzuerlegen, die jeden Sinn für das Maß vermissen ließen. Der Vertrag von Versailles wurde zu einer der Ursachen für den Aufstieg der Nationalsozialisten und als Folge hiervon eine der Ursachen des Zweiten Weltkrieges und einer noch vernichtenderen Niederlage Deutschlands.

Auf den Vorwurf der Deutschen, daß die englische Propaganda lügenhaft und perfide wäre, hat die englische Seite nach dem Krieg geantwortet, daß eine erfundene Greuelgeschichte genau so moralisch oder unmoralisch wäre wie eine Handgranate oder eine Haubitze. Propaganda sei eine Waffe wie andere auch, und es wäre nicht einzusehen, warum man auf Kreativität und Erfindungsgabe zur Diskreditierung des Gegners verzichten sollte, nur weil der nicht in der Lage wäre, seinerseits hiervon Gebrauch zu machen.

Während die Deutschen den Engländern Lügenhaftigkeit vorwarfen, nannten die Engländer die Deutschen militaristisch. Recht hatten sie beide, zumindest insoweit, als man mit so allgemein gehaltenen Vorwürfen Recht haben kann. Der Einfluß der Admiralität führte dazu, daß Deutschland 1912 ein Rüstungsprogramm einleitete, das den Bau von 26 Großkampfschiffen vorsah, zu denen noch weitere 16 als Reserve kamen, ohne Rücksicht darauf, daß Deutschland hierdurch in Konflikt mit England geriet, das seine Vormacht zur See gefährdet sah und dadurch zum Alliierten von Frankreich und Rußland wurde. Ebenfalls Überlegungen rein militärischer Art führten dazu, daß Deutschland das neutrale Belgien besetzte und damit England einen Vorwand zum Eintritt in den Krieg lieferte. Und allein militärische Überlegungen veranlaßten Deutschland, den uneingeschränkten U-Boot Krieg zu erklären. Der damalige deutsche Kanzler von Bethmann Hollweg hatte zwar versucht, das zu verhindern, weil er zu Recht fürchtete, daß Amerika deswegen in den Krieg gegen Deutschland eintreten könnte. Aber er konnte sich gegen die Admiralität nicht durchsetzen.

Eine Folge des übermächtigen Einflusses der Militärs auf die deutsche Politik war es auch, daß die oberste Heeresleitung die Verantwortung für die Auslandspropaganda – eigentlich eine Aufgabe des Außenministeriums – an sich ziehen konnte, mit den bereits geschilderten Konsequenzen. Und Überlegungen militärischer Natur waren es, die den damaligen Staatssekretär im Auswärtigen Amt, Zimmermann, veranlaßten, in einem Telegramm an die Regierung von Mexiko ein Bündnis mit Deutschland zur Rückeroberung von Texas und Kalifornien in Aussicht zu stellen. Eine Depesche, die von den Engländern dechiffriert und sofort veröffentlicht wurde. Dieser Schritt der deutschen Regierung war so etwas wie der Tropfen, der das Faß zum Überlaufen brachte. Amerika erklärte Deutschland den Krieg.

Wenn man Militarismus als ein Übergreifen militärischen Denkens und militärischer Strategien auf die Politik definiert, so galt das in der Tat zunächst für die preußische und später auch für die Politik des deutschen Reiches bis zum Ende des Ersten Weltkrieges. Dabei hätte man sich in

Deutschland daran erinnern können, daß die Dominanz von Militär und Beamtenschaft, wie es in Preußen und dann im Kaiserreich der Fall war, zur Unbeweglichkeit führt. Die Politik ist nicht mehr in der Lage, auf neue Entwicklungen zu reagieren. Sie verläßt sich dann nur noch auf das, worauf man sich schon immer verlassen hat – auf das Überkommene. Toynbee hat die Gefahren, die aus der Vorherrschaft von Militär- und Beamtenschaft für einen Staat entstehen, in seinen „Studies of History" dokumentiert. Allerdings erst nach dem Ersten Weltkrieg, so daß die damaligen deutschen Politiker diesen Text auch dann nicht hätten zur Kenntnis nehmen können, wenn sie es gewollt hätten. Gewollt hätten sie es wahrscheinlich ohnehin nicht, denn Toynbee befand sich auf der Gegenseite. Er organisierte die englische Propaganda in Amerika.

Was die Unzulänglichkeit der deutschen Propaganda im Ersten Weltkrieg anbelangt, so hat sich ein Politiker hierzu geäußert, der Propaganda – allerdings nur eine bestimmte Art von Propaganda – zu seinem Metier gemacht hatte – Hitler.

Er schrieb:

> „In England galt die Propaganda als Waffe ersten Ranges, während sie bei uns das letzte Brot stellenloser Politiker und Druckpöstchen bescheidener Helden darstellte. Ihr Erfolg war denn auch alles in allem genommen gleich Null."[60]

Womit er Recht hatte. Was er jedoch seinerseits in „Mein Kampf" als Strategie effizienter Propaganda empfahl, erwies sich dann allerdings im Zweiten Weltkrieg als genau so erfolglos. Nach Hitlers Vorstellungen sollte Propaganda sich nicht an die Gebildeten, sondern immer und ausschließlich an die Massen richten.[61] Sie sollte plakativ sein, sich auf ganz wenige Gesichtspunkte beschränken und sie ständig wiederholen. Ihr Niveau sollte sich an der Aufnahmefähigkeit der Beschränktesten orientieren. Sie sollte nicht argumentieren, sondern an die Emotionen der Massen appellieren. Etwas anderes konnte er auch kaum vorschlagen, weil er seinen Glauben an Völkisches und die Überlegenheit der arischen Rasse einer rationalen Erörterung nicht aussetzen konnte.

Hitler hat sich später wiederholt darauf berufen, daß der Wahlsieg der Nationalsozialisten ein Resultat dieser Propagandastrategie gewesen wäre. Ob es wirklich so war, ist fraglich. Noch 1929 hatten nur 3,7 % der Wahlberechtigten die Nationalsozialisten gewählt. Sie hatten damals keine größere Bedeutung als eine Sektierergruppe am Rande des rechten Wahlspektrums. Vier Jahre danach war sie die stärkste Partei im Reichstag geworden und stellte den Reichskanzler. Das Ereignis, das dazwischen lag, war die Weltwirtschaftskrise im Oktober 1929. Als deren Folge stieg die Zahl der Arbeitslosen in Deutschland von 2,036 Millionen auf 6,01 Millionen.[62] Das Bruttosozialprodukt fiel von 71.2 Milliarden Reichsmark auf 41,1 Milliarden Reichsmark, die Güterproduktion um 44 Prozent.[63] Wobei sich die Krise in Deutschland noch dadurch verschärfte, daß das Land gewaltige Reparationszahlungen leisten mußte. Im Rahmen des Young-Planes hatte sich das Deutsche Reich verpflichtet, bis 1988 in 59 Jahresraten einen Betrag von 113,9 Milliarden Reichsmark zu zahlen.[64]

Die einzigen Parteien, die damals für durchgreifende ökonomische Reformen und die sofortige Einstellung der Reparationszahlungen eintraten, waren die nationalsozialistische und die kommunistische Partei. Das Bürgertum, das sich vor diese Wahl gestellt sah, entschied sich zur Erhaltung seines Besitzes und auch angesichts der Schreckensherrschaft des Stalinismus in der Sowjetunion für die Nationalsozialisten. Daß der Aufstieg der Nationalsozialisten erst nach dem Beginn der Wirtschaftskrise begann, spricht dafür, daß nicht ihre Propagandastrategie, sondern vor allem die desperate wirtschaftliche Situation des Landes und die Bereitschaft Hitlers, radikale Lösungen anzubieten, den Erfolg seiner Partei bewirkt hat.

Die von Hitler beschriebene Art der Propaganda hat Goebbels zunächst im Wahlkampf und später im Rahmen der Außenpolitik angewandt. Wobei Goebbels sowohl von ihrer Wirksamkeit als auch von seiner überragenden Begabung als Propagandist überzeugt war. In seinen Tagebüchern hat er sich auf Kommentare ausländischer Journalisten berufen, die seine Propagandaarbeit genial nannten.[65] Er hat dem gern und ohne Vorbehalt zugestimmt, war aber hier offensichtlich Opfer seiner eigenen Agitation geworden. Selbst wenn man von der weltanschaulichen Hypothek absieht, die die deutsche Propaganda im Zweiten Weltkrieg, mehr noch als im ersten, belastete, war sie bereits durch ihren von Hitler entwickelten strategischen Ansatz zumindest in Demokratien zum Scheitern verurteilt. Wie sehr, geht daraus hervor, daß im Ersten Weltkrieg siebenundzwanzig Nationen Deutschland den Krieg erklärt hatten, im Zweiten Weltkrieg fünfundsechzig.

Von Geist und Macht in der Politik.

Daß die damaligen deutschen Politiker außerstande waren, auf eine von Literaten geführte Propagandaoffensive zu reagieren, hatte auch damit zu tun, daß sie von einem Feld aus geführt wurde, das der deutschen und vor allem der preußischen Politik fernlag. Für Literatur und Künste gab es in der deutschen Gesellschaft und Öffentlichkeit zwar Raum genug, aber nicht in der Politik. Der Gedanke, daß Literaten die Außenpolitik mitgestalten könnten, war den deutschen Politikern im Ersten Weltkrieg so fremd, daß sie ihn noch nicht einmal erörterten. Daß es sich so verhielt und in vieler Hinsicht immer noch so ist, hängt damit zusammen, daß Geist und Macht in Deutschland schon immer weitgehend voneinander getrennt waren. Die meisten deutschen Bundesstaaten, allen voran Preußen, waren bis weit ins neunzehnte Jahrhundert hinein zunächst und vor allem Obrigkeitsstaaten. Ideen, die die Politik tangierten und subversiv wirken könnten – und welche Ideen zur Politik wirken in Obrigkeitsstaaten nicht subversiv – waren wenig willkommen. Literaten sollten sich aus der Politik heraushalten. Und Bürger, die meinten, sie könnten mitregieren, auch. Die Bevölkerung in Deutschland hat dieses Regiment aus Gründen hingenommen, die weit in die deutsche Geschichte zurückreichen.

Wir nennen hiervon drei, die wir für die wesentlichen halten:

- die Theologie Luthers,
- die gescheiterten Revolutionen in Deutschland,
- und die Politik Preußens.

Luther hatte in seinen theologischen Schriften gefordert, daß der Bürger sich seiner Obrigkeit ohne Vorbehalt unterwerfen soll, unabhängig davon, ob er es mit einer schlechten oder guten Regierung zu tun hatte. Daß die Bürger mit eigenen Ideen zur Politik hervortreten oder sie sogar mitgestalten könnten, sah Luthers Lehre nicht vor. Für ihn waren die Christen und damit auch die Bürger gegenüber der Obrigkeit nichts weiter als Untertanen. Eine Lehre, die die politischen Überzeugungen der Deutschen und deren Politiker bis in das letzte Jahrhundert hinein beeinflußt hat.

Luther hat sie auf den Punkt gebracht als er verkündete:

„Der Christ ist völlig freier Herr über alles und niemandem Untertan. Der Christ ist ein allem dienstbarer Knecht und jedermanns Untertan."[1]

Nach Luther ist der Christ nur frei in seinem Glauben an Gott, aber jedermanns Untertan in dieser Welt. Insofern muß er jede Obrigkeit, auch die schlechteste, hinnehmen. Er schrieb:

„Ein Christ läßt jeden rauben, nehmen, drücken, schinden, schaben, fressen und toben wie er nur will, denn er ist ein Märtyrer." „Christliches Recht ist sich nicht zu sträuben gegen das Unrecht, nicht zum Schwert zu greifen, sich nicht zu wehren, sich nicht zu rächen, sondern Leib und Gut dahinzugeben, daß es raube, wer da raubt."[2]

Aufruhr gegen die Obrigkeit war für ihn Aufruhr gegen die von Gott gesetzte Ordnung. Insofern war Aufruhr – gegen welche Obrigkeit auch immer – für ihn Teufelswerk. Und jeder Aufrührer ein dem Satan Verfallener. Beim Ausbruch der Bauernaufstände trat er auf die Seite der Fürsten. In seiner Schrift „Wider die räuberischen und mörderischen Rotten der Bauern" vom Mai 1525 verdammte er die Aufrührer mit der Wortgewalt des großen Predigers. Die Fürsten sollten die rebellischen Bauern nicht schonen, sondern erschlagen, so wie man einen Hund totschlägt. Sie seien des Teufels. Er verkündete:

„Es kann nichts Teuflerisches geben als einen aufständischen Menschen. Darum soll hier zuschlagen, würgen und stechen, heimlich oder öffentlich, wer nur kann und daran denken, daß es nichts Giftigeres, Schädlicheres als ob man einen tollen Hund totschlagen muß."[3]

Das Verlangen der Bauern nach Verbesserung ihrer Lage empfand er als Anmaßung und wies sie zurück. Unter anderem auch die Forderung nach Abschaffung der Leibeigenschaft. Er nannte sie räuberisch. Schließlich hätten auch die alten Propheten Sklaven gehalten. In seiner Ermahnung zum Frieden auf die 12 Artikel der Bauernschaft in Schwaben schrieb Luther im Mai 1525:

„Hat nicht Abraham und andere Patriarchen und Propheten auch Leibeigene gehabt? Leset St. Paulus, was er von den Knechten lehrt, welche zu der Zeit alle leibeigen waren. Darum ist dieser Artikel stracks wider das Evangelium und räuberisch."[4, 5, 6]

Nach Luther soll jeder in dem Stand verbleiben, in den er hineingeboren ist. Hiergegen aufzubegehren, war für ihn auch ein Aufbegehren gegen das Wort Gottes. Der Gedanke, daß einfache Bürger sich in die Politik einmischen und politische Entscheidungen auf eigene Hand treffen, lag ihm fern. Und mehr noch der Gedanke, daß das Volk selbst souverän sein könnte. Im gesamten Werk Luthers fehlt ein republikanischer Ansatz vollständig. Insofern hatte er auch keine Bedenken, die jeweiligen Landesherren zu Herren der Kirche zu machen. Protestantische Kirche und Obrigkeit wurden so in weltlichen Dingen eins. Zwischen ihnen gab es kaum Raum, in dem sich freiheitliche oder überhaupt Ideen zur Politik hätten entfalten können. In den großen Demokratien England, Frankreich und Amerika war das anders. In England stand ein mächtiges Parlament der anglikanischen Kirche und dem König gegenüber. In Frankreich gab es den Antagonismus zwischen Staat und katholischer Kirche. In Amerika verhinderte die Vielfalt des Sektenwesens den Zusammenschluß von Kirche und Staat.

So wie Preußen die Politik des deutschen Reiches geprägt hat, so hat die Theologie Luthers daran ihren Anteil gehabt.

Was die Wirkungen von Revolutionen auf das Verhältnis von Geist und Macht in Deutschland anbelangt, so hat es seit den Anfängen der deutschen Geschichte bis zum Ersten Weltkrieg nur zwei gegeben. Beide stützten sich auf Thesen, die das herrschende Feudalsystem in Frage stellten. Beide sind gescheitert. Die eine war der Bauernaufstand im 16. Jahrhundert, in dem die reformatorischen Ideen von Wyklif, Hus und Müntzer durchschlugen. Die Bauern verlangten nicht nur die Abschaffung der Leibeigenschaft, sondern auch das Recht, ihre Pfarrer, Vögte und Beamten zu wählen. Forderungen, deren Erfüllung das herrschende feudalistische System ins Wanken gebracht hätte.

Die aufständischen Bauern wurden von den Söldner- und Ritterheeren der Fürsten geschlagen. Ihre Anführer und Hauptleute ließen sie hinrichten. Der Krieg forderte nach heutigen Schätzungen zwischen 50.000 und 75.000 Opfer.[7] Die bäuerlichen Gemeinden, die am Aufstand teilgenommen hatten, mußten hohe Kontributionen leisten, um den durch den Krieg entstandenen Schaden auszugleichen. Mitläufer begnadigte man, aber sie mußten wie jener Hans Stielin aus Bietigheim in Württemberg in einer sogenannten Urfehdeverschreibung 1528 versprechen:

> „Dartzu soll und will ich mich allein der ober und erbkait parthy und anhangs halten, all und jed heimlich zechen, gesellschaften und zusammenschlupfen meiden, auch all mein weer und harnasch dem

vogt uberantworten und hinfuro deren kains mehr uberkommen, haben noch tragen, dann ain Brotmesser."[8]

Gravierender als das Verbot, Waffen zu besitzen, war für die Bauern das Verbot, Bündnisse einzugehen oder sich in Vereinigungen zu treffen. Das machte ihre Niederlage vollständig. Die deutschen Bauern waren bis ins 19. Jahrhundert hinein kein politischer Faktor mehr.

Die zweite Revolution in der deutschen Geschichte war die von 1848, die auf die Schaffung einer Republik zielte. Wie in den Bauernkriegen wurden die Freischärler, die für die Republik kämpften, 1848 von den regulären Truppen der Fürsten geschlagen. Ihre Anführer wurden erschossen oder zu Zuchthausstrafen verurteilt. Etwa 5000 Menschen kamen in der Revolution um.[9] Ein großer Teil ihrer Anhänger verließ Deutschland für immer. Die Zahl der Auswanderer stieg von 81.000 im Jahr 1848 auf 112.000, 1851 dann auf 162.000 und betrug 1854 über 300.000.[10] Wozu man nach zeitgenössischen Schätzungen noch einmal 20% weitere Auswanderer rechnen mußte, die nicht registriert wurden.

Daß beide Revolutionen zu nichts führten, daß man die Aufrührer zu Paaren trieb, wirkte wie ein Menetekel. Beiden Revolutionen war gemeinsam, daß sie sich nicht auf militärische oder wirtschaftliche Macht, sondern auf Ideen stützten. Beiden war gemeinsam, daß ihre Anführer meinten, sich auf ihre gute Sache zu berufen, sei genug. Sie mußten rasch bemerken, daß das nicht genug war. Das Scheitern der beiden Revolutionen, der bis dahin einzigen in der deutschen Geschichte, war eine Warnung für das Volk, sich nicht auf Ideen einzulassen, die die Obrigkeit nicht guthieß. Eine Warnung, deren Berechtigung auch die dritte Revolution in der deutschen Geschichte, die von 1918, nur noch bestätigte. Sie führte in eine schwache Republik und den Umschlag in die Diktatur.

Ein weiterer Grund für den Antagonismus von Geist und Politik in Deutschland war die Politik Friedrich des Zweiten, der sich zwar zu den Ideen der Aufklärung bekannte, aber nicht in der Politik. In der Politik gestand er den Vorstellungen der Aufklärung von der Gleichheit des Bürgers vor dem Gesetz keinen Einfluß zu. So wenig wie Luther räumte er dem Bürger eine Mitwirkung bei politischen Entscheidungen ein. Im Pragmatismus seiner Außenpolitik, die nur Fakten und die jeweiligen Konstellationen und Machtverhältnisse gelten ließ, nahm er vieles von der Realpolitik des neunzehnten Jahrhunderts vorweg. Seine Politik war expansionistisch, von dynastischen Interessen bestimmt und fern von einer Anerkennung des Völkerrechts. Weil es Friedrich gelang, Preußen zur Großmacht zu erheben, und weil er seine Eroberungen behaupten konnte, hat er die politischen Einstellungen der Deutschen weit über seine Epoche hinaus geprägt. Er hat ihnen den Eindruck vermittelt, daß es in der Politik auf Ideen nicht ankäme, die über das staatliche Eigeninteresse hinausreichen, daß es genügte, über eine schlagkräftige Armee und über eine geschickte Diplomatie zu verfügen, um erfolgreich zu sein.

Eine ähnliche Auffassung hinsichtlich der Bürgerrechte wie Friedrich II. vertrat auch Kant, der es für selbstverständlich erklärte, daß die Bürger sich von der Politik fernhielten. Nur die Gelehrten hatten nach Kant das Recht, politische Fragen oder religiöse Fragen in ihren Schriften zu erörtern, aber nur im Kreis der Gelehrten, nicht außerhalb. Regierungen sollten nach Kant die Argumente von Gelehrten zur Politik anhören, aber ohne Verpflichtung, sie zu akzeptieren. Kant schrieb: „Ein einfacher Bürger hingegen kann sich nicht weigern, die ihm auferlegten Abgaben zu leisten, sogar kann ein vorwitziger Tadel der Auflagen, wenn sie von ihm geleistet werden sollen, als ein Skandal, der allgemeine Widersetzlichkeiten veranlassen könnte, bestraft werden."[11] Weiter konnte Kant als preußischer Professor nicht gehen. Er sympathisierte zwar mit den Ideen der Aufklärung, aber daß er deren Umsetzung in der Politik nicht zulassen wollte oder konnte, zeigt, wie eng der Raum war, in dem zu seiner Zeit in Preußen und in Deutschland sich Ideen zur Politik entfalten konnten.

Natürlich hat diese Haltung Kants sich auch auf die Einstellung der Professoren an deutschen Universitäten ausgewirkt. In der zweiten Hälfte des 19. Jahrhunderts war es für sie üblich geworden, sich aus der Politik herauszuhalten. Vor allem hüteten sie sich, in anbetracht der Bündnisse von Thron und Altar die jeweilige Landesreligion in Frage zu stellen. Das heißt, in Frage gestellt haben sie sie gelegentlich schon. Nur kamen sie in der Regel nach gründlichen Überlegungen doch immer wieder zu dem Schluß, daß die jeweilige Landesreligion die wahre Religion wäre. Schopenhauer und Nietzsche haben sich zu Recht über dergleichen Virtuosenstücke belustigt. Aber die hat man auch nicht zu Professoren an einer deutschen Universität gemacht.

Ähnlich wie Kant äußerte sich auch Goethe. Einem Historiker, der eine Streitschrift gegen Napoleon veröffentlichen wollte, sagte er:

> „Hätten sie mich, ehe sie sich verbindlich gemacht hatten, um meine Meinung gefragt, so würde ich Ihnen gewiß das ganze Unternehmen widerraten und Sie aufgefordert haben, bei ihren gelehrten geschichtlichen Arbeiten zu bleiben oder viel mehr, da Sie sich schon in Politika eingelassen haben, zu ihren gelehrten geschichtli-

chen Arbeiten zurückzukehren, die Welt ihren Gang gehen zu lassen und sich nicht in die Zwiste der Könige einzumischen. In welchen doch niemals auf Ihre und auf meine Stimme gehört werden wird."[12]

Daß die Äußerungen Goethes und Kants nicht ungewöhnlich waren, sondern der in Deutschland vorherrschenden Meinung entsprachen hat Madame de Stael in ihrem 1810 erschienen Buch „de l' Allemagne" beschrieben:

„Die Liebe zur Freiheit ist bei den Deutschen nicht entwickelt. Weder durch Genuß noch durch Entbehrung haben sie den Wert kennen gelernt, den man in diesem kostbaren Gut finden kann. Die Deutschen streiten lebhaft miteinander um den Vorrang im Bereich der Spekulation. Hier dulden sie keinen Widerspruch. Im übrigen überlassen sie die Wirklichkeit des Lebens gern den Mächtigen dieser Erde. Der Geist der Deutschen scheint mit ihrem Charakter in keinerlei Zusammenhang zu stehen. Der eine leidet keine Schranken, der andere unterwirft sich jedem Joch. Jener ist äußerst unternehmend. Dieser schüchtern und ungemein furchtsam."[13]

Die Anmerkung von Madame de Stael ist auch deswegen beachtenswert, weil sie die unterschiedliche Haltung von Franzosen und Deutschen zur Politik verdeutlicht. Das Bekenntnis zu einer freiheitlichen Gesellschaft war in Frankreich so verbreitet, daß sie das nicht zu begründen brauchte. Es gehörte zu den Selbstverständlichkeiten. Anders in Deutschland. Daß einfache Bürger sich in politische Fragen nicht einzumischen hatten, war eine Einstellung, die dort üblich war und bis zur Niederlage der preußischen Armee bei Jena und Auerstedt vorhielt. Erst dann bekamen von Stein, Hardenberg und Humboldt eine Chance zu Reformen, von denen sich dann allerdings bald herausstellte, daß die meisten von ihnen keinen Bestand hatten.

Schon die Krönung Napoleons zum Kaiser 1804 hatte ein Zeichen gesetzt, daß mit der französischen Revolution der Feudalismus nicht zu Ende gegangen war. Seine Niederlage führte dann endgültig die Wende herbei. Friedrich Wilhelm III. wandte sich ausdrücklich gegen jede Art von Ideenpolitik, die er gegenüber seinen Ministern einen Greuel nannte. Die von ihm für Preußen versprochene demokratische Verfassung nahm er zurück und ersetzte sie durch eine Verfassung, in der die Rechte der Krone nicht angetastet wurden. Der König konnte sich hierbei auf die Armee, den Adel und auf einen Teil des Bürgertums, vor allem des Großbürgertums, stützen. Und auch die an den preußischen Universitäten lehrenden Philosophieprofessoren ließen es sich nicht nehmen, dem König Argumente für die Dominanz des Staates über den Bürger zur Verfügung zu stellen. Unter ihnen, als der Prominenteste, Hegel.

Hegel postulierte zwar, daß die Zielsetzung des Staates die Freiheit wäre, aber nicht für den einzelnen Bürger, sondern nur für den Staat als Ganzem. Nach Hegel hat der Staat das höchste Recht gegen die Bürger, deren höchst Pflicht es ist, Mitglieder des Staates zu sein oder wie er an anderer Stelle sagt: „Das Volk als Staat ist der Geist in seiner substantiellen Vernünftigkeit und unmittelbaren Wirklichkeit, daher die absolute Macht auf Erden."[14] Friedrich der Zweite hätte das ähnlich formuliert. Republikanische Ideen lehnte Hegel ab: Die Souveränität des Volkes sei ein verworrener Gedanke, dem eine wüste Vorstellung des Volkes zugrunde liege. Das Volk ohne seinen Monarchen oder, wie er an anderer Stelle formulierte, ohne einen Anführer, bilde keinen Staat, sondern nur eine formlose Masse.[15] Der Staat spiegelt nach Hegel jeweils in seiner Zeit die Entfaltung der Vernunft in der Geschichte und ist insofern keinen anderen Regeln unterworfen als seinen eigenen Gesetzen und Notwendigkeiten.[16] Ein Volk, das eine Stufe erreicht habe, auf der es die Idee des Weltgeistes fortentwickle, habe ein absolutes Recht zu herrschen. Demgegenüber seien in einer solchen Epoche andere Völker rechtlos.[17]

Daß Hegel den Staat, genauer die Regierung, ins Zentrum allen politischen Geschehens rückte, und daß er dem Bürger keinen Einfluß auf die Politik einräumen mochte, wurde zu einer der geistigen Grundlagen der deutschen sogenannten Realpolitik im neunzehnten Jahrhundert, aber auch zu einer der Grundlagen der totalitären Staatsordnungen im zwanzigsten Jahrhundert. Ein amerikanischer Professor hat zum Krieg Deutschlands gegen die Sowjetunion einmal die witzige Bemerkung gemacht, es habe sich dabei im Grunde um nichts weiter gehandelt als um eine Auseinandersetzung zwischen Links- und Rechtshegelianern. In der Tat beriefen sich sowohl die kommunistischen als auch die nationalsozialistischen Ideologen auf die Philosophie Hegels. Wie Hegel sahen Kommunisten wie Nationalsozialisten:

- In der Geschichte die Verwirklichung des Weltgeistes,
- Glaubten sie an den Fortschritt,
- Forderten sie, daß der Bürger sich dem Staat unterzuordnen habe,
- Erklärten sie Politik zur Sache von Eliten,
- Sahen sie in der Entwicklung des Staates und seiner Ideologie das Ziel aller Politik.

Die Thesen Hegels übernahm in der Mitte des neunzehnten Jahrhunderts der Politologe von Rochau, der sie für den Allgemeingebrauch kommensurabel machte.

Während Hegel seine Thesen zur Struktur des Staates und der Politik in der Regel verschlüsselt formuliert hatte, wohl auch um zu verdecken, daß seine Behauptung, die Entfaltung des Weltgeistes spiegele sich in der Geschichte, nicht zu beweisen war, ließ von Rochau in seinem Text „Grundsätze der Realpolitik" an Deutlichkeit nichts mehr zu wünschen übrig. Er stellte einer Form von Politik, die er als „Idealpolitik" bezeichnete, eine Politik gegenüber, die er „Realpolitik" nannte. Nach von Rochau zielt Idealpolitik auf die Verwirklichung von Ideen. Jedoch könne es nicht Aufgabe von Politik sein, irgendein spekulatives System zu verwirklichen. Wer das versuchte, würde scheitern, wie zahlreiche fehlgeschlagene Revolutionen zeigten, die auf Ideen beruhten. Realpolitik hingegen sei nichts anderes als die Kunst des Erfolges, angewendet auf staatliche Zwecke.[18] Nichts sei natürlicher, als daß der Selbsterhaltungstrieb des Staates alle anderen Interessen und auch die Gebote der Moral in den Hintergrund dränge. Allein durch seine Selbsterhaltung erfülle ein Staat bereits das oberste Gebot der Sittlichkeit.[19] Während die Privatmoral die Achtung fremden Eigentums verlange, könne niemand einem jugendkräftigen Staat einen Vorwurf daraus machen, wenn er einem entwicklungsunfähigen oder im unaufhaltsamen Verfall befindlichen Nachbarn ganze Provinzen wegnähme.[20]

Als von Rochau sein Verdikt gegen die sogenannte Idealpolitik zu Gunsten der Realpolitik 1869 veröffentlichte, schien er noch Recht zu haben. In Frankreich regierte Napoleon III. Die Restauration saß überall in Europa fest im Sattel. Ein Jahr später hatte sich das bereits geändert. Frankreich hatte den Krieg gegen Preußen verloren. Napoleon wurde gestürzt. Die Republik und die Idealpolitik, die von Rochau verdammt hatte, hatten sich durchgesetzt. Allerdings nicht in Deutschland, sondern in Frankreich.

Zur Realpolitik, wie sie von Rochau propagierte, hat sich dann Bismarck bekannt und sie in Preußen und später in Deutschland verwirklicht. Realpolitik als eine Politik, die sich auf die vorhandenen Gegebenheiten einstellt und sie auf eine intelligente Weise nutzt, Ideen genereller Art zur Politik nur insoweit zuläßt als sie dem eigenen Kalkül dienen und übergeordnete Grundsätze, etwa moralischer Art, dem Interesse der eigenen Partei unterordnet. Vor dem Reichstag erklärte Bismarck in einer Rede am 3. Dezember 1850:

„Die einzig gesunde Grundlage eines großen Staates, und dadurch unterscheidet er sich wesentlich von einem kleinen Staat, ist der staatliche Egoismus und nicht die Romantik. Es ist eines großen Staates nicht würdig, für eine Sache zu streiten, die nicht seinen eigenen Interessen angehört.“[21]

In einer Rede vom 30. September 1862 erklärte er:

„Nicht auf Preußens Liberalismus sieht Deutschland, sondern auf seine Macht. Nicht durch Reden und Majoritätsbeschlüsse werden die großen Fragen der Zeit entschieden, das ist der große Fehler von 1848 und 1849 gewesen – sondern durch Eisen und Blut.[22]

Sätze, die oft zitiert wurden, weil sie an Bismarcks Standort keinen Zweifel ließen. Er begann seinen Eintritt in die Regierung mit einem Verfassungsbruch. Wilhelm I. wollte die Erhöhung des Heeresetats. Die im Parlament über die Mehrheit verfügende liberale Fortschrittspartei verweigerte die Zustimmung. Als der König schon abdanken wollte, bot Bismarck an, sich über die Bestimmungen der Verfassung hinwegzusetzen. Dem König war Bismarck schon früher als bedingungsloser Anhänger der Monarchie aufgefallen, als er noch Gesandter in St. Petersburg war. Das Angebot Bismarcks veranlaßte den König, ihn zu seinem Ministerpräsidenten zu machen. Bismarck hat dann den Heeresetat gegen den Willen des Parlaments erhöht und drei Jahre lang die Verfassung gebrochen. Er stützte sich dabei auf die Armee und den konservativen Teil der Bevölkerung. Von Anfang an war er entschiedener Parteigänger der preußischen Monarchie und somit Gegner einer demokratischen Verfassung. Er erklärte:

„Ich suche die preußische Ehre darin, daß Preußen sich vor allem von jeder schmachvollen Verbindung mit der Demokratie entfernt hält.“[23]

Und an anderer Stelle:

„Ich will meinen König, das Königtum, verteidigen gegen die Revolution, die offene und die schleichende, und ich will ein gesundes und starkes Deutschland herstellen und hinterlassen. Die Parteien sind mir gleichgültig.“[24]

Am 1. Juni 1863, ein dreiviertel Jahr, nachdem er das Amt des Ministerpräsidenten übernommen hatte, erließ er eine Verordnung, die die Pressefreiheit in Preußen beendete. Herausgeber von Zeitungen, die mißliebige Artikel veröffentlichten, wurden gemaßregelt oder verwarnt. Redakteure, die sich in ihrer Kritik an der Regierung zu weit vorwagten, wurden entlassen. Verleger, die sich nicht an die Richtlinien der Regierung hielten, verloren ihre Lizenz.[25] Was Bismarck hier unternahm, war nicht neu. Er knüpfte damit lediglich an eine Politik an, die sich 1819 in den Karlsbader Beschlüssen manifestiert hatte. Damals waren die 38 deutschen Landesfürsten übereingekommen, die Presse zu zensieren, die Universitäten zu überwachen und Meinungsäußerungen zu unterdrükken, die die vorhandene Ordnung in Frage stellten. Aber das alles hatte bald keine besondere Bedeutung mehr, weil Bismarcks Politik erfolgreich war. Sein Ziel war die Erweiterung des preußischen Staatsgebietes und die Hegemonie Preußens in Deutschland. Und das hat er erreicht. Wobei der Krieg Teil seines Kalküls war. 1864, also schon zu Beginn seiner Laufbahn als Ministerpräsident, schrieb er an den preußischen Botschafter in Paris von der Goltz:

> „Ich bin in keiner Weise kriegsscheu. Im Gegenteil. Sie werden sich vielleicht sehr bald überzeugen, daß der Krieg auch in meinem Programm liegt."[26]

In der Tat nutzte Bismarck die Überlegenheit der preußischen Armee, kombiniert mit einer virtuosen Diplomatie. Es gelang ihm, hintereinander Dänemark, Österreich und Frankreich zu Kriegserklärungen zu provozieren, die Preußens Sieg zur Folge hatten. Unter seiner Führung annektierte Preußen Schleswig-Holstein, Hannover, Kurhessen, Nassau und Frankfurt am Main und nach der Niederlage Frankreichs Elsaß-Lothringen. Wilhelm I. wurde deutscher Kaiser und Deutschland wurde unter Bismarck zur europäischen Großmacht. Die Erfolge von Bismarcks Außenpolitik machten die liberale Opposition im Parlament stumm. Nach der Annexion von Schleswig-Holstein akzeptierten die Liberalen nachträglich die verfassungswidrige Erhöhung des Heeresetats. Der Historiker Heinrich von Treitschke hatte noch 1862 über Bismarck geschrieben:

> „Höre ich einen so flachen Junker wie diesen Bismarck von Blut und Eisen prahlen, womit er ganz Deutschland unterjochen will, so scheint mir die Gemeinheit nur noch durch die Lächerlichkeit überboten."[27]

Treitschke wurde wenige Jahre später zu einem glühenden Parteigängers Bismarcks. Andere Bewunderer Bismarcks haben in ihm nicht nur einen großen Politiker, sondern auch einen Intellektuellen sehen wollen. Bismarck war in der Tat ein erfolgreicher und in vieler Hinsicht auch bedenkenloser Politiker. Aber ein Intellektueller war er nicht. Jedenfalls war er nicht, was man Ende des Jahrhunderts unter einem Intellektuellen verstand. In seinen Memoiren „Gedanken und Erinnerungen“ findet sich auf 650 Seiten keine Überlegung zur Theorie des Staates, keine gesellschaftspolitische oder soziologische Analyse, und nichts, was über eine Erörterung politischer Konstellationen und Machtverhältnisse hinausreichte. Auch die Künste und die Philosophie waren kein Thema in Bismarcks Erinnerungen.

Zu den negativen und sich später als verhängnisvoll erweisenden Aspekten seiner Politik gehörte, daß sie dem deutschen Liberalismus die Basis entzogen hat. Für den freien, an politischen Entscheidungen mitwirkenden Bürger gab es unter Bismarck keinen Raum. Der Historiker Theodor Mommsen, einer der Führer der Liberalen, hat von der Bismarckepoche gesagt:

> „Sie hat der Nation das Rückrat gebrochen... Der Schaden, den sie angerichtet hat, ist unendlich viel größer als ihr Nutzen, denn die Gewinne an Macht sind Werte, die beim nächsten Sturm der Weltgeschichte wieder verloren gehen, aber die Knechtung der deutschen Persönlichkeit, des deutschen Geistes ist ein Verhängnis, das nicht wieder gutgemacht werden kann.“[28]

Wie immer man sich zum Urteil von Mommsen stellen mag, eines ist sicher:

Sowohl Bismarck als auch die deutschen Fürsten hatten Gründe, Intellektuelle und unter ihnen vor allem Literaten von der Politik fern zu halten. So ist es auch nicht verwunderlich, daß von Autoren, die sich durch philosophische oder soziologische Texte einen Namen gemacht haben, nur zwei in der deutschen Geschichte in Schlüsselpositionen der Politik gelangt sind. Der eine war Wilhelm von Humboldt, der andere Walter Rathenau. Rathenau wie Humboldt war gemeinsam, daß sie eine erfolgreiche Politik gegen den Trend ihrer Epoche betrieben. Das machte ihre Leistung noch außerordentlicher als sie es ohnehin schon war. Sie waren Politiker auf eigene Hand. Rathenau stand gegen die Radikalisierung des politischen Umfeldes in Deutschland im rechten wie im linken Spektrum. Humboldt handelte gegen den Einfluß der Restauration, die auf die Wiederherstellung einer Monarchie mit absolutistischen Zügen zielte. Rathenau wurde 1922 unter der Regierung Wirth Reichsaußenminister. Humboldt wurde 1809 Sektionschef für Kultus und Unterricht im königlich-preußischen Innenministerium und damit faktisch preußischer Kultusminister. Beide waren das, was man in der modernen Verwaltungssprache Seiteneinsteiger nennt. Beide waren sie finanziell von der Politik unabhängig. Rathenau war Unternehmer und Vorsitzender der AEG, bevor er in die Politik eintrat. Humboldt war vermögend. Beide wurden sie an allen Anciennitätsansprüchen verdienter Parteimitglieder und Beamter vorbei in ihr Amt befördert, der eine vom Reichskanzler, der andere vom König. Beiden war gemeinsam, daß sie ihre Ämter nach einer militärischen Niederlage antraten. Offensichtlich hatte bei ihrer Berufung eine Rolle gespielt, daß der Staat so erschüttert war, daß man auf Personen zurückgriff, auf die man in Deutschland unter normalen Umständen nicht zurückgegriffen hätte.

Beide wurden in ihren Ämtern nicht lange geduldet. Ein rechtsradikaler Student erschoß Rathenau 6 Monate nach seinen Amtsantritt. Humboldt trat nach 16 Monaten zurück, weil das Kabinett seine Entscheidungsbefugnisse beschnitten hatte. Von beiden läßt sich sagen, daß sie in der deutschen Politik nicht allein als Autoren, sondern auch deswegen Außenseiter waren, weil ihre Ideen auf eine Republik zielten. Immerhin ist das deutsche Volk mit ihnen glänzend gefahren.

Rathenau hat in den 6 Monaten, in denen er Außenminister war, Außerordentliches zustande gebracht. Er schloß den Vertrag von Rapallo, in dem die Sowjetunion auf alle deutschen Reparationsleistungen verzichtete. Er hatte damit eine bis dahin verschlossene Tür aufgestoßen. Nach Rapallo wurde es möglich, auch bei den Westmächten eine Verringerung der Reparationsansprüche durchzusetzen. Es gab keinen außenpolitischen Vertrag der Weimarer Republik, der wichtiger und folgenreicher gewesen wäre.

Humboldts Politik hatte noch weitreichendere Folgen. Humboldt betrieb – was in diesem Geschäft jedenfalls in Deutschland als eine Art von Todsünde galt und in vieler Hinsicht auch weiterhin gilt – keine pragmatische Politik. Statt dessen verfolgte er eine Politik, die nicht einfach nur auf gegebene Verhältnisse und Situationen reagierte, sondern primär auf Ideen beruhte. Sie verband die Vorstellung der Philosophie des Humanismus vom Bild des Menschen mit den Forderungen der französischen Revolution. „Der wahre Zweck des Menschen", formulierte Humboldt 1792, „ist die höchste und proportionierte Bildung seiner Kräfte zu einem Ganzen. Zu dieser Bildung ist Freiheit die erste und unerläßliche Bedingung."[29] Diese Sätze machten den Kern seiner Bildungspolitik aus. Sie waren und sind revolutionär. Man stelle sich vor, ein deutscher Kultusminister oder Innenminister würde sie heutzutage äußern. Er würde auf Kopfschütteln, Erstaunen und Widerspruch stoßen. Es gäbe da andere Prioritäten, würde man sagen, und der Herr Minister habe offenbar die Bodenhaftung verloren.

Zu Zeiten Humboldts war das nicht anders. Nach nur 16 Monaten mußte er seinen Abschied nehmen. Aber was er in diesen 16 Monaten zu Wege brachte, hat für die deutsche Bildungspolitik Epoche gemacht. Er gründete die Berliner Universität, wobei er sich nicht auf das vorhandene Personal stützte. Statt dessen berief er die bedeutendsten Wissenschaftler der Zeit, von denen die meisten keine Preußen waren. Unter ihnen Schleiermacher, Hufeland, Fichte, Savigny und Niebuhr. Aber die entscheidende Leistung Humboldts war die Bildungskonzeption, die er für die Berliner Universität entwickelte und die dann die Bildungskonzeption aller anderen deutschen Universitäten prägte. Sie war inmitten eines obrigkeitsorientierten, protestantischen, feudalistischen Staates geradezu aufrührerisch. In seiner Denkschrift „Ideen zu einem Versuch, die Grenzen der Wirksamkeit des Staates zu bestimmen", erklärte Humboldt die Religion zu einer Angelegenheit privater Anschauung.[30] Für das damalige Preußen unter Friedrich Wilhelm dem III. ein fast unglaubliches Statement. Damit leitete er die Emanzipierung der Universitäten in Preußen von den Lehrsätzen des Glaubens und nicht nur des Glaubens ein. Die in ihrem Kreise vorwaltenden Prinzipien, so Humboldt, sind Einsamkeit und Freiheit.[31] Also nicht die Bindung an irgendeine Doktrin, auch nicht an die Doktrin der Nation oder des Feudalismus. Das Bildungsziel der Universitäten sei nicht die Förderung des Staates, sondern des Individuums. Er schrieb:

> „Es ist ferner eine Eigentümlichkeit der höheren wissenschaftlichen Anstalten, daß sie die Wissenschaft als ein nicht ganz aufgelöstes Problem behandeln und dadurch immer im Forschen bleiben, da die Schule es nur mit fertigen und abgemachten Kenntnissen zu tun hat und lernt. Das Verhältnis zwischen Lehrer und Schüler wird dadurch ein anderes als vorher. Der erstere ist nicht für den letzteren, beide sind für die Wissenschaft da."

Für Humboldt sind Lehrer wie Schüler in gemeinsamer Forschung vereint.[32] Für die Universität setzte er damit die bis dahin im preußischen Staat geltende Ordnung, an deren Spitze der König stand und die sich über zahlreiche Gliederungen nach unten fortsetzte, außer Kraft. Die Ordnung, die er den Universitäten vorgab, war nicht hierarchisch, sondern demokratisch. Obendrein sollte die Universität nach Humboldts Vorstellungen autonom sein und bleiben, ein weiterer revolutionärer Gedanke angesichts des in Preußen herrschenden Feudalismus. Der Staat, deklarierte Humboldt, müsse hinsichtlich der Universitäten begreifen, daß er nur hinderlich ist, wenn er sich dort einmischt.[33] Was Humboldt hier auf den Weg brachte und was die Berliner Universität und später auch alle übrigen Universitäten zu einer Art von Inseln inmitten feudalistischer Kleinstaaterei machte, hat dann ihren Aufstieg zur Weltgeltung bewirkt. Bis ins erste Drittel des 20. Jahrhunderts wurden deutschen Wissenschaftlern die meisten Nobelpreise verliehen. So reaktionär deutsche Professoren oft auch waren, in der Forschung machten sie von ihrer Freiheit Gebrauch, bis die Nationalsozialisten in die deutschen Universitäten einzogen. Danach war dort für das Weltbild eines Intellektuellen des vergangenen Jahrhunderts kein Platz mehr. Die Überlegenheit der deutschen Wissenschaft fand damit ein Ende.

Daß Politiker generell dazu neigen, Intellektuelle und unter ihnen vor allem Schriftsteller von den Schaltstellen der Macht fern zu halten, ist nicht weiter verwunderlich. Schriftsteller verfügen in ihrer Leserschaft über eine eigene Klientel, sodaß sie auch, was die Einhaltung von Parteibeschlüssen- und Direktiven anbelangt. unabhängiger sind als andere. Zudem ist das Terrain, auf dem sie operieren, für Politiker auch immer ein Terrain voller Fallstricke. Sich auf Ideen prinzipieller Art einzulassen, deren Einführung und Handhabung zum Metier von Schriftstellern gehört, bedeutet für Politiker immer eine Gefahr. Die Gefahr nämlich, daß Intellektuelle, denen sie womöglich auch noch den Weg in die Politik geebnet haben, die ideologischen Gehäuse durchlöchern, in denen sie sich eingerichtet haben.

Eine solche Gefahr nicht ernst zu nehmen, hat für Politiker jeglicher Couleur schon wiederholt zum Desaster geführt. Man erinnere sich nur an die Blindheit des französischen Adels im achtzehnten Jahrhundert gegenüber den Ideen der Aufklärung. Tocqueville hat diese Blindheit, oder vielleicht auch Gleichgültigkeit, gemischt mit Hochmut beschrieben und die Konsequenzen, die sich daraus ergaben.[34]

„Ist das eine Zusammenrottung?“, fragte Ludwig XVI., als das Volk von Paris die Bastille stürmte. „Nein, Sire“, antwortete man ihm: „Es ist die Revolution.“

Oder man denke an die Unterstützung, die ein ahnungsloser deutscher Generalstab Lenin zuteil werden ließ, oder an das Unvermögen oder die Unwilligkeit der Politiker der Weimarer Republik, sich der heraufkommenden faschistischen Ideologie zu stellen. Und auch das Bürgertum war in Deutschland nicht daran interessiert, Intellektuelle und vor allem Schriftsteller in die Politik einzubeziehen. Allzu oft hatte es die revolutionäre Aufladung des Gegensatzes zwischen Besitzenden und Besitzlosen durch Schriftsteller wie Heine, Börne und Büchner erlebt, und durch Soziologen und Philosophen wie Louis Blanc, Marx, Engels und Bakunin. Das Bürgertum in Deutschland hatte sich seit der mißglückten Revolution von 1848 mit dem Feudalismus arrangiert. Und lebte gut damit. Es konnte seinen Besitzstand wahren.

Einer, der Ideen prinzipieller Art als Bedrohung der Macht aber auch als Basis der Macht gesehen hat, war Machiavelli. Allerdings hat er sich gehütet, hierauf genauer einzugehen. Er wußte warum. Zwar hat er den Fürsten und Republiken eine Fülle von Ratschlägen zu wirksamen politischen Strategien erteilt. Er hat in seinen Schriften erörtert, ob es nützlich wäre, Festungen zu bauen oder nicht, ob man Söldner rekrutieren sollte oder nicht und wenn ja, wann, ob es sinnvoll ist, Verträge einzuhalten oder nicht, und was dergleichen mehr ist. Nur auf eines ist er nicht eingegangen: Auf die Wirkung von Ideen grundsätzlicher Art auf die Politik. Machiavelli war selbst Politiker und kannte seine Demarkationslinie. An keiner Stelle in seinem Werk hat er versucht, den Anspruch des Adels auf Herrschaft zu diskutieren oder auf die sozialen Probleme seiner Epoche einzugehen. Auf die sind andere eingegangen wie Müntzer und Hus und haben dafür bezahlt. Und schon gar nicht hat Machiavelli versucht, sich auf Fragen der Theologie einzulassen. Aus der Auseinandersetzung zwischen Katholizismus und Protestantismus hat er sich herausgehalten. Dergleichen war Sache der Kirche und der Fürsten und nicht Sache eines Stadtsekretärs aus Florenz. Den Mächtigen der Zeit konnte man Ratschläge zur Politik erteilen. Die werden sie teils belustigt, teils mit Interesse zur Kenntnis genommen haben. Auch kritisieren konnte man ihre Politik. Machiavelli hat das getan und dabei kein Blatt vor den Mund genommen. Aber wenn er Ideen als Basis der Macht und ihre Wirkung auf die Politik erörtert hätte, so hätte er seinen Kopf oder den Scheiterhaufen riskiert. Das hat er gewußt, und das war der Grund warum in seiner Darstellung politischer Strategien eine Lücke zurückgeblieben ist.

Immerhin, einmal ist er hierauf doch eingegangen. Die sicherste von allen Formen der Herrschaft, schrieb er, sei die Herrschaft der Kirche in den von ihr regierten Ländern. Sie benötige kaum Festungen, Armeen und Allianzen, denn es handle sich hier um eine von Gott gesetzte und gewollte Herrschaft. Sie sei sicherer als jede weltliche Herrschaft, denn sie sei unmittelbar von Gott. Insofern wäre es vermessen, über eine solche Art der Herrschaft auch nur zu diskutieren.[35] Machiavelli hat mit dieser Bemerkung seine Reverenz vor der Kirche gemacht. Allerdings war er sicherlich nicht so naiv anzunehmen, daß die weltliche Herrschaft der Kirche von Gott eingesetzt war. Sicherer als jede andere Herrschaft war sie für Machiavelli, weil sie kaum Machtmittel brauchte. Sie stützte sich auf Ideen, hier auf den Glauben an die Kirche. Was zeigt, daß Machiavelli sehr genau wußte, daß Ideen, sofern sie die Form von Überzeugungen annehmen, die sicherste Basis der Macht sind.

Während in Deutschland die Politiker schon immer vermieden haben, sich auf das Spannungsverhältnis zwischen Intellektuellen und Staat einzulassen, war das in England und Frankreich anders. Dort haben Intellektuelle, vor allem Schriftsteller, darunter Lyriker und Romanciers, das politische Spektrum über lange Zeiträume geprägt, im neunzehnten und zwanzigsten Jahrhundert durch beide Jahrhunderte hindurch. Während man es in Deutschland als abwegig empfunden hätte, etwa einen Poeten zum Außenminister oder Premierminister zu machen, waren in England und Frankreich „Hommes de lettres" schon immer in der Politik willkommen. Die Liste von Autoren, die in der englischen und französischen Politik Schlüsselpositionen erreicht haben, ist beachtlich:

Kardinal Retz war im 17. Jahrhundert einer der Politiker, die die Fronde gegen die Regentin anführten. Er hat die Geschichte seiner Zeit in einem dreibändigen Werk geschildert und gilt auch heute noch als einer der glänzendsten Stilisten der französischen Literatur. Der Herzog von Saint Simon war Mitglied des Regentschaftsrates unter Ludwig XIV. Sein Zeitalter hat er in einem 41 Bände umfassenden Werk beschrieben. Kritiker rühmten seine psychologisch meisterhafte Zeichnung der Politik und des Hoflebens seiner Epoche. Der Romancier und Novellist de Chateaubriand, einflußreicher Vertreter der französischen Frühromantik, wurde in den zwanziger Jahren des 19. Jahrhunderts Gesandter in Preußen, England und Italien und anschließend Außenminister. Der Lyriker und Dramatiker Alphonse Lamartine wurde 1833 Abgeordneter der Deputiertenkammer und 1848 Außenminister. Der Historiker Alexis de Tocqueville war Abgeordneter des Parlaments seit 1839, wurde 1849 Mitglied der verfassungsgebenden Nationalversammlung und im gleichen Jahr unter Louis Napoleon Außenminister. Der Historiker und Schriftsteller Adolphe Thiers war in den dreißiger Jahren Mitglied des französischen Staatsrates, Außenminister und Ministerpräsident. Er schrieb eine zehnbändige Geschichte der französischen Revolution und eine zwanzigbändige Geschichte des Konsulats und des Kaiserreichs. Der Lyriker und Dramatiker Paul Claudel vertrat ab 1898 sein Land vierzig Jahre lang als Gesandter und bevollmächtigter Minister. Der Lyriker und Nobelpreisträger Saint John Perse war von 1933 bis 1940 Generalsekretär und höchster Beamter im französischen Außenministerium. Der Dramatiker Jean Giraudoux war 29 Jahre im diplomatischen Dienst und wurde 1939 Propagandaminister. Der Archäologe, Kunsthistoriker und Romancier André Malraux war unter Charles de Gaulle von 1945–1946 Informationsminister und dann zehn Jahre lang Kultusminister. Der Lyriker, Essayist und Historiker Dominik de Villepin wurde 2002 französischer Außenminister, von 2004 bis 2005 Innenminister und ist seit Mai 2005 Premierminister.

Ähnlich wie in Frankreich verhielt es sich in England.

John Bolingbroke war Anfang des 18. Jahrhunderts Kriegsminister und Staatssekretär. Er schrieb über Staatstheorie, Philosophie und Geschichte. Benjamin Disraeli prägte von 1840 bis 1880, also vierzig Jahre hindurch, den Gang der englischen Politik. Er verfaßte zahlreiche Romane und Erzählungen. Er wurde zweimal Schatzkanzler und zweimal Premierminister, was ihn nicht hinderte, auch während seiner Regierungszeit weiterhin Romane und Erzählungen zu publizieren. Sein Gegenspieler William Ewart Gladstone veröffentlichte ein dreibändiges Werk über Homer und seine Epoche. Er war von 1843 bis 1894 Handelsminister, Kolonialminister, zweimal Schatzkanzler und viermal Premierminister. Der Historiker und Schriftsteller Thomas Babington Macaulay wurde 1839 im Kabinett von Lord Melbourne Verteidigungsminister und 1846 im Kabinett von Lord Russel General Postmaster des englischen Empires. Er schrieb Essays, eine Biographie Bacons und eine vierbändige Geschichte Englands. Thomas Edward Lawrence führte im Ersten Weltkrieg zusammen mit Prinz Faisal den arabischen Aufstand gegen das türkische Imperium. Er verfaßte archäologische und historische Texte und veröffentlichte eine Geschichte des Aufstandes, die in alle Kultursprachen übersetzt wurde. Nach dem Krieg war er Sachverständiger auf der Friedenskonferenz von Versailles. Alfred Duff Cooper war von 1935 bis 1952 Kriegsminister, Erster Seelord, Informationsminister und Botschafter in Paris. Er veröffentlichte eine zweibändige Biographie von Marschall Haigs und eine Biographie Talleyrands. Winston Churchill war in der Zeit von 1908 bis 1955 Handelsminister, Innenminister, Munitionsminister, Heeres- und Luftwaffenminister, Kolonialminister, Schatzkanzler, zweimal erster Seelord und zweimal Premierminister. Er schrieb ein sechsbändiges Werk über die Weltkrise nach 1918, vier Bände über den

Herzog von Marlborough und sechs Bände über den Zweiten Weltkrieg. 1953 erhielt er den Nobelpreis für Literatur.

Wenn man sich die hier angeführten Politiker ansieht: Schriftsteller von Rang waren sie allemal. Ihren Parteien hat es allerdings keiner von ihnen leicht gemacht. Sie wirkten eher wie Sandkörner im Getriebe der Parteiapparate. Weder Gladstone noch Disraeli noch Churchill – um nur von ihnen zu reden – hielten sich an die Parteidisziplin. Disraeli rebellierte gegen die Aufhebung der Schutzzölle für Getreide und bewirkte dadurch den Sturz des Premierministers seiner Partei. Gladstone unterstützte einen Mißtrauensantrag gegen seine Partei und lief von den Tories zu den Liberalen über. Churchill wechselte seine Partei zweimal. Zunächst war er Tory, dann Liberaler und dann erneut Tory. Ein Verhalten, das der Laufbahn eines Politikers in der Regel ein ruhmloses Ende setzt. In der Partei, die man verlassen hat, gilt man als Verräter. In der Partei, zu der man gewechselt hat, als Außenseiter. Ungeachtet dessen, konnten sie sich über Jahrzehnte im Zentrum der Macht behaupten. Und das, obwohl sie in Parlamenten saßen, die sich im 19. Jahrhundert aus Adel und Großbürgertum und im 20. vornehmlich aus der Beamtenschaft rekrutierten. Durch ihre Eloquenz, ihre literarische Tätigkeit und durch ihre Eigenwilligkeit müssen sie wie exotische Vögel gewirkt haben, die sich in einen einheimischen Vogelschwarm verirrt hatten. Gewählt hat man sie trotzdem.

Das Gefälle zwischen der englischen und deutschen Außenpolitik, was Kreativität, Intelligenz und Bildung der beteiligten Politiker anbelangt, wurde 1939 unübersehbar als Hitler und Rippentrop auf der deutschen Seite und Duff Cooper und Churchill auf der englische Seite sich als Gegenspieler gegenübertraten. Duff Cooper war damals Erster Seelord und Churchill Führer der Opposition. Beide bekämpften die Appeasement Politik Chamberlains. Beide hatten eine erhebliche Zeit ihres Lebens mit historischen Studien verbracht. Und beide hatten sich als Autoren einen Namen gemacht. Hitlers analytische Fähigkeiten und seine Geschichtskenntnisse waren hingegen begrenzt. Hierin stimmen seine Biographen überein. Seine Talente und Interessen lagen auf anderen Gebieten. Bei Rippentrop war es ähnlich. Er war Geschäftsmann und Weinreisender gewesen, bevor ihn Hitler zunächst zum Botschafter in London und dann zum Außenminister ernannte. Eine Konzeption seiner Außenpolitik hat er nie vorgelegt. Hätte er es getan, wäre sie darauf hinausgelaufen, daß Deutschland im Sinne von Hitlers „Mein Kampf" im Osten expandieren und im Westen Vormacht werden müßte. Als er im Nürnberger Prozeß aufgefordert wurde, die Konzeption seiner Außenpolitik darzulegen, erlitt er auf eine klägliche Weise Schiffbruch. Seine Ausführungen waren so wenig stringent und teilweise so verworren, daß er selbst auf der Angeklagtenbank nur Kopfschütteln und Gelächter ernte-te.[36]

Aber werfen wir noch einen Blick auf Duff Coopers Biographie Talleyrands. Sie ist deswegen so bemerkenswert, weil er darin die Grundlinien der englischen Politik gegen Hitler sichtbar machte. Sie war dieselbe wie die Politik Talleyrands gegenüber Napoleon. Wenn man die Pointierung nicht scheut, könnte man sagen, die englische Politik gegenüber Hitler war die Politik Talleyrands, was damit zusammenhing, daß die Ausgangspositionen Hitlers und Napoleons, ihre Zielsetzungen und ihr politisches Handeln, sehr ähnlich waren.

Gemeinsam war beiden, daß sie autokratisch regierten, in der Außenpolitik auf militärische Stärke setzten, die Vormacht ihres Landes in Europa suchten und eine auf Expansion gerichtete Politik betrieben.

Duff Cooper zitiert in seiner Biographie ein Memorandum, das Talleyrand am 20. November 1792 dem Direktorat vorlegte, worin er seine Konzeption der französischen Außenpolitik darlegt. Frankreich müsse, so Talleyrand, den alten Ehrgeiz aufgeben, Vormacht in Europa zu werden und nach Gebietserweiterungen zu trachten. Das Wohl eines Staates bestehe nicht darin, sich die Gebiete anderer Länder anzueignen oder in sie einzubrechen, sondern das eigene Territorium effektiv zu verwalten. Alle Gebietserweiterungen, alle Eroberungen durch Gewalt oder durch List, die nach den Vorurteilen der Zeit Führerschaft, politische Stetigkeit, Überlegenheit genannt würden, seien nichts als grausame Scherze politischen Irrwahns und falsche Maßstäbe der Macht.[37]

Duff Cooper macht sich in seiner Biographie Talleyrands Thesen zu eigen. Er sah die große politische Leistung Talleyrands darin, daß er als Außenminister Frankreichs zunächst unter dem Direktorat, dann unter Napoleon und schließlich unter den Bourbonen an diesen Grundsätzen festgehalten und sie am Ende auch durchgesetzt hat. Duff Cooper schildert, wie Talleyrand nach den ersten Niederlagen Österreichs im Krieg gegen Frankreich fürchtete, daß die Militärs an weiteren Angriffs- und Eroberungskriegen Geschmack finden könnten. Und daß Napoleon Österreich einen Gewaltfrieden diktieren würde, der nur so lange Bestand haben konnte wie die militärische Überlegenheit Frankreichs. Talleyrand versuchte Napoleon in einem Memorandum, das er ihm unmittelbar nach der Kapitulation der österreichischen Armee übersandte, zu überzeugen, daß man Österreich nicht demütigen dürfe. Vielmehr müsse man es zum Verbündeten machen. Man solle es für alle im Westen erlittenen Territorialverluste im Osten entschädigen. Napoleon hat sich an die Ratschläge Talleyrands nicht gehalten, sondern Österreich einen Frieden diktiert, der es verpflichtete, 40 Millionen Franken Reparationen zu bezahlen, und der Kaiser Franz Josef drei Millionen seiner Untertanen und ein Sechstel seiner Einkünfte kostete. Nach der Niederlage Preußens setzte Napoleon wiederum gegen den Rat von Talleyrand seine bisherige Außenpolitik fort. Er zwang König Wilhelm den Ersten zu einem Frieden, der den Verlust der Hälfte seines Territoriums und eine Verringerung der Bevölkerung seines Landes um fünf Millionen Menschen zur Folge hatte. Was bedeutete, daß Preußen und Österreich nur auf die Gelegenheit warteten, zurückzuschlagen.

Wenn Talleyrand hoffte, daß Napoleon damit seine Ziele erreicht hätte, so war das eine vergebliche Hoffnung. Nach seinem Einzug in Berlin vertraute ihm Napoleon an, er wolle den spanischen König durch einen Angehörigen seiner Familie ersetzen. Talleyrand ging daraufhin dazu über, eine eigene gegen Napoleon gerichtete Außenpolitik zu betreiben, um weitere Expansionskriege zu verhindern. Am 28. September 1808 eröffnete Napoleon in Erfurt mit Zar Alexander Gespräche über die zukünftige politische Gestaltung Europas. Während Napoleon tagsüber verhandelte, traf Talleyrand den Zaren abends im Haus der Fürstin Thurn und Taxis. Schon in ihrer ersten Unterredung forderte Talleyrand den Zaren auf, die Pläne Napoleons zu durchkreuzen. Er sei der einzige Herrscher, der noch die Macht habe, Europa zu retten, wenn er Napoleon entgegenträte. Das französische Volk habe keinen anderen Wunsch, als das Kriegführen zu beenden und in Frieden zu leben. Nach einigen Abenden zusammen mit Talleyrand ging der Zar dazu über zu berichten, welche Vorschläge Napoleon tagsüber vorgebracht und was er darauf erwidert hatte. Talleyrand beriet ihn, wie sie zu widerlegen wären und rüstete ihn mit Argumenten für den nächsten Tag aus. Es kam schließlich so weit, daß der Zar sich die Ratschläge Talleyrands in Stichworten notierte und es nicht viel gefehlt hätte, wenn er sich seine Politik von einem französischen Diplomaten hätte diktieren lassen.[37a]

Was Talleyrand betrieb, war Verrat gegenüber Napoleon, dessen außenpolitischer Berater er war. Es war keine nationale, es war europäische Politik. Eine Politik, die die Voraussetzung dafür war, daß er auf dem Wiener Kongreß zusammen mit Metternich einen Frieden in Europa zu

Stande bringen konnte, der hundert Jahre anhielt, von wenigen begrenzten Konflikten abgesehen.

Churchill hat die Biographie Talleyrands seines Kabinettskollegen Duff Cooper sehr wahrscheinlich gekannt. Und sehr wahrscheinlich ist auch, daß er die politischen Grundsätze und Strategien Talleyrands mit Duff Cooper und seinen Ministerkollegen erörtert hat. Und selbst wenn er das nicht getan hätte, befolgt hat er sie jedenfalls. Genau wie die Politik Talleyrands zielte die englische Politik gegenüber Hitler nicht auf Landgewinn oder auf eine Vormachstellung in Europa, sondern auf die dauerhafte Sicherung des europäischen Friedens. Wie Talleyrand arbeitete die englische Regierung nach dem Krieg darauf hin, den besiegten Nationen Deutschland, Österreich und Italien Friedensbedingungen zu verschaffen, die nicht zur Quelle neuer Konflikte werden. Eine Politik, die Amerika nach seinem Eintritt in den Krieg und Frankreich nach seiner Befreiung unterstützten. Das Resultat war ein anhaltender Frieden in Europa, und erst dieser anhaltende Friede ermöglichte dann den Zusammenschluß der Staaten Europas zur Europäischen Union.

Die Schwäche Hitlers, daß er von Geschichte wenig verstand, hatte Churchill nicht. Der sowjetische Botschafter Ivan Maiski bekam das zu spüren. Kurz nach dem Einmarsch der Deutschen in die Sowjetunion drängte Maiski im Auftrag von Stalin auf eine energische Unterstützung der russischen Kriegsanstrengungen durch England. Und zwar so nachdrücklich, daß Churchill schließlich zornig wurde und sagte: „Herr Botschafter, vor wenigen Wochen haben wir auf dieser Insel noch nicht einmal gewußt, ob die Sowjetunion auf Seiten Hitlers oder auf unserer Seite in den Krieg eintreten würde. Unsere Unterstützung sollen sie bekommen. Aber vergessen Sie nicht, daß wir in England nicht im geringsten daran zweifeln, daß wir den Krieg gewinnen werden. Ob die Sowjetunion nun daran teilnimmt oder nicht.“[38]

Als Churchill das sagte, hatten Hitlers Truppen kurz zuvor Frankreich und Polen geschlagen und Norwegen, Dänemark, Holland, Belgien, Griechenland, Kreta, Jugoslawien und große Teile Nordafrikas besetzt. Sie befanden sich im Vormarsch weit innerhalb der Sowjetunion. In Nordafrika hatten sie die ägyptische Grenze erreicht und bedrohten den Suezkanal. Hitlers U-Boote und seine Luftwaffe schnürten England die Zufuhr ab. Die militärische Lage Englands schien aussichtslos zu sein. Trotzdem schlug Churchill alle Friedensangebote Hitlers aus. Er war sich sicher, daß England den Krieg gewinnen würde, genau so wie er es dem sowjetischen Botschafter gesagt hatte. Das hatte Gründe. Er verstand sich auf Geschichte. Er konnte beurteilen, wohin Hitlers Politik führen würde. Wie Napoleon betrieb Hitler eine Expansionspolitik, die seine wirtschaftlichen und militärischen Ressourcen bei weitem überforderte. Sie konnte nur scheitern.

Von den Intellektuellen

Wenn man die Erfolge der englischen und französischen Politik als ein Hinweis darauf gelten läßt, daß literarisches Talent und kreative Intelligenz in der Politik unverzichtbar sind, so gilt das vor allem für Auswärtige Bewußtseinspolitik und als ein Teil hiervon für die Form von Außenpolitik, die die Bundesrepublik seit den fünfziger Jahren betreibt: Die sogenannte Auswärtige Kulturpolitik.

Die deutsche Auswärtige Kulturpolitik ist insofern ein schwer zu fassender Begriff, als ihre Aufgabe von wechselnden Bundesregierungen verschieden definiert wurde. Bis in die sechziger Jahre sollte sie die deutsche Kultur vorstellen, dann auch die gesamte deutsche Lebenswirklichkeit, und seit Ende der neunziger Jahre soll sie auch noch für Demokratie und Menschenrechte eintreten.[1] Wir lassen das vorläufig einmal so stehen und fragen uns nur, welche Zielgruppe Auswärtige Kulturpolitik haben sollte.

Wenn sie wirksam sein soll, wird sie sich vor allem an Multiplikatoren richten müssen, also an Menschen, die andere Menschen beeinflussen können. Alles andere wäre finanziell nicht zu bewältigen.[2] Das Bildungswesen eines fremden Staates kann Auswärtige Kulturpolitik weder ganz noch teilweise ersetzen. Und von den Multiplikatoren wiederum wären es vor allem die Intellektuellen, an die sich Auswärtige Kulturpolitik richten müßte. Vorausgesetzt, man definiert Intellektuelle als Gebildete mit Urteilskraft, wie es Anatole France getan hat. Und vorausgesetzt, man rechnet zu ihren Eigenschaften, daß sie sich nicht je nach Bedarf zum Sprachrohr der geltenden Meinungen machen und daß sie den Mut zu eigenem Urteil haben. Denn nur dann wären sie in der Lage, Veränderungen in Politik und Gesellschaft zu bewirken. Und nur dann sind sie als Zielgruppe für eine Auswärtige Kulturpolitik interessant.

Allerdings stimmt die obige Definition des Intellektuellen mit dem gegenwärtigen Sprachgebrauch in Deutschland nicht überein. Das Wort ist seit den siebziger Jahren in Deutschland inflationiert worden. Inzwischen taucht es überall auf. In Zeitungsartikeln, Fernsehdiskussionen und in der Alltagssprache werden die meisten, die vom Verkauf ihrer Kenntnisse leben, Intellektuelle genannt. Wie etwa Architekten, Lehrer, Professoren und Kleriker. Wobei sich Redakteure und Journalisten es sich nicht nehmen lassen, sich ebenfalls dazu zu rechnen.

Daß die Bezeichnung Intellektueller in Deutschland zunehmend im positiven Sinn gebraucht wird, war nicht immer so. Für das gesamte politische Spektrum von rechts bis links hatte es bis in die sechziger Jahre hinein einen negativen Beiklang. Für Nationalsozialisten und radikale Linke war es geradezu eine Beleidigung, wenn man sie als Intellektuelle bezeichnete. Sie hatten zwar nichts dagegen, wenn man sie intelligent nannte, aber Intellektuelle wollten sie keineswegs sein. In den ersten Nachkriegsjahren der Bundesrepublik nahm das Wort dann allmählich eine weniger negative, aber immer noch schillernde und zweideutige Bedeutung an. Intellektueller galt im Alltagsgebrauch der ersten Nachkriegsjahre als einer, der allzu verstandesbezogen ist und zu eigenen Wegen neigt. Einer, der allemal zu Kritik bereit ist und für das sogenannte positive Denken wenig übrig hat. Einer von dem niemand sagen kann, wo er genau hingehört, der sich in der Politik mit keiner Partei wirklich identifiziert, der in einer Art Wolkenkuckucksheim zu Hause ist und dazu neigt, sich zwischen sämtliche Stühle zu setzen.

Der große Brockhaus definierte in der Ausgabe von 1954 den Intellektuellen als jemanden, der seinem Verstand nicht gewachsen ist, was die Meinung, die man noch in den fünfziger Jahren über die Intellektuellen in Deutschland hatte, ziemlich genau trifft. Geändert hat sich das erst und sehr allmählich in den siebziger Jahren. Das Wort verlor nach und nach an Kontur. Es wurde zur Allerweltsbezeichnung. Schließlich war es so abgegriffen, daß es keine spezifische Bedeutung mehr hatte. Das brauchte niemanden zu bekümmern, wenn es nicht ein Beleg dafür wäre, wie unsere Gesellschaft Einebnungen und Angleichungen vornimmt, die die kritische Intelligenz kommensurabel machen.

Aber halten wir hier einen Augenblick inne und fragen wir uns, wie das Wort Intellektueller, kein deutsches, sondern ein lateinisches Wort, in die deutsche Sprache gelangt ist. Das Wort hat eine kurze Vergangenheit. Bis Ende des 19. Jahrhunderts existierte es im Deutschen nicht. Erst kurz nach der Jahrhundertwende tauchte es auf, als es deutsche Zeitungen aus französischen Zeitungen übernahmen und das dort benutzte Wort „Intellectuels“ in „Intellektuelle“ übersetzten. Und auch in die französische Sprache fanden „Les intellectuels“ erst Ende des 19. Jahrhunderts Eingang. Im Wörterbuch von Littré von 1873, in den Ausgaben der Grande Encyclopedia von 1885–1902 und des Larousse von 1866–78 kommt das Wort noch nicht vor. Erst die französischen Lexika und Wörterbücher im 20. Jahrhundert führen es an.

Der Zeitpunkt, an dem es Eingang in die französische Umgangssprache fand, läßt sich genau bestimmen. Es erscheint zum ersten Mal im Zusammenhang mit dem Dreyfusprozeß. Dreyfus war Ende des 19. Jahrhunderts Hauptmann im französischen Generalstab. Ein Militärgericht hatte ihn 1894 wegen angeblichen Landesverrates zu 20 Jahren Haft auf Cajenne verurteilt. Wobei eine erhebliche Rolle gespielt hatte, daß er jüdischer Herkunft war.

Über den Dreyfusprozeß hat Ernst Jünger geschrieben, er könne sich damit nie ohne Herzklopfen beschäftigen. In diesen Prozeß seien wie in einem von Dämonen ausgeklügelten Modell alle Mächte unserer Epoche in Erscheinung getreten. In der Tat wirkte der Dreyfusprozeß wie ein Brennpunkt, in dem sich die politischen Strömungen des 19. Jahrhunderts konzentrierten. Er beherrschte nicht nur die Debatten in der französischen Innenpolitik, weil im Dreyfusprozeß nationalistische auf liberale Überzeugungen prallten, sondern erregte auch die Aufmerksamkeit aller europäischen Zeitungsredaktionen, die ihn ausführlich kommentierten. Einmal, weil es sich bei dem im Dreyfusprozeß zu Tage tretenden Konflikt zwischen Liberalismus und Nationalismus um ein Phänomen handelte, das stärker oder schwächer akzentuiert in allen europäischen Nationen auftrat, dann aber auch, weil es wachsende Zweifel an der Fundiertheit der Anklage gab. Nach der Verurteilung von Dreyfus hatten sich die Hinweise gemehrt, daß die französische Armeeführung hinter dem Rücken des Angeklagten und seiner Verteidiger dem Gericht gefälschte Dokumente zugespielt hatte, die Dreyfus belasteten.[3] Die französische Armeeführung hatte das deswegen getan, weil sie im vornherein von der Schuld von Dreyfus überzeugt war. Für sie gab es hieran keinen Zweifel, denn Dreyfus war Jude. Die Argumentation des französischen Generalstabs und der Mehrheit des französischen Offizierskorps lief darauf hinaus, daß Juden nicht in die französische Armee gehörten und schon gar nicht als Offiziere im Generalstab. Juden, so befanden sie, seien prinzipiell nicht ihrem Vaterland, sondern ihrer Rasse und ihrer Religion verpflichtet.[4] Zuverlässig könnten sie schon deshalb nicht sein. Insofern waren der Generalstab und das Kriegsministerium bereit gewesen, der Anklage auch mit unlauteren Mitteln nachzuhelfen. Dreyfus wurde verurteilt, aber es gelang der Armee nicht, die Angelegenheit damit unter den Tisch zu kehren. Die Zweifel an der Korrektheit der Prozeßführung bestanden fort und bewirkten schließlich, daß der französische Schriftsteller Emile Zola vier Jahre später gegen die Verurteilung von Dreyfus Protest erhob.

Am 13. Januar 1898 veröffentliche Zola in der Zeitung Aurore einen offenen Brief an den Präsidenten der Republik. Darin beschuldigte er das Kriegsministerium und den Generalstab unter der Schlagzeile „J' accuse", daß sie dem mit der Affaire Dreyfus befaßten Gericht gefälschte Dokumente zugespielt hätten.[5] Das Aufsehen und die Empörung, die das Schreiben von Zola hervorrief, war gewaltig. Viele, wenn nicht die Mehrheit der Franzosen empfanden die Anklage von Zola als Sakrileg. Zola hatte eine geheiligte Institution des damaligen Frankreichs angegriffen, die Armee. In wenigen Stunden waren die 300.000 Exemplare des Aurore vergriffen.[6] Das Land spaltete sich in zwei sich leidenschaftlich befehdende Lager, die für oder gegen die Verurteilung von Dreyfus eintraten. In unzähligen sofort nach dem Aufruf von Zola erscheinenden Zeitungsartikeln, Manifesten, Plakaten und Aufrufen erklärte man die jeweilige Gegenseite zu Feinden der Nation. Der Streit uferte rasch in Straßendemonstrationen, Gewaltakte und Plünderungen aus.[7] Eine wütende Menge überrannte die Polizeisperren an der Seine und versuchte, die Redaktion des Aurore zu stürmen. Im französischen Parlament kam es zu einer Saalschlacht zwischen nationalistischen und liberalen Abgeordneten.[8]

Unbeeindruckt von dem das ganze Land erfassenden Aufruhr, veröffentlichte die Zeitung am 14. Januar 1898 ein weiteres Manifest. Darin unterstützte eine Gruppe von 102 Unterzeichnern, fast durchweg Akademiker und Schriftsteller, unter ihnen Marcel Proust und Leon Blum, die Forderung Zolas nach einer Revision des Dreyfusprozeßes.[9] In der Folgezeit veröffentlichte die Zeitung die Unterschriften von 3000 Sympathisanten, die das gleiche verlangten, wobei zunehmend auch Personen unterschrieben, die keine Akademiker waren.[10] Am 15. Januar schrieb die Zeitung: „Es ist für uns eine große Freude festzustellen, daß alle Menschen hohen Geistes und Gewissens auf unsrer Seite stehen. Das ganze Institut Pasteur die ganze Sorbonne haben die Partei von Zola ergriffen. Am 18. Januar schrieb die Zeitung Le Rappel: Alle Intelligenten, Aufgeklärten, Gebildeten der Nation, alle die forschen und denken, sind sich heute einig in ihrem Protest.

Zu diesem Zeitpunkt tauchte das Wort „Les Intellectuels" zum ersten Mal auf. Zunächst in der Zeitschrift Le droit des hommes in einem Kommentar zum Dreyfusprozeß vom 19. Januar 1894 und dann gleich zweimal in der Zeitung Libre parole vom 21.01.1894. Ihre Redakteure nannten die Unterzeichner von Zolas Manifest „Les Intellektuels." Das Wort wurde schnell zu einem Schlüsselwort in der ideologischen Auseinandersetzung zwischen Befürwortern und Gegnern der Verurteilung von

Dreyfus. Der Schriftsteller Maurice Barrès einer der profiliertesten Vertreter der französischen Rechten schrieb in der Zeitung Le Journal einen flammenden Artikel gegen die „Dreyfusyards" und die Intellektuellen. In den folgenden Wochen wird das Wort in zahlreichen Artikeln und Aufrufen sowohl von Gegnern als auch von Befürwortern einer Revision des Dreyfusprozeßes verwendet und damit zu einem Bestandteil der französischen Umgangssprache.[11] Man warf den Intellektuellen vor, daß sie sich angemaßt hätten, in politische Entscheidungen einzugreifen, obwohl sie hierfür nicht zuständig wären und sie niemand dazu beauftragt hätte. So schrieb Maurice Barrès in einem seiner Artikel über den Dreyfusprozeß: Der Mitunterzeichner von Zolas Manifest, der Herr Professor für Mathematik Morand, sei zwar Mitglied der Akademie der Wissenschaften, aber die fachliche Kompetenz, die Arbeit eines Kriegsgerichtes zu überprüfen, habe er deshalb noch lange nicht. Bertrand möge sich um seine Mathematik kümmern.[12] Und der Publizist Drumont befand, daß die Führer der Armee allemal kompetenter seien, den Dreyfusprozeß zu beurteilen als Schriftsteller wie Zola und Maeterlinck.[13]

Den Vorwurf einer dreisten Einmischung erhebt auch Albert Brunetière, einer der prominenten Verteidiger des Dreyfusurteils. Die Einmischung dieser Romanciers in die Militärgerichtsbarkeit erscheine ihm nicht weniger frech und ungereimt als wolle sich ein Gendarmeriehauptmann in einen Streit über Fragen der Grammatik und des Versmaßes einmischen.[14] Darüber hinaus brachten die politischen Gegner der Intellektuellen gegen sie einen ganzen Fächer von Beschuldigungen vor, darunter daß sie wurzellos, antinational und verantwortungslos wären, und daß sie keine Verbindung zum Volk hätten. Die Zeitung La libre parole publizierte am 13. Februar 1894 einen dreispaltigen Leitartikel unter dem Titel „Les intellectuells et la decadence". Darin behauptet der Leitartikler, daß die Bedrängnis des Vaterlandes die Intellektuellen nicht im geringsten beunruhige. Es ließe sie gleichgültig, daß jenseits des Rheins Horden von Germanen nur darauf lauerten, über Frankreich herzufallen. Der General de Peloi erklärte vor Gericht: „Wenn man das Vertrauen in die Armee zerstört, so zerstört man die Armee selbst." Zwar würde Zola dann immer noch die französische Sprache in alle Welt hinaustragen, aber auf dem Globus würde man dann den Namen Frankreichs vergeblich suchen.

Der Dreyfusprozeß machte es den Befürwortern seiner Verurteilung leicht, den Begriff der Intellektuellen mit der Vorstellung nationaler Unzuverlässigkeit und Wurzellosigkeit zu verbinden. Man verwies darauf, daß der Vater von Zola Italiener war und Zola insofern kein wirklicher

Franzose wäre. Deshalb fiele es ihm nicht schwer, sich für einen Juden einzusetzen. Über die Juden schrieb Maurice Barrès, sie hätten überhaupt kein Vaterland. Für Franzosen wäre das Vaterland das Land der Vorfahren und die Erde ihrer Toten. Für die Juden wäre es bloß ein Ort, an dem sie ihre Interessen am besten wahrnehmen könnten. Die Intellektuellen hätten die Idee, daß alle Menschen Brüder wären, sie behaupteten, daß der Gedanke der Nation ein Vorurteil wäre, das zerstört werden müsse und daß die militärische Ehre nach Blut rieche. Am 21. Januar schreibt ein „Akademiker" in der Zeitung „La libre parole", daß die Unterzeichner des Manifestes nur aus Protestanten und Juden bestünden. Am knappsten formulierte es Maurice Barrès, der schrieb, daß Dreyfus Verrat begangen hätte, brauche ihm keiner zu beweisen, das schließe er aus seiner Rasse.[15]

Bereits jetzt war in der Polemik gegen die Intellektuellen das ganze Repertoire von Argumenten und Anschuldigungen enthalten, das ein Teil der Konservativen und vor allem die Nationalsozialisten im kommenden Jahrhundert gegen sie vorbringen würden. In wenigen Wochen entwikkelte sich die Auseinandersetzung über die Verurteilung von Dreyfus zu einem Brennpunkt nicht nur der französischen, sondern auch der europäischen Politik.

In ihrem Umfeld bildete sich die erste faschistische Bewegung Europas: Die „Action Francaise". Zu ihren prominentesten Wortführern gehörten Maurice Barrès und Jacques Drumont. Die „Action francaise" forderte eine sogenannte funktionelle Monarchie. Keine Monarchie, deren Legitimation auf Erbfolge beruhte, sondern einen autoritär geführten Staat, was die Formulierung funktionelle Monarchie nur unzulänglich verschleierte. Die „Action francaise" bekämpfte die Demokratie und die Ideen der französischen Revolution und wandte sich in ihrer Agitation vor allem gegen Protestanten, Juden, Freimaurer und Ausländer. Folgerichtig unterstützte die „Action francaise" dann in den zwanziger und dreißiger Jahren die Faschisten und ab 1940 das Regime Pétain. Nach der Befreiung Frankreichs wurden viele ihrer Anhänger wegen Kollaboration verurteilt. Ihre Verbündeten waren zur Zeit des Dreyfusprozeßes die Monarchisten, der größte Teil des Adels, der Armee, des Großbürgertums und des katholischen Klerus. Auf der Gegenseite standen Radikalrepublikaner, Sozialisten und Linkskatholiken.

Wie alle faschistischen Bewegungen, die sich später weltweit konstituierten, war die „Action francaise" ein Ableger einer von den Ideen der Romantik geprägten Staatsphilosophie, die sich für die Erhaltung der

Tradition und für Volk und Vaterland einsetzte. Als deren Gegner formierten sich die Anhänger der Aufklärung und der Ideen der französischen Revolution, die in der Anwendung von Logik und Vernunft eine Voraussetzung aller politischen Entscheidungen sahen. Insofern hatte das Konfliktfeld, das sich im Rahmen des Dreyfusprozesses eröffnete, eine sehr viel größere Spannweite als es beim ersten Hinsehen den Anschein hatte. Aber so bedeutsam der Prozeß für die Entfaltung zweier großer, den weiteren Gang der Epoche und des kommenden Jahrhunderts bestimmender Ideologien auch war, es ging dabei nicht zuletzt auch um den Fortbestand der französischen Republik. 1852 hatte die Armee durch einen Militärputsch die zweite Republik gestürzt und Napoleon den Dritten zur Macht verholfen. Nach der Niederlage von 1871 und dem Rücktritt Napoleons des Dritten hatte sich dann wieder eine Republik, die dritte Republik konstituiert. Aber sie drohte schon wieder unterzugehen, weil Teile des französischen Offizierskorps unter Führung des Generals Boulanger im Bündnis mit Monarchisten und Klerikalen einen erneuten Putsch vorbereiteten.[15a]

Wenn es der Armeeführung gelungen wäre, die Verurteilung von Dreyfus nur deswegen aufrecht zu erhalten, weil die Armee keinen jüdischen Offizier im Generalstab wollte, so wäre ein essentielles Element der Republik zerstört worden: Die Gleichheit vor dem Gesetz. Die Verurteilung von Dreyfus, lediglich aufgrund von Vorurteilen gegenüber einer Minorität, hätte Frankreich in die Zeit vor der französischen Revolution zurückgeworfen, als Adel, Armee und Klerus Privilegien genossen, die der Bürger nicht hatte. Die Forderung nach Gleichheit, Freiheit, Brüderlichkeit wäre hinfällig geworden. Frankreich hätte sich in einer Monarchie oder einer autoritären Staatsordnung wiedergefunden.

Der sich immer mehr ausweitende Protest gegen die Verurteilung von Dreyfus führte dann schließlich zu einer Revision des Verfahrens und 1904 zur Aufhebung seiner Verurteilung. Dreyfus wurde wegen erwiesener Unschuld frei gesprochen und als Offizier der französischen Armee rehabilitiert. Der Ausgang des Prozesses markierte einen Wendenpunkt in der französischen und in der europäischen Geschichte. In seinem Umfeld hatten sich einfache Bürger in politische Entscheidungsprozeße eingeschaltet, die ihre Legitimation lediglich auf ihre Bildung und ihre Urteilskraft stützten. Gemeinsam war ihnen, weshalb man sie als „les intellectuels“ bezeichnete, daß sie sich von keiner politischen Autorität vorschreiben ließen, was sie denken sollten, daß sie sich in ihrem Urteil auf die Vernunft beriefen, und daß sie den Mut zu ihren Meinungen hatten. Rückblickend läßt sich sagen, daß es zu einem erheblichen Teil den Intellektuellen um Zola zu verdanken war, daß die französische Republik damals überlebte.

Der Gebrauch des Wortes Intellektueller blieb nur kurze Zeit auf die französische Sprache beschränkt. Durch die Berichte deutscher Zeitungen über die Dreyfusaffäre fand es schon zur Zeit des Verfahrens Eingang in den deutschen Sprachgebrauch. Dabei zeigte sich, daß Intellektuelle, und das wofür sie standen, in Deutschland weder bei der politischen Rechten noch bei der politischen Linken auf Gegenliebe stießen. Ein anständiger Deutscher war für die Konservativen und ein aufrechter Sozialist war für die Linken kein Intellektueller. Rechte wie Linke hielten Intellektuelle für unsichere Kantonisten, die zwischen den verschiedenen Parteien oszillierten und je nach Laune und Interessen einmal für die Arbeiter, dann wieder für den Kapitalismus oder auch für Völkisch – Nationales eintraten. Die Linken waren überzeugt, daß Intellektuelle nicht fest genug in der Arbeiterklasse verankert wären – in der Tat hatten die meisten von ihnen einen bürgerlichen Hintergrund – die Rechten warfen ihnen vor, daß sie zu einer bedingungslosen Bindung an das Vaterland nicht bereit wären.

Die Ablehnung der Intellektuellen ergab sich bei vielen Sozialdemokraten zunächst aus einem Gefühl von Ressentiment und der Zurücksetzung heraus, das viele gegenüber Gebildeten und damit auch gegenüber Intellektuellen empfinden. Auf dem Kongreß der sozialdemokratischen Partei im September 1903 verwahrten sich die Delegierten ausdrücklich dagegen, daß Leute, die studiert hatten, bei der Nominierung von Reichstagskandidaten gegenüber verdienten Genossen bevorzugt würden. Die Delegierten monierten, daß viele Akademiker erst dann der Partei beigetreten wären, nachdem andere, vor allem einfache Genossen, die Partei unter großen Opfern aufgebaut hatten, und daß die neu hinzugekommenen Herren Doktoren jetzt die besten Posten erhielten. Diesen Vorbehalten in der Partei gab Bebel auf dem Kongreß Ausdruck, indem er die Genossen aufforderte, sich neue Parteigenossen genau anzusehen und das bei Akademikern oder Intellektuellen doppelt und dreifach zu tun. Auffallend ist hieran, daß Bebel Intellektuelle ausdrücklich als eine besondere Gruppe neben den Akademikern anführte. Offensichtlich, weil er ihnen am ehesten zutraute, eine von der Parteilinie abweichende Meinung zu vertreten. Im weiteren Verlauf seiner Rede räumte Bebel dann ein, daß die Partei die Intelligenz der Akademiker und Intellektuellen brauche. Sie brächten das wissenschaftliche Rüstzeug mit, das sie befähige, der Partei zu nutzen. Mit anderen Worten, auf Intelligenz schlechthin mochte die Partei nicht verzichten, sehr wohl aber auf kritische Intelligenz.

Noch entschiedener als die Sozialdemokraten wandten sich Kommunisten und Bolschewiki gegen die Intellektuellen. Genau wie den Sozialdemokraten war ihnen bewußt, daß sich Intellektuelle nicht immer an eine Parteilinie halten. Allein das schon machte sie ungeeignet für eine Mitgliedschaft in einer kommunistischen Partei. Jeder Bewerber mußte zuvor seine Bereitschaft erklären, sich der Parteidisziplin zu unterwerfen. Eine Regel, die nicht nur für die Mitglieder kommunistischer Parteien galt, sondern auch für die kommunistische Internationale. In den Statuten der Komintern wurde 1919 unter Führung Lenins als Organisationsform der sogenannte demokratische Zentralismus festgelegt, den jede kommunistische Partei akzeptieren mußte, wenn sie in die Komintern aufgenommen werden wollte. Demokratischer Zentralismus war eine beschönigende Formulierung dafür, daß der Komintern autoritär und nicht demokratisch geführt wurde. In der Geschäftsordnung der Komintern wurde verfügt, daß eine kommunistische Partei nur dann ihre Aufgaben erfüllen kann, wenn sie so zentralistisch wie möglich organisiert wäre. Die Parteiführungen müßten mit weitgehenden Befugnissen ausgestattet sein und für eiserne Disziplin sorgen. Die kommunistischen Parteien sollten von Zeit zu Zeit Säuberungen vornehmen, um sie von kleinbürgerlichen Elementen zu befreien.[16]

Auf dem 5. Weltkongreß der Komintern 1924 bekräftigte Sinowjew in seinem Rechenschaftsbericht über die Arbeit der Partei diese Forderung und verlangte, daß die Exekutive noch entschlossener als bisher strenge Disziplin von allen Sektionen und Parteiführen fordern müsse. Disziplin nannte er die oberste Tugend eines Kommunisten. Es stand außer Frage, daß Intellektuelle von der Art, wie sie sich um Zola geschart und gegen die Staatsräson rebelliert hatten, in ein solches Schema nicht paßten. Lenin hat dies denn auch ausdrücklich verkündet. Bereits vor der Gründung der kommunistischen Internationale, als es darum ging, die Parteiorganisation der Bolschewiki zu organisieren, hatte er seine Ablehnung der Intellektuellen formuliert. Er warf ihnen Egoismus, Disziplinlosigkeit und Kleinbürgerlichkeit vor. Kleinbürgerlich waren sie nach seiner Überzeugung ohnehin, weil die Intellektuellen fast alle aus dem Bürgertum stammten. Sie gehörten damit zu den Elementen, von denen nach den Statuten der kommunistischen Internationale die kommunistischen Parteien regelmäßig zu säubern waren. Für Lenin gehörten sie nicht zum

Proletariat, sondern standen schon wegen ihrer Herkunft auf der Gegenseite. Um sie zu diskriminieren, erfand er die Wortverbindung kleinbürgerliche Intellektuelle. So als ob Kleinbürgerlichkeit und Intellektualität untrennbar miteinander verbunden wären. Natürlich hätte er Intellektuelle anstandslos auch als großbürgerlich oder bürgerlich bezeichnen können. Daß er sie kleinbürgerlich nannte, suggerierte, daß es sich für ihn um Leute handelte, deren geistiger Horizont zu eng war, als daß sie eine Lehre wie den Marxismus begreifen konnten. Die Wortverbindung kleinbürgerliche Intellektuelle hat dann in der marxistischen Literatur Schule gemacht. Sie wurde dort zu einer ständig gebrauchten und mit großer Selbstverständlichkeit vorgebrachten Wendung. So wie später bei den Nationalsozialisten die Wortverbindung jüdische Intellektuelle.

Wie Lenin hat auch Stalin in einer Rede vor dem Zentralkomitee der kommunistischen Partei im Jahr 1936 zur Rolle der sogenannten Intelligenz und damit auch der Intellektuellen in der Sowjetunion Stellung genommen. Das heißt, Intellektuelle gab es für Stalin in der Sowjetunion schon lange nicht mehr. Die Vorstellung, daß Angehörige der Intelligenz auf Grund eigenen Urteils sich in die politischen Entscheidungen des Landes einmischen könnten, lag ihm so fern, daß er eine solche Möglichkeit in seiner Rede noch nicht einmal erwähnte. Ähnlich wie Bebel konstatierte er, daß eine Intelligenzschicht für die Sowjetunion unverzichtbar sei, man brauche sie für die Entwicklung der Wissenschaften für die Wirtschaft und für die Industrialisierung des Landes. Die ihr angehörten, seien allerdings im Gegensatz zur Vergangenheit, nicht wurzellos, sondern gehörten schon deswegen zum Proletariat, weil sie fast alle aus der Arbeiterklasse stammten. Sie kämpften, wie Stalin es formulierte, Schulter an Schulter mit Bauern und Arbeitern für den Aufbau einer sozialistischen Gesellschaft. Bemerkenswert ist an Stalins Rede, daß er alle geistig Tätigen in der Sowjetunion als „Intelligentsia" bezeichne und damit auch gleich noch definierte, was unter „Intelligentsia" zu verstehen wäre: Eine Intelligenzschicht, die der Partei und der Regierung dient.

Die Definition Stalins war nicht ohne Logik. Nach marxistischer Überzeugung war der Aufbau des Sozialismus nichts weiter als die Anwendung wissenschaftlicher Erkenntnisse in der Politik. Insofern konnten die Angehörigen der Intelligenzschicht gar nicht anders handeln als hierbei mitzuwirken. Wer sich dem entzog, handelte entweder aus fehlender Einsicht, dann verfügte er über keine ausreichende Intelligenz und gehörte somit nicht zur Intelligenzschicht, oder er handelte bewußt gegen die Interessen der Gesellschaft, dann war sein Verhalten als asozial anzusehen und man mußte dafür sorgen, daß er der Intelligenzschicht nicht weiterhin angehörte. Die von Stalin vorgetragene Sprachregelung, was unter Intelligentsia zu verstehen ist, wurde später von den kommunistisch regierten Ländern übernommen und ging in den internationalen Sprachgebrauch ein.

Was sich hinter der Gleichsetzung von Intelligenzschicht und Intelligentsia verbarg, war die Eliminierung der Intellektuellen – der kritischen Intelligenz – und damit verbunden die Unterdrückung der Meinungsfreiheit, eine der Grundlagen kommunistischer Regime. Das Feld, auf dem sich die Intellektuellen entfalteten, und das sie nicht zuletzt auch deshalb verteidigten, das Feld auf dem sich die Republik konstituiert, wurde auf diese Weise beseitigt. Genau so beseitigt wie die Möglichkeiten in politische Entscheidungen einzugreifen oder auch nur als Intellektuelle in Erscheinung zu treten.

Bei den Rechten hatte sich in Deutschland die Abneigung gegen die Intellektuellen, ähnlich wie bei den Linken, schon früh akzentuiert. Die Deutschtümler, die die deutsche Sprache von allen fremden Einflüssen rein erhalten wollten, merkten zuerst auf. Schon das Wort empfanden sie als verdächtig. Es hatte für sie einen welschen, einen französischen Klang. So schrieb ein Dr. Förster 1916 in der Zeitschrift des allgemeinen deutschen Sprachvereins: Es gebe da Schriftsteller und Gelehrte die sich in ihrer Überheblichkeit als Intellektuelle bezeichnen oder bezeichnen ließen. Für sie sei es eine Zumutung, die deutsche Sprache rein und vaterländisch zu gestalten. Statt dessen sähen sie in fremden Eindringlingen – sprachlichen Trichinen – eine Bereicherung des deutschen Wortschatzes. In derselben Zeitschrift findet sich 1918 die Bemerkung: „Wenn man unter intellektuell geistig verstandesmäßig versteht, so ist dabei nicht an die Kreise gedacht worden, die ein Berliner Blatt unter dem wundervollen Namen Intellektuaille zusammengefaßt hat.“ Intellektuelle und Kanaille, das waren für die Redaktion der Zeitschrift offensichtlich Begriffe, die zusammengehörten. Wie man sieht, hatte sich in der Zwischenzeit die Abneigung gegen die Bezeichnung Intellektuelle, die zunächst nur eine Abneigung gegen Fremdworte war, bereits so verstärkt, daß sie sich nun auch noch auf die Bedeutung des Wortes bezog.

Gegen die Intellektuellen wandten sich auch jene Schriftsteller und Professoren, die zu Beginn des Ersten Weltkrieges für die ideologische Aufrüstung der Deutschen mobil machten. Unter ihnen Max Scheler, Ernst Troelsch und allen voran der Nobelpreisträger Rudolf Eucken, der schon im ersten Kriegsjahr als Redner in 36 patriotischen Veranstaltungen auftrat. Eucken vertrat die These, daß der Krieg als Quelle sittlicher Stärkung anzusehen wäre und die Deutschen schon deswegen die Gerechtigkeit auf ihrer Seite hätten, weil die deutsche Kultur der Zivilisation der Alliierten turmhoch überlegen und somit ein deutscher Sieg auch ein Sieg der Kultur in Europa wäre.

Zu diesen Autoren, die sich für die Aufrechterhaltung der Kriegsmoral einsetzten, gesellte sich Thomas Mann mit seinen 1918 veröffentlichten Betrachtungen eines Unpolitischen. Thomas Mann rechnete sich damals zur vaterländisch gesinnten Rechten. Wie er ausdrücklich erklärte, war sein Buch als ein Beitrag zu den deutschen Kriegsanstrengungen gedacht. Unpolitisch waren diese Betrachtungen also nicht gerade. Er übernahm darin die Behauptung, Deutschland verteidige Geist und Kultur gegen eine feindliche Weltkoalition. Dieser Weltkoalition wolle eine oberflächliche westliche Zivilisation an die Stelle der von Deutschland verteidigten Kultur setzen. Diese Behauptung ließ sich Thomas Mann auch nicht dadurch erschüttern, daß Deutschland 1916 den Gaskrieg eröffnet hatte.

Er schrieb:

> „Die Entente beabsichtigt eine Politisierung, Literarisierung, Intellektualisierung, Radikalisierung Deutschlands, seine „Vermenschlichung“ im lateinisch politischem Sinne und seine Enthumanisierung. Sie will die Demokratisierung Deutschlands oder um alles zusammen zu fassen und auf den Generalnenner zu bringen, seine Entdeutschung. “[17]

Zu einem möglichen Frieden in Europa schrieb er:

> „Ein solcher Frieden muß nicht international, sondern übernational sein, kein demokratischer, sondern ein deutscher Frieden. Der Frieden Europas kann nur beruhen auf dem Sieg und der Macht des übernationalen Volkes, des Volkes, das die höchsten universalistischen Überlieferungen, die reichste kosmopolitische Begabung, das tiefste Gefühl europäischer Verantwortlichkeit sein eigen nennt. ... Das gebildetste, gerechteste und den Frieden am wahrsten liebende Volk muß auch das mächtigste sein. Auf der Macht des Deutschen Reiches ruht der Frieden Europas.“[18]

Die Überzeugung Thomas Manns und seiner Mitstreiter von der Superiorität Deutschlands und seiner Kultur war rational nicht nachvollziehbar. Es handelte sich um einen Mythos, der auch nicht dadurch überzeugender wurde, daß ihn alle anderen Völker Europas, jeweils auf sich bezogen, teilten, wenn auch nicht in so extremer Form.

Für Thomas Mann und die meisten Vertreter der Rechten waren die Intellektuellen eine fatale Erscheinung. Sie stellten den Mythos der Nation in Frage. Thomas Mann hat sich denn auch nichts weiter als konsequent verhalten, wenn er sie in seinen Betrachtungen eines Unpolitischen als die wahren Gegner aller patriotischen Gesinnung angesehen und sie zur Zielscheibe seiner Kritik gemacht hat. Er warf den Intellektuellen, oder wie er sie auch nannte, den Zivilisationsliteraten vor, daß für sie der Krieg nichts weiter sei als eine grandiose Wiederholung der Dreyfusaffäre, in der angeblich der Säbel gegen den Geist gekämpft habe.[19] Zivilisationsliteraten oder Intellektuelle seien von Natur aus antinationalistisch und somit Parteigänger der von westlicher Zivilisation geprägten Entente. Thomas Mann ging so weit zu behaupten, die deutschen Intellektuellen würden es begrüßen, wenn die Alliierten mit klingendem Spiel in Berlin einmarschierten, weil das der Sieg ihrer Ideen wäre.[20] Thomas Mann gebrauchte im Hinblick auf die Intellektuellen zwar nicht die Formulierung vaterlandslose Gesellen, die die Konservativen für sie parat hielten, aber dem Sinn nach meinte er genau das.

Thomas Mann hat später seine Position grundlegend verändert und sich für die Erhaltung der Republik und der Meinungsfreiheit eingesetzt. Nach der Machtergreifung der Nationalsozialisten wurde er zu einem ihrer entschlossensten Gegner. 1918 war hiervon noch nichts zu spüren. Für ihn waren damals Intellektuelle Vertreter einer Zivilisation, die es auf die Zerstörung der deutschen Kultur angelegt hatten.

Sehr anders als Thomas Mann verhielt sich im Ersten Weltkrieg der französische Schriftsteller Romain Rolland. Mitten im entfesselten europäischen Chauvinismus und inmitten von Haßgesängen auf beiden Seiten wagte er es, den Krieg nichts weiter als eine sinnlose Schlächterei zu nennen. Romain Rolland war in der europäischen Literatur kein Unbekannter. Er war vor dem Krieg als Dramatiker und Verfasser von Biographien darunter über Händel und Beethoven hervorgetreten. 1912 hatte er den Bildungsroman „Jean Christophe“ veröffentlicht, der die Freundschaft eines jungen deutschen Komponisten mit einem französischen Intellektuellen schildert. Der französische Freund ist gebildet, intelligent gesellschaftlich engagiert und in seinem Denken kosmopolitisch orientiert. Er war genau das, was Franzosen unter einem Intellektuellen verstehen, sofern sie Intellektuelle mögen. Das Buch hatte eine Botschaft. Sie besagte, daß die Freundschaft zwischen Deutschland und Frankreich für die Kultur und den Frieden in Europa unerläßlich wäre. Aber mehr noch als das, war der Grundgedanke des Buches die Konzeption des „libre penseur“, dessen, der sich die Freiheit des Denkens bewahrt. Rolland sprach dieses Leitmotiv in einer Widmung aus, die er seinem Text voranstellte:

„Den freien Seelen aller Nationen,
die leiden,
die kämpfen
und die siegen werden.“

Die Menschen, die Rolland in seiner Widmung ansprach, waren von der gleichen Art wie die, die vierzig Jahre zuvor gegen die Verurteilung von Dreyfus ihre Stimme erhoben hatten. Die Akademie Francaise verlieh Rolland für diesen Roman den „Großen Literaturpreis.“ Die Kritik reihte ihn in den Kanon der großen französischen Bildungsromane ein. Der Roman wurde zu einem Erfolg und trug dazu bei, daß die Bezeichnung Intellektueller in Frankreich bis zum Beginn des Ersten Weltkrieges den Klang erhielt, den ihm unter anderen auch Rolland gegeben hatte.

Wie in allen kriegsführenden Ländern wurde es in Frankreich nach dem Kriegsausbruch gefährlich, nicht in die allgemeine Kriegsbegeisterung einzustimmen. Man riskierte sein Leben, wenn man sich diesem Trend widersetzte. Der Politiker und Schriftsteller Jean Jaurès wurde wegen seiner pazifistischen Haltung und wegen seines Eintretens für eine deutsch – französische Aussöhnung gleich zu Anfang des Krieges ermordet. Auch in den französischen wie in den deutschen Zeitungen gab es keinen Platz mehr für Artikel gegen den Krieg.

Mitte 1914 emigrierte Romain Rolland in die Schweiz und veröffentlichte dort im Schutz der schweizerischen Neutralität unter dem Titel „Audessus de Melange“ eine Sammlung von Essays. Darin warf er den Angehörigen der Intelligenzschicht, den Journalisten, Klerikern, Gewerkschaftsführern und Politikern in Europa vor, daß sie die mörderische Begeisterung für den Krieg verursacht hätten. Sie würden nicht nur die Möglichkeiten eines Kompromißfriedens unterminieren, sondern bereiteten auch den Boden für zukünftiges Blutvergießen vor. Er schrieb: „Die Intelligenz in Europa hat ihre Funktion als Hüterin der Kultur und Bewahrerin des Wissens aufgegeben. Statt dessen hat sie die Militarisierung des Geistes und die Fetischisierung des Nationalstaates vorangetrieben.“ Der Weltkrieg, so prophezeite Rolland, wird als ein von den Angehörigen der Intelligenz verursachter Krieg in Erinnerung bleiben. Er rief die Gebildeten Europas auf, den Krieg zu verurteilen und sich der Schlächterei zu widersetzen. Romain Rolland stand damit nicht allein. Viele Intellektuelle sympathisierten mit ihm, unter ihnen Einstein, Shaw und Hesse. Und die Mitglieder der schwedischen Akademie der Wissenschaften. Sie verliehen ihm am 9. November 1916 den Nobelpreis für Literatur.

In seinem Vaterland, in Frankreich jedoch nannte man ihn in zahllosen Zeitungsartikeln und Politikerreden einen intellektuellen Verräter, der sein Land in der Stunde höchster Gefahr im Stich lasse. Sein Name wurde aus den Feuilletonspalten verbannt. Viele Eltern verboten ihren Kindern, seine Bücher zu lesen. Für alle, die sich für Patrioten hielten, wurde Rolland zum Paria. Auch Thomas Mann wandte sich in seinen Betrachtungen eines Unpolitischen ausdrücklich gegen die Thesen von Rolland.[20a] Eigentlich hätte er ihnen zustimmen müssen, weil sie die Kriegsanstrengungen des Gegners unterminierten. Statt dessen war ihm der entfesselte Nationalismus der Gegenseite immer noch lieber. Rolland war für ihn nichts weiter als ein wurzelloser Literat, der ihm in seiner Ächtung des europäischen Krieges noch fataler war als ein französischer Chauvinist. Über alle Grenzen hinweg gab es im Ersten Weltkrieg eine Solidarität der Nationalisten in der Verteidigung des Mythos vom Vaterland gegen die sogenannten Zivilisationsliteraten und Intellektuellen.

Intellektualismus und Defätismus waren für die Rechten in allen Krieg führenden Staaten Europas Denkformen, die miteinander verwandt waren. Auch nach dem Ende des Krieges hielten die deutschen Vertreter selbst eines gemäßigten und friedfertigen Nationalismus Intellektuelle für fragwürdige Erscheinungen. Liberal und humanistisch gesinnte Verteidiger der Weimarer Republik wie Rathenau, Curtius, Döblin und Graf Kayserling stimmten hier überein. Keiner von ihnen war bereit, sich als Intellektueller bezeichnen zu lassen, obwohl sie es im klassischen Sinn durchaus waren. Der Sog der miteinander rivalisierenden und sich radikalisierenden Rechten und Linken, der dann zum Zusammenbruch der Republik führte, war so stark, daß auch die Verteidiger der Republik sich ihm nicht entziehen konnten.

Nur eine kleine Gruppe von Gebildeten, darunter Journalisten und Schriftsteller, die für die Weltbühne schrieben, wie Tucholsky, hatten im Deutschland der zwanziger Jahre keine Bedenken, sich Intellektuelle zu nennen. Allerdings hatten sie wenig Einfluß. Wie wenig, zeigt die Wirkung eines offenen Briefes von Tucholsky an den amerikanischen Botschafter, den er am 16. April 1927 in der Weltbühne veröffentlichte. Darin bat er die amerikanische Regierung im Namen der deutschen Intellektuellen um die Begnadigung von Sacco und Vancetti, zweier aufgrund zweifelhafter Beweise zum Tode verurteilter Streikführer. Allerdings ohne jede Reaktion. Offensichtlich, weil der Botschafter und seine Regierung den Einfluß der Intellektuellen in Deutschland nicht für der Rede wert hielten.

Für die Anhänger der wichtigsten ideologischen Strömungen der Rechten in der Weimarer Republik, für die Monarchisten, für die Befürworter der sogenannten konservativen Revolution, und für die Nationalsozialisten spielten die Intellektuellen als politische Kraft keine Rolle, so wenig wie für die organisierte Linke. Trotzdem waren sich Rechte wie Linke darüber einig, daß man sie bekämpfen mußte. Die Monarchisten lehnten sie ab, weil die Intellektuellen für die Republik eintraten. Die Vertreter der sogenannten konservativen Revolution, zu deren prominentesten Sprechern Carl Schmitt, Edgar Jung und Hans Zehrer gehörten, und denen Ernst Jünger nahestand, wollten die Errichtung eines Ständestaates. Sie beriefen sich auf eine vom Mittelalter geprägte Reichsidee und verlangten die Mobilmachung der nationalen Kräfte, verbunden mit einer Wiederaufrüstung. Den Intellektuellen waren solche Ideen schon wegen ihres mystischen Hintergrundes fremd. Auch die Linken hatten mit den Intellektuellen nichts am Hut.

Am ablehnendsten verhielten sich die Nationalsozialisten. Sie verabscheuten die Intellektuellen von Anfang an. Nicht zuletzt, weil der Mythos von der germanischen Herrenrasse einer kritischen Analyse nicht standhielt. Schon in seinem 1929 erschienenen Roman "Michael" hatte Goebbels geschrieben, der Intellekt sei eine Gefahr für die Bildung des Charakters.[21] Die Gesundung Deutschlands sei eine Angelegenheit des Charakters, nicht des Intellekts. Radikaler äußerte sich die nationalsozialistische Zeitung „Der Angriff", die am 6.7. 1930 schrieb: „Der Intellektualismus, das Literatengesindel, ist der Todfeind der nationalsozialistischen Bewegung." Dieselbe Zeitung kommentierte 1931:

> „Bei der Roten Studentengruppe zeigt sich die Führerauslese der Dekadenz nicht mehr im Gewande der Narren wie bei den wachsweichen Gruppen der Viertel und Halblinken, sondern in Gestalt des intellektuellen Hetzers, wie ihn der reine Marxismus von jeher als einzige Triebkraft besessen hat. Der Idealtyp dieses Hetzers ist das ewige Prachtexemplar aller menschlichen Dekadenz – der Jude."

Wie sehr sich auch das Bürgertum solche Einstellungen zu eigen machte, zeigt ein Gedicht, das die Deutsche Apothekerzeitung, die nicht unbedingt nationalsozialistischer Couleur war, 1934 veröffentlichte. Es lautet:

„Hinweg mit diesem Wort,
dem bösen,
mit seinem jüdisch grellen Schein,
Wie kann ein Mann von deutschem Wesen
ein Intellektueller sein.“

In einer Rede im Jahre 1942 sagte Goebbels: „Der Intellektuelle hat eine Art von Halbbildung, die zuviel weiß, um an den Instinkt und zu wenig weiß, um an die Erkenntnis zu glauben.“ Wobei an dieser Formulierung bemerkenswert ist, daß Goebbels den Intellektuellen vor allem einen Mangel an Glauben vorwarf. Er hatte damit einen neuralgischen Punkt des Nationalsozialismus berührt. Der Nationalsozialismus stand und fiel mit dem Glauben an seine Doktrin.

In ihrer Kampagne gegen die Intellektuellen nahmen die Nationalsozialisten Thesen und Anschuldigungen auf, wie sie Hitler bereits in „Mein Kampf“ verkündet hatte. Hitler hatte dort geschrieben, die spezifische Gefahr der Juden liege in ihrem durch Jahrhunderte geschulten Intellekt.[22] Eine eigene Kultur hätten die Juden nie besessen, sondern ihren Intellekt nur an der sie umgebenden Kulturwelt entwickelt.[23] Ihren Intellekt nutzten sie, um sich als Parasiten bei fremden Völkern einzunisten, die sie dann früher oder später zugrunde richteten.[24] Die Juden seien wie „gefährliche Bazillen“, die sich immer mehr ausbreiteten, sobald sie einen günstigen Nährboden dafür fänden.[25] Hierbei sei die wirksamste Waffe des Judentums die Presse und, wie Hitler es nennt, das „Literatengesindel“.[26] Was die Schulung des Intellekts im Judentum anbetrifft, so hatte er recht. Die Textexegese spielte im jüdischen Kultus schon immer eine beherrschende Rolle. Die Entfaltung analytischer Intelligenz wurde dadurch begünstigt. Hitler geht hierauf allerdings nicht ein. Aus gutem Grund. Er hätte sonst einräumen müssen, daß das Judentum immerhin eine so gewaltige kulturelle Leistung wie das Alte Testament vollbracht hat. Und daß es über Jahrhunderte hinweg die Auslegung und das Studium von Texten zu einer Wissenschaft gemacht hat, die man durchaus als Teil einer großen Kultur ansehen kann.

Wenn Hitler die Juden als eine Art Seuche beschreibt, so deutet das auf die eigentliche Ursache seines Hasses hin. An keiner Stelle in „Mein Kampf“ schreibt er, daß er die militärische oder wirtschaftliche Macht der Juden fürchtete. Was er in Wahrheit fürchtete und was er als Seuche beschreibt, ist etwas, was er als geistige Infizierung ansah. Er hatte längst die Erfahrung gemacht, daß nichts so sehr den Mythos der Herrenrasse und des zur Herrschaft bestimmten deutschen Volkes in Frage stellen konnte, wie der kritische Intellekt. Juden und Intellektuelle, das waren für ihn Häretiker schlechthin gegenüber der von ihm verkündeten Lehre. Häretiker von Natur aus. Für ihn und seine Anhänger waren Intellektuelle und Juden die gefährlichsten Gegner des Regimes. Wobei für sie der Gipfel des Hassenswerten die Symbiose von beidem war: Der „jüdische Intellektuelle."

Während die Intellektuellen in Deutschland und Rußland in den Untergrund gedrängt – oder, wenn sie sich denn artikulierten – liquidiert wurden, konnten sie sich in den Demokratien des Westens behaupten. Wenn auch von der radikalen Rechten wie von der radikalen Linken gleichermaßen verabscheut.

Der Prototyp eines Intellektuellen im 20. Jahrhundert war André Gide. Gide hat sich nie irgendeinem politischen Kalkül oder einem Meinungstrend unterworfen. Im Jahr 1931 veröffentlichte er eine Erklärung, die Furore machte. Er schrieb, vieles spreche dafür, daß in der Gesellschaftsordnung der Sowjetunion die Zukunft der Menschheit gestaltet werde. Eine Erklärung, die sogleich eine Woge von freundlichen Artikeln und Kommentaren in der kommunistischen Weltpresse auslöste. Man würdigte ihn als einen unabhängigen Geist, einen großen und progressiven Autoren und einen der bedeutendsten und einflußreichsten Schriftsteller Frankreichs. Dabei hob man besonders seine antikolonialistische Haltung in seinem Buch „Eine Reise im Kongo" hervor. Dort hatte er die Unfähigkeit der französischen Kolonialverwaltung und das Elend der Eingeborenen geschildert. Da die kommunistische Internationale Kolonialherrschaft ebenfalls ablehnte, hatte es zwischen Kommunisten und Gide schon vorher Berührungspunkte und Sympathien gegeben. Insofern war es naheliegend, daß er von der sowjetischen Schriftstellerakademie zu einem Besuch eingeladen wurde.

1936 reiste Gide zusammen mit einer ebenfalls eingeladenen Gruppe von Literaten und Journalisten in die Sowjetunion. Ihm und seinen Begleitern wurde dort ein Empfang zuteil, wie er in der Sowjetunion für prominente ausländische Schriftsteller und Journalisten üblich war. Man brachte die Reisegruppe in den teuersten Hotelsuiten unter, stellte Gide und fünf von ihm ausgewählten Begleitern einen Salon- und Schlafwagen zur Verfügung, in dem sie durch die Sowjetunion reisten. Außerdem Luxusautos mit Chauffeur und Dolmetscher.[27] Gleichzeitig veranstaltete der Sowjetische Schriftstellerverband eine Kette von Empfängen und Festessen zu seinen Ehren, die an Üppigkeit nichts zu wünschen übrig ließen, und von denen Gide durch einen Zufall erfuhr, daß der Aufwand für ein einziges Essen bis zum Zwanzigfachen des Jahreslohnes eines Arbeiters betrug. Man erwies Gide die Ehre, die Gedenkrede am Grab von Maxim Gorki vor einer gewaltigen Menschenmenge auf dem Roten Platz in Moskau zu halten. Alle sowjetischen Zeitungen berichteten hierüber und veröffentlichten sein Photo, so daß er zu einem der bekanntesten ausländischen Schriftsteller in der Sowjetunion wurde.

Man eröffnete Gide, daß man bereits 400.000 Exemplare seiner Bücher in der Sowjetunion verkauft habe und übergab ihm ein Scheckbuch für ein Rubelkonto auf seinen Namen, das ein so hohes Guthaben aufwies, daß er es nie hätte ausgeben können.[28] Obendrein bestanden seine Gastgeber darauf, alle seine Ausgaben zu bezahlen.[29] Weil Gide sich offen als Päderast bekannt hatte, kam man ihm auch in dieser Hinsicht entgegen, ungeachtet dessen, daß homosexuelle Handlungen in der Sowjetunion mit fünf Jahren Arbeitslager bestraft wurden. Das einzige was man als Gegenleistung für die erwiesene Gastfreundschaft von Gide erwartete, war eine kleine Gefälligkeit. Man wünschte sich, ohne daß man das offen aussprach, daß er mit seinem Lob der Sowjetunion nicht hinter dem Berg halten würde.

Die Begleiter von Gide haben diese Erwartung auch erfüllt und sich teils wohlwollend, teils enthusiastisch über die Verhältnisse in der Sowjetunion geäußert, so wie Hunderte vor ihnen und nach ihnen eingeladene Journalisten und Schriftsteller. Gide allerdings erwies sich als nicht bestechlich. Auch nicht durch Freundlichkeit. Schon auf der Reise verhielt er sich anders, als man es von ihm erwartet hatte. Er ließ sich nicht auf die üblichen Besichtigungstouren unter Aufsicht eines Reiseleiters und eines Dolmetschers ein, sondern begann auf eigene Faust zu recherchieren. Er fragte nach Lebensmittelpreisen und Mietkosten und fand heraus, daß der Lebensstandard sowjetischer Arbeiter entgegen den offiziellen Behauptungen weit unter dem französischer Arbeiter lag. Und daß so gut wie alle Arbeiter in der Sowjetunion mit Löhnen auskommen mußten, die kaum genügten, um ihre Familien zu ernähren. Wobei am auffallendsten war, daß der Unterschied der Löhne von Arbeitern und Direktoren um ein vielfaches höher war als in Frankreich.[30]

Nach seiner Rückkehr veröffentlichte Gide im Herbst 1936 ein Buch unter dem Titel „Retour de l'UDSSR" in dem er beschrieb, was er gesehen hatte. Er schilderte zunächst die Schönheit des Landes und die Fortschritte, die er beobachtet hatte, lobte die Ausstattung der Schulen, die modernen Kindergärten und Fabriken und die Sanatorien am Schwarzen

Meer, die man ihm gezeigt hatte. Ging dann dazu über, seine Enttäuschung zu beschreiben, als er, der er voller Enthusiasmus und voller Hoffnungen nach Rußland gekommen war, die wirkliche Situation der Menschen in der Sowjetunion kennen lernte. Er schilderte die gewaltigen ökonomischen Diskrepanzen zwischen Arbeiterschaft und kommunistischer Oberschicht, den Luxus auf der einen, die extreme Armut auf der anderen Seite und beschrieb dann, wie Stalin Schritt für Schritt das revolutionäre Ideal verraten und eine Diktatur errichtet hatte. Nicht eine Diktatur des Proletariats, sondern eine Diktatur über das Proletariat.

Er schilderte die allgemeine Furcht der Menschen in der Sowjetunion, sich offen zu äußern, die Angst vor Deportation und Arbeitslager, das Spitzelsystem, die Entpersonalisierung des Individuums. Er beschrieb die Wiederherstellung der Klassenunterschiede, die Wiedergeburt einer kommunistischen Bourgoisie und die Reglementierung der Künstler. Er schilderte den Konformismus, zu dem die Menschen in der Sowjetunion gezwungen wurden, und daß es genügte, die Ansichten eines Sowjetbürgers zur Tagespolitik zu hören, um zu wissen, was alle dazu sagen würden. Jeder richtete sich nach dem, was die Prawda dazu am Vortag veröffentlicht hatte. Als während seiner Reise in Spanien die Revolution ausbrach, brachte ein Mitreisender von Gide einen Toast auf die republikanischen Kämpfer gegen die Faschisten aus. Er traf dabei nur auf laue Zustimmung der Gastgeber und der übrigen Gäste. Erst nachdem drei Tage später sich die Prawda zum Spanischen Bürgerkrieg geäußert hatte, brandete eine Welle der Begeisterung und der Unterstützung für die spanischen Republikaner durch die gesamte Sowjetunion.[31] Niemand hatte gewagt, eine eigene Meinung zu äußern, bevor die offizielle Meinung verkündet worden war. Gide schrieb, er zweifle, ob in irgendeinem anderen Land, ja noch nicht einmal im Deutschland Hitlers, der Geist unfreier, unterdrückter, terrorisierter wäre als in der Sowjetunion.[32]

Unmittelbar nach der Veröffentlichung brach in der kommunistischen Weltpresse ein Entrüstungsturm los. Man warf Gide Unkenntnis, Arroganz, Beschränktheit und Perfidie vor, entdeckte plötzlich, daß Gide Päderast war und nannte ihn einen Verderber der Jugend, dessen Werke man verbieten müßte. Literaten wie Aragon kanzelten ihn als Dilettanten ab, verdammten ihn als einen Trotzkisten und schließlich sogar als Agenten des Faschismus. Trotz der ungeheuren Entrüstung, die sein Buch ausgelöst hatte, und trotz der Invektiven, mit denen man ihn überschüttete, wich Gide nicht zurück. 1937 veröffentlichte er einen Nachtrag zu seinem Buch. Dort ging er auf den Vorwurf ein, er habe die Sowjetunion als eine Welt dargestellt, die sich nicht verändert. Das sei ein merkwürdiger Vorwurf. Im Gegenteil habe er sogar ausdrücklich darauf hingewiesen, daß sich die UdSSR von Monat zu Monat verändere, allerdings, und das sei das Erschreckende: zum Schlechteren.[33]

Er schrieb, die UdSSR entferne sich immer mehr von dem, wovon er und viele andere geglaubt hätten, daß sie es ist oder doch einmal sein wird. Die Sowjetunion sorge immer weniger für die Verbesserung der Lebensverhältnisse ihrer Bauern und Arbeiter. Nicht nur, daß die Arbeiter und natürlich auch die Landarbeiter miserabel bezahlt würden, sie dürften auch ihren Arbeitsplatz nicht wechseln. Sie seien an ihre Fabriken oder Kolchosen gebunden wie Sklaven an ihr Mühlrad. Wenn sie ihre Arbeit verließen, bekämen sie keine mehr.[34] Gewerkschaften, die für die Interessen der Arbeiter einträten, gebe es nur noch dem Namen nach. Sie seien nichts weiter als der verlängerte Arm der Staatsbürokratie. Irgendwelche Hilfe oder gar Unterstützung fänden die Arbeiter dort nicht. Anschließend beschrieb Gide die Schauprozesse in der Sowjetunion und wies nach, daß die erpreßten Schuldgeständnisse falsch waren und zitierte Briefe von Menschen, die in der Sowjetunion gearbeitet hatten und seine Beobachtungen Punkt für Punkt bestätigten. Angesichts des Staatsterrors und der Misere der Arbeiterschaft in der Sowjetunion stellte Gide die Frage, wo denn die linke Intelligenz bliebe, die doch sonst immer so beredt für die Entlassung etwa eines Thälmann aus den nationalsozialistischen Konzentrationslagern einträte. Ob das Leiden nur dann zähle, wenn es Leiden unter dem Faschismus wäre. Die linke Intelligenz im Westen hat hierzu geschwiegen. Man wollte das Image des Sozialismus nicht beschädigen.

Gide ging schließlich auch auf den Unterschied ein, den die Kommunisten zwischen Angehörigen der Intelligenz und den Intellektuellen machten. Die Kommunisten, so schrieb Gide, hielten die Intellektuellen grundsätzlich für unsichere Kantonisten. Sie seien der Ansicht, daß man sie zwar benutzen könne, aber trauen dürfe man ihnen nicht. Gide hatte damit die Haltung der Kommunisten zu den Intellektuellen präzise beschrieben. Seit der Gründung der Komintern hatte sich hieran nichts geändert. Die Wut der etablierten Linken beruhte auch darauf, daß sie ihn zunächst für einen fellow traveller gehalten hatte und nun feststellen mußten, daß er sich an die für fellow travellers geltenden Usancen nicht halten wollte. Man warf ihm vor, daß er das ihm entgegengebrachte Vertrauen mißbraucht, und die von ihm erwartete Solidarität gröblich verletzt hätte. Gide hat sich hierauf nicht weiter eingelassen. Er hat lediglich erwidert, er sei der Wahrheit verpflichtet, nicht einer Partei. Auch nicht der kommunistischen. Wenn die Partei die Wahrheit verlasse, verlasse er die Partei im gleichen Augenblick.[35]

Gide hat sich nicht, wie von ihm erwartet wurde, arrangiert, sondern den unbequemsten aller möglichen Wege gewählt und damit die Wut der kommunistischen und eines großen Teiles der sozialistischen Weltpresse auf sich gezogen. Und den Zorn eines der mächtigsten Regime der Erde dazu. Daß er es dennoch tat, macht seinen Rang aus, nicht nur als Schriftsteller, sondern auch als Intellektueller. Gide erhielt 1950 den Nobelpreis, wobei sicherlich auch sein Mut, sich zu einem unabhängigen Urteil zu bekennen, von Bedeutung gewesen ist.

Wie wenig selbstverständlich das Verhalten von Gide war, zeigt Lion Feuchtwangers Buch, das er 1937 unter dem Titel „Ein Reisebericht für meine Freunde" veröffentlichte. Feuchtwanger war durch seine historischen Romane wie „Jud Süß" und durch Bücher wie „Die Geschwister Oppermann" zu Weltruhm gelangt. 1937 hatte ihn der sowjetische Schriftstellerverband in die Sowjetunion eingeladen. Offensichtlich in der Erwartung, daß er Gides Kritik entgegentreten würde. Eine Erwartung die er dann vollauf erfüllt hat. In seinem Reisebericht, den er 1937 publizierte, schrieb er:

> „Die sozialistische Planwirtschaft hat jedem einzelnen die richtige Arbeit und ein sorgloses Alter garantiert ..."[36] Die Arbeitslosigkeit ist dort genau so liquidiert worden wie die Ausbeutung.[37] Das Maß an Arbeit, das der Staat von jedem seiner Bürger verlangt, läßt dem einzelnen die Freiheit einen großen Teil seiner Kraft seinen Neigungen zu widmen."[38]

Er zitierte die Verfassung der Sowjetunion, die jedem Sowjetbürger Arbeit und angemessene Bezahlung und das Recht auf Erholung garantiere.[38a] Der Unterschied zu den Verfassungen demokratischer Länder sei darin zu sehen, daß die Rechte der Bürger in diesen Ländern nur proklamiert, in der Sowjetunion aber verwirklicht würden.[39] Der angebliche Konformismus in der Sowjetunion, sei nichts anderes als die gemeinsame Liebe aller Bürger zu ihrem Land.[40] Sie hätten die von allen geteilte Zuversicht, daß die Sowjetunion in naher Zukunft das glücklichste und mächtigste Land der Erde sein werde.[41] Über Stalin schrieb er:

> „Im Gegensatz zu anderen Machthabern ist er äußerst bescheiden. Er hat keinen besonderen Titel angenommen, sondern nennt sich schlicht Sekretär des Zentralkomitees. Der Personenkult, der da und dort noch mit ihm getrieben wird, ist ihm sehr peinlich. Das

hat er mir selbst in einem persönlichen Gespräch versichert. Auch ist Stalin ein grundgütiger Mensch. Er hat eigens ein Sonderflugzeug mit Medikamenten für ein krankes Kind nach Zentralasien geschickt. Einem Schriftsteller, der in einer kleinen und einfachen Wohnung lebte, hat er eine komfortable Wohnung geradezu aufgedrängt und nicht geruht, bis er sein Angebot angenommen hatte.“[42]

Sonderbar war an Feuchtwangers Text so gut wie alles. Sonderbar war, daß er ausgerechnet Stalin Eigenschaften wie Güte und Bescheidenheit attestierte.[43] Aber noch sonderbarer war seine Schilderung der Schauprozesse, in denen angebliche Gegner Stalins zum Tode verurteilt wurden. Feuchtwanger hatte auf eine Einladung der Regierung als Zuhörer an einem der Prozesse teilgenommen. Er schrieb:

„Die da vor Gericht standen, waren keineswegs verzweifelte und gemarterte Menschen vor ihrem Henker. Die Angeklagten waren gepflegte und gut gekleidete Herren mit lässigen natürlichen Gebärden, tranken Tee, hatten Zeitungen in den Taschen und sahen viel ins Publikum. Die Barriere, die die Angeklagten von den übrigen trennte, wirkte wie die Umrahmung einer Loge. Er hatte den Eindruck, als hätten Angeklagte, Staatsanwälte und Richter ein fast sportliches Interesse gezeigt, die Geschehnisse lückenlos aufzuklären.“[44]

Er werde nie vergessen, wie dieser Mann, Georg Pjatakow, vor dem Mikrophon stand, ein mittelgroßer Herr in mittleren Jahren, etwas beglatzt mit einem rötlich blonden altmodischen schütteren Spitzbart und wie er dozierte. Ruhig und dennoch beflissen setzte er auseinander, wie er das gemacht hat, die ihm unterstellten Industrien zu sabotieren. Er erklärte und deutete mit dem Finger. Er habe gewirkt wie ein Hochschullehrer der einen Vortrag hielt.[45]

Am Ende wurden dann 13 der 17 Angeklagten zum Tode verurteilt, unter ihnen Pjatakow. Die übrigen vier zu Lagerhaft.[46] Feuchtwanger störte nicht, daß sich die Verurteilungen nur auf Geständnisse, aber nicht auf Beweismaterial stützten. Ihn störte auch nicht, daß der zuständige Staatanwalt hierzu gesagt hatte: „Was braucht man noch Beweise, wenn man doch die Geständnisse hat.“ Auf Gides Nachweis, daß man in der Sowjetunion Geständnisse erpreßte, ging Feuchwanger nicht ein. Statt dessen zitierte er den Angeklagten Radek, der in seinem Schlußwort bedauert hatte, daß er sich zweieinhalb Monate hindurch jedes einzelne Wort seines Geständnisses habe abpressen lassen. Der Untersuchungsrichter habe nicht ihn, sondern er habe den Untersuchungsrichter gefoltert.[47]

Feuchtwanger befand sich mit dieser Art, die Zustände in der Sowjetunion zu schildern, nicht allein. Derartige beschönigende, die Wahrheit auf den Kopf stellende Texte gab es zu Tausenden. Auch von Autoren wie Bloch, Brecht und Lucács. Genauso wie Feuchtwanger verhielt sich Ernst Bloch, der sich darauf berief, daß die Angeklagten in den Moskauer Prozessen ihre Verbrechen gestanden hätten, und somit ihre Verurteilung rechtens gewesen war.[48] Bloch und Brecht haben das Buch von Feuchtwanger denn auch ausdrücklich gelobt.[49] Brecht nannte es unter anderem taciteisch und ein kleines Wunder.

Aber warum hat Feuchtwanger sich überhaupt bereit gefunden, eine solche Reisebeschreibung zu verfassen? Er war vermögend und erfolgreich. Er war nicht gezwungen, irgendwelche Zugeständnisse zu machen. Mag sein, daß er sich für die Gastfreundschaft bedanken wollte. Aber einen solchen Text bloß aus Dankbarkeit zu verfassen, wäre um einiges an Dankbarkeit zu viel gewesen. Als eine Erklärung bietet sich an, daß ihm daran lag, einer großen politischen Bewegung und Glaubensgemeinschaft anzugehören, die wie alle Gemeinschaften dieser Art ein Gefühl von Geborgenheit und Nestwärme vermittelt. Ein libre penseur war er damit nicht. Sich die Unabhängigkeit des Urteils zu bewahren, führt zu sehr zugigen Positionen. Die hat er gescheut. Und damit genau das aufgegeben, was im klassischen Sinn einen Intellektuellen ausmacht.

Sehr fern von Feuchtwanger und ähnlich wie Romain Rolland, jedoch auf einer sehr viel breiteren analytischen Grundlage argumentierte Julien Benda in seinem 1927 veröffentlichte Text „La Trahison de Clerks". Clerks nennt Benda alle, deren Aktivitäten essentiell nicht auf praktische Ziele ausgerichtet sind wie Künstler, Theologen, Journalisten, Lehrer, Professoren und Philosophen. Nach Benda lassen sich in der Geschichte zwei Arten von clerks ausmachen: Die einen, die sich wie Leonardo da Vinci, Malebranche oder Goethe von den politischen Leidenschaften fernhielten und ihre eigentliche Aufgabe in einer vorteilslosen und zweckfreien Tätigkeit sahen. Die anderen, die an den politischen Bewegungen ihrer Zeit zwar teilnahmen, sich dabei aber zu übergeordneten Prinzipien wie Menschlichkeit und Gerechtigkeit bekannten. Unter ihnen Kant, Erasmus und Renan.

Gegen Ende des 19. Jahrhunderts, schrieb er, habe sich hier jedoch ein gewaltiger Umschwung vollzogen. Die Clerks hätten begonnen, beim Spiel der politischen Leidenschaften mitzuhalten. Der moderne Clerk überlasse es nicht länger den Laien, in die politische Arena hinabzusteigen. Er habe sich eine staatsbürgerliche Bestimmung zugelegt und lasse sie voll durchschlagen. Er sei stolz auf diese Gesinnung, und seine Schriften seien voll von Verachtung für den, der sich ins wissenschaftliche oder künstlerische Schaffen zurückzöge und an den Leidenschaften der Polis kein Interesse fände. Natürlich habe es in der Geschichte schon immer Schriftsteller, Wissenschaftler, Künstler und Theologen gegeben, die eine besondere Anhänglichkeit für ihr eigenes Land oder Klientel an den Tag gelegt hätten. Diese Zuneigung hätte sich aber auf die Vernunft gegründet. Sie hätten sich ihr kritisches Urteil bewahrt und, wenn nötig, vernehmlich Kritik geübt.

Diesem Jahrhundert bleibe es jedoch vorbehalten zu erleben, wie Denker oder wie sie sich sonst nennen, erklären, sie wollten ihren Patriotismus nicht von ihrer Urteilskraft gegängelt wissen. Unter ihnen Barrès, der verkündet hatte: „Selbst im Unrecht muß man dem Vaterland recht geben und Mitbürger, die sich auch hinsichtlich der Nation auf ihre Gedankenfreiheit berufen, zu Verrätern erklären." „Wir brauchen uns für nichts zu entschuldigen." Diese Worte eines deutschen Gelehrten im Oktober 1914 nach der Verletzung der Neutralität Belgiens und weiterer Übergriffe seines Landes wären damals von der Mehrheit der geistigen Führer in Europa nachgesprochen worden. In Frankreich von Barrès, in Italien von d'Anuncio, in England von Kipling und in Amerika von William James.

Die Bejahung der Nationalleidenschaften falle besonders bei den Geistlichen ins Auge. In Europa hätten sie sich während der letzten 50 Jahre mit überwältigender Mehrheit für das Nationalgefühl entschieden. Sie machten sich dieses Gefühl mit derselben Leidenschaftlichkeit zu eigen, die er schon bei vielen Schriftstellern konstatiert habe. Auch seien sie jeder Zeit bereit, ihrem Land selbst eklatantes Unrecht durchgehen zu lassen. Wie anders sei da die Haltung spanischer Theologen im 15. Jahrhundert gewesen, etwa von de las Casas und Vittoria, die beide die Greueltaten ihrer Landsleute bei der Eroberung der Neuen Welt gebrandmarkt hätten. Dieses Verhalten sei zwar auch damals bei der Geistlichkeit nicht die Regel gewesen, aber man solle im 20. Jahrhundert nur ein einziges Land nennen, in dem die meisten Geistlichen diese Haltung an den Tag legten oder auch nur wünschten, es zu dürfen.

Die modernen Clerks hätten nicht nur eine universale Moral sondern auch eine universale Wahrheit der Verachtung preisgegeben. In ihrem Eifer, sich ihren weltlichen Leidenschaften zu überlassen, hätten sie sich geradezu genial gezeigt. So gäbe es in Frankreich inzwischen für sie verschiedene Sorten von Wahrheiten, eine provenzalische, eine bretonische und eine lothringische. Zusammen machten sie das aus, was in Frankreich als wohltuend, achtbar und als wahr angesehen werde. Wenn sie recht hätten, wäre Pascal nichts weiter als ein Schwätzer gewesen. Was diesseits der Pyrenäen Wahrheit wäre, könnte dann jenseits der Pyrenäen genauso gut ein Irrtum sein. Die Deutschen sprächen analog dazu von einer deutschen Wahrheit. Dieselbe Lehre bekomme man auch bezüglich der Klassen zu hören. Die Clerks behaupteten, es gäbe eine bürgerliche und eine proletarische Wahrheit, mehr noch, die Funktionsweise des Geistes müsse unterschiedlich sein, je nachdem, ob einer Arbeiter oder Bourgeois wäre. Die Wahrheit sei für sie zu einer Angelegenheit des Klassenstandpunktes geworden.

Benda begründet den Vorwurf des Verrates gegenüber den zeitgenössischen Clerks aus den Erfahrungen der Geschichte. Zumindest die Künstler und Philosophen unter ihnen, vor allem aber die Dichter, hätten sich in ihrer ganz überwiegenden Mehrheit Jahrhunderte hindurch immer zu universalen Prinzipien, wie die Anwendung von Vernunft und Gerechtigkeit, bekannt und diesen Prinzipien ihre materiellen und ihre nationalen Interessen untergeordnet. Die Forderung Bendas an die zeitgenössischen Clerks, sich nicht anders zu verhalten, beruht hierauf. Benda hätte diesen moralischen Anspruch – und um einen moralischen Anspruch handelt es sich – noch anders begründen können. Clerks, Angehörige der Intelligenzschicht, erwerben an Schulen und Universitäten Kenntnisse, die ihnen erlauben, Fehlentwicklungen in Gesellschaft und Staat früher und genauer zu erkennen als es dem Durchschnitt der Bevölkerung möglich ist. Von einem Arzt fordert man, daß er sein Wissen dazu nutzt, Kranken zu helfen, von einem Richter, daß er sich in seinen Urteilen an das Recht hält. So könnte man von auch von den Clerks in ihrer Gesamtheit erwarten, daß sie sich an Prinzipien erinnern, die über die Durchsetzung von nationalen oder ökonomischen Interessen hinausreichen. Sich den Verpflichtungen zu entziehen, die sich hieraus ergeben, ist in der Tat eine Form des Verrates. Benda hat hier nichts weiter ausgesprochen als eine unbequeme Wahrheit. Einer der Gründe, warum er so selten zitiert wird.

In unserem Sprachgebrauch gibt es keine Unterscheidungen unter den verschiedenen Gruppen der Intelligenzschicht. Man spricht von Weiße-Kragen Arbeitern, Intellektuellen, geistig Tätigen und Geistesarbeitern, ohne sich die Mühe zu machen, genauer zu definieren, wer mit diesen Bezeichnungen gemeint ist, und wie und ob sie sich voneinander unterscheiden. Insofern möchten wir es mit einer Unterteilung versuchen, die eine Differenzierung erlauben könnte. Wobei uns bewußt ist, daß solche Unterteilungen immer auch auf Abgrenzungen hinauslaufen, die fließend sind, sodaß man Abstriche in Kauf nehmen muß. Dies vorausgesetzt, könnte man die am meisten vertretene Gruppierung „Clerks" nennen. Hierzu würden unter anderem Rechtsanwalte, Richter, Lehrer, Journalisten, Ingenieure und Professoren gehören, also alle, die vom Verkauf ihrer Kenntnisse leben. Eine weitere Gruppe könnte man der Intelligentsia zuordnen. Typisch für die Intelligentsia wäre, daß sie der Befolgung einer Doktrin mehr Gewicht beimißt als der Anwendung von Prinzipien, die universal gelten können, wie etwa die Gleichheit vor dem Gesetz. Eine solche Doktrin kann politischer oder religiöser Natur sein. Aber auch ein Parteiprogramm. Zu dieser Gruppe könnte man Politiker, Angehörige einer Nomenklatura, Kleriker und Theologen rechnen. Charakteristisch für die Intelligentsia wäre die Bereitschaft zum politischen Arrangement und die Fähigkeit, sich im Establishment zu behaupten. Eine weitere und wichtige Gruppe wären die Bürokraten. Typisch für Bürokraten ist, daß sie über Vorzüge verfügen, die sie zwar austauschbar, aber nicht entbehrlich machen. Für Verwaltungen sind sie unerläßlich. Schon deshalb, weil sie sorgfältig bis zur Akribie Anweisungen und Regelungen befolgen. Sie halten sich an die Geschäftsordnung. Kreativität erscheint ihnen als eine Störung des Verwaltungsablaufes, und eine Forderung, wie „L' Imagination au pouvoir" würde ihnen als Anmaßung erscheinen.

Eine weitere Gruppe könnte man die Mandarine nennen. Unter Mandarinen könnte man Bürokraten in Schlüsselpositionen verstehen. Mandarine neigen dazu, den administrativen Apparat auszuweiten. In Betrieben, in denen sie das Sagen haben, bringen sie die Produktion allmählich zum Stillstand. Ähnliches gilt für Kulturinstitutionen wie Theater, Universitäten und Forschungseinrichtungen. Dort erzeugen sie eine Leere, in der der von ihnen verwaltete Apparat nichts mehr hervorbringt. Wenn die Mandarine einen Staat dominieren, bewirken sie seine Erstarrung. Wie in der Sowjetunion oder in den sozialistischen Staaten nach dem Zweiten Weltkrieg. Führt das System, dessen Geschäfte die Mandarine wahrnehmen, zur Katastrophe, so verwalten sie auch diese. Geduldig und unbeirrbar beharren sie auf der Fixierung dessen, was ist. Veränderungen grundlegender Art wirken auf wie sie wie Synkopen, wie Strudel im Fluß des Geplanten. Ihre Bewertung kulturellen Lebens zielt nicht auf dessen Substanz, sondern auf das, was sie methodisch und administrativ erfassen können. Wo sie über die Gestaltung von Kultur verfügen können, legen sie sie trocken. Sie sind essentielle und nicht wie die Politiker akzidentielle Gegenspieler der Kultur.

Mandarine neigen dazu, Intellektuelle nur am Rande wahrzunehmen, auch weil Intellektuelle ihre berufliche Existenz nicht in Frage stellen. Sie wissen, daß ihnen immer noch Zeit genug bleibt, sich zu arrangieren, wenn die Verhältnisse sich ändern. Mandarine denken und handeln hier in der Regel wie die meisten Clerks. Am ehesten erscheinen Mandarinen Intellektuelle als Störfaktor. Als Leute, die keinen Sinn für das Reale haben, die sich für allerlei abstrakte Ideen exponieren und sich dadurch womöglich auch noch Nachteile einhandeln. Insofern ist der typische Mandarin außer Stande, sie besonders ernst zu nehmen. Wie der Wiener Ministerialrat, der kurz vor dem Ersten Weltkrieg in einer politischen Debatte ausrief: „Und wer bitte schön, soll denn die Revolution in Rußland machen? Etwa der Dr. Trotzki im Cafe Central?" Die Frage spiegelte die abgrundtiefe Verachtung des Beamten für den Literaten wieder, der seine Zeit mit Gesprächen und Zeitungslektüre verbringt, und überdies den geregelten Gang der Verwaltung noch dadurch beeinträchtigt, daß er ihr eine Reihe von Ungelegenheiten bereitet. Derselbe Dr. Trotzki, der Kaffeehausliterat aus dem Cafe Central, stampfte drei Jahre später die Rote Armee aus dem Boden, kommandierte sie von einem Panzerzug aus, schlug die konterrevolutionären weißen Armeen, erzwang den Abzug der alliierten Interventionstruppen, schloß den Frieden von Brest Litowsk und organisierte die erste industrielle Revolution der Sowjetunion. Wäre der Ministerialrat alt genug geworden, hätte er noch erlebt, daß die vom Herrn Dr. Trotzki geschaffene Rote Armee Wien eroberte. Wenn man ihm das alles vorausgesagt hätte, hätte er es für einen Ulk gehalten.

Als vierte Gruppe könnte man die Intellektuellen anführen. Wobei wir das Wort in seiner ursprünglichen Bedeutung verwenden, wie Anatole France sie genannt hat: Gebildete mit Urteilskraft. Auf den ersten Blick könnten Intellektuelle als eine unbedeutende Randgruppe erscheinen. Als quantité negligable. Sie bilden nicht wie die Mandarine oder die Clerks oder die Intelligentsia eine Gruppe innerhalb der Intelligenzschicht, die als solche in Erscheinung tritt und gesellschaftliche Funktionen wahrnimmt. Zum Intellektuellen wird man weder durch die Ablegung von Examen, noch gibt es Instanzen oder Gremien, die einen zum Intellektuellen ernennen könnten. Allerdings sind Künstler und Philosophen meistens auch Intellektuelle. Wie sollten sie auch nicht. Kreativität

– und die brauchen sie – setzt eine Unabhängigkeit des Denkens voraus, die sich mit der Verkündung des jeweils Geltenden nur schwer vereinbaren läßt. Hinzukämen in dieser Gruppe alle, die sich die Anwendung der Vernunft in der Politik oder bei der Handhabung gesellschaftlicher Probleme nicht abhandeln lassen. Wie viele Unterzeichner der Manifeste gegen die Verurteilung von Dreyfus.

Hieraus ergibt sich bereits, daß Intellektuelle nur eine kleine Gruppe in der Gesellschaft bilden. Zudem sind sie schwer dingfest zu machen. Intellektuelle nennen sich oft selber nicht so. Zudem erfüllen Intellektuelle in ihrer Lebenszeit nicht immer die Kriterien, die sie charakterisieren. Wie Thomas Mann, der im Ersten Weltkrieg chauvinistische Thesen vertrat und später zu einem Vorkämpfer für Demokratie und Aufklärung und gegen den Faschismus wurde. Oder wie Lenin, Mao Tse Tung und Trotzki, die zunächst als Schriftsteller und Soziologen hervortraten, später in die Politik eingriffen, und als Gefangene ihrer eigenen Doktrin zur Intelligentsia überwechselten.

Man könnte also annehmen, daß Intellektuelle nicht genügend Gewicht haben, um Politiker zu veranlassen, sich mit ihnen zu befassen. Aber genau das ist nicht der Fall. Für Sozialisten und Kommunisten, für Monarchisten, Nationalisten und Faschisten sind die Intellektuellen ein Thema, auf das sie immer wieder zurückkommen. Ein Thema, zu dem sie über das gesamte Spektrum teilweise diametral einander entgegengesetzter politischer Überzeugungen hinweg eine erstaunliche Übereinstimmung erreichen. Bebel bezeichnete sie als zweifelhafte und unzuverlässige Erscheinungen, die Nationalisten nannten sie vaterlandslose Gesellen und Zivilisationsliteraten. Lenin rechnete sie zu den Kleinbürgern und Klassenfeinden, Stalin rühmte sich, daß man sie in der Sowjetunion eliminiert hätte. Hitler und seine Vasallen empfanden Juden und Intellektuelle als die gleiche „Brut und Kanaille."

Eine Gemeinsamkeit, die Gründe hat. Politiker begreifen sehr wohl, daß es vor allem die Intellektuellen sind, die das Potential haben, bestehende Systeme und Ordnungen in Frage zu stellen. Unter anderem auch, weil die Urheber politischer oder ideologischer Strömungen meistens Intellektuelle waren. Die revolutionären Bewegungen im 19. und 20. Jahrhundert sind alle von Intellektuellen begründet worden: Der Sozialismus von Marx, Engels, Lenin und Trotzki, der Rassismus und der Faschismus von Gobineau und Stewart Chamberlain und mit Abstrichen von Nietzsche, der Nationalismus von Fichte, Treitschke und Hegel. So sehr Politiker auch behaupten, Intellektuelle spielten in der Politik kaum eine Rolle, widersprechen sie sich hierin doch durch ihr Handeln. Keine andere Gruppe in der Gesellschaft lassen autoritäre Staaten so intensiv überwachen und bespitzeln wie die Intellektuellen. Unter ihnen vor allem die Schriftsteller. Was sie nicht hindert, sie mit Zuwendungen und Privilegien zu umsorgen, solange sie glauben, daß sie auf ihre Unterstützung rechnen können. Ähnliches gilt auch für Demokratien. Künstlern und Schriftstellern werden dort mehr Ehrungen, Preise und Stipendien zuteil als irgendeiner anderen Gruppe in der Bevölkerung. Und das gilt auch dann, wenn Angehörige anderer Gruppen der Intelligenz sich ebenfalls durch besondere Leistungen hervortun, wie etwa Chirurgen oder andere hochqualifizierte Fachleute.

Vorausgesetzt natürlich, daß die Schriftsteller sich an die geltenden Usancen halten. Ist das nicht der Fall, müssen sie sich gefallen lassen, daß ein Bundeskanzler sie zur Zielscheibe seiner Invektiven macht. Als Rolf Hochhut sich erlaubte, die Sozialpolitik der Bundesregierung zu kritisieren, kommentierte Ludwig Erhardt das so:

> „Wenn Herr Hochhuth sich als Schriftsteller betätigt, dann ist er für mich völlig tabu, dann kann er schreiben, was er will, aber wenn er sich als Herr Hochhuth zugleich als Politiker aufspielt und ins niedrigste Parteigeschäft einsteigt, dann ist er in meinen Augen ein Pinscher. Da hört der Dichter auf. Da fängt der ganz kleine Pinscher an. Ich würde mir auch nicht anmaßen, Herrn Heisenberg gute Lehren über Kernphysik zu erteilen."[50]

Bemerkenswert an dieser Äußerung des damaligen Bundeskanzlers war, daß er genau so argumentierte wie die französischen Politiker in der Dreyfusaffaire. Über fast hundert Jahre hinweg sind die Argumente von Politikern gegen Intellektuelle, die sich zur Politik äußern, erstaunlich frisch geblieben. Zumindest in Deutschland.

Was Politikern an Intellektuellen nicht genehm ist, sind genau die Eigenschaften, die Kant als Eigenschaften des mündigen Bürgers definiert hat.[50a] Für Kant gehören Mündigkeit und Aufklärung zusammen. Sie sind der Ausgang des Menschen aus seiner selbstverschuldeten Unmündigkeit. Mündigkeit ist nach Kant das Vermögen, sich seines Verstandes ohne Anleitung eines Dritten zu bedienen. Selbstverschuldet ist für Kant Unmündigkeit, wenn seine Ursache nicht am Mangel an Verstand, sondern des Mutes liegt. Nach Kant ist der Mut, sich seines Verstandes zu bedienen, der Wahlspruch der Aufklärung.

Die Definition Kants des mündigen Bürgers impliziert noch etwas anderes: Der selbstständige Gebrauch des Verstandes macht den Erwerb von Wissen und damit auch von Bildung notwendig. Wo das nicht geschieht, fehlt es ihm an Substanz. Es läuft ins Leere. Eine solche Überlegung ist insofern von Bedeutung, als eine staatliche Bildungspolitik, die sich auf die Vermittlung von verwertbaren Kenntnissen reduziert, die Möglichkeiten des Bürgers zur Mündigkeit einschränkt. Wir kommen hierauf noch zurück.

Aus der Definition Kants ergibt sich auch, daß Künstler oder Autoren von Texten analytischer oder philosophischer Art mehr als andere über das Potential verfügen, das Mündigkeit ermöglicht. Wenn sie sich in ihren Werken den Ansichten Dritter unterwerfen oder wenn sie eine politische oder religiöse Doktrin zum obersten Gesetz machen, werden sie Brauchbares nicht zu Stande bringen. Die Huldigungsgedichte an die Obrigkeit von Goethe, Neruda oder Brecht sind längst Makulatur geworden. Hätten sie nichts anderes geschrieben, wären sie heute vergessen.

Philosophische und poetische Texte, vorausgesetzt sie sind mehr als Texte bloß für den Alltagsgebrauch, beunruhigen die Herrschenden auch noch aus einem anderen Grund: Sie lassen sich nicht auf ihr Sujet eingrenzen, sondern zielen immer auch auf etwas, was ihr jeweiliges Sujet transzendiert, auf etwas, was universalen Charakter hat und dadurch die bestehende gesellschaftliche Ordnung tangiert. Insofern haben Julien Benda und die Politiker Recht, wenn sie das Verhalten von Künstlern und Philosophen als politisch besonders relevant ansehen. Recht hatte Benda auch mit seiner Feststellung, daß die meisten von ihnen sich im Lauf der Geschichte politische Leidenschaften nicht zu eigen gemacht haben. Daß sich hieran auch im zwanzigsten Jahrhundert, jedenfalls in Deutschland, nichts Wesentliches geändert hat, zeigte ihre Haltung gegenüber dem Nationalsozialismus. Die Liste der Schriftsteller, die kurz vor oder nach der Machtergreifung durch die Nationalsozialisten das Land verließen oder nicht zurückkehrten, liest sich wie ein Verzeichnis fast aller bedeutenden Autoren im damaligen Deutschland. Unter ihnen die Brüder Mann, Klaus Mann, Robert Musil, Bertolt Brecht, Herrmann Hesse, Franz Werfel, Alfred Döblin, Stefan Zweig, Arnold Zweig, Stefan George, Erich Maria Remarque, Hermann Kesten, Max Brod, Kurt Tucholsky, Ernst Toller. Stefan Zweig und Walter Benjamin begingen Selbstmord. Ricarda Huch, Hans Carossa, Rudolf Binding, Oskar Loerke, Eduard Spranger und Erich Kästner blieben in Deutschland, aber wählten Stoffe, die politisch nicht anstößig waren.

Von den Verfassern philosophischer Schriften emigrierten Theodor Adorno, Max Horkheimer, Herbert Marcuse, György Lukács, Walter Benjamin und Ernst Bloch. In Deutschland geblieben sind von Autoren und Philosophen der ersten Garnitur nur Ernst Jünger, Gottfried Benn, Martin Heidegger, Gerhart Hauptmann und Karl Jaspers. Jaspers durfte unter den Nationalsozialisten nicht publizieren. Ernst Jünger war von Anfang an Gegner des Nationalsozialismus. Er wurde nur durch eine Intervention Hitlers, der sich durch eine Verhaftung des „Pour le Merite“ Offiziers nicht bloßstellen wollte, vor der Verfolgung durch die Gestapo bewahrt. Gottfried Benn wurde, nachdem er kurze Zeit mit den Nationalsozialisten sympathisiert hatte, zu einem ihrer Gegner. Nach heftigen Angriffen gegen ihn und sein Werk in der SS Zeitung „Das schwarze Korps“, die von anderen nationalsozialistischen Zeitungen wiederholt wurden, mußte er damit rechnen, sich in einem Konzentrationslager wiederzufinden.[50b] Das blieb ihm zwar erspart, aber schreiben und publizieren durfte er nicht. Genau so beeindruckend war der Widerstand der bildenden Künstler gegen das Regime. Zumindest alle, die in Deutschland und international anerkannt waren, sind von ihren Lehrämtern zurückgetreten, haben sich aus der Öffentlichkeit zurückgezogen oder sind emigriert. Keiner von ihnen hat sich an die vom Regime geforderte volksnahe Kunst angepaßt. Innerhalb des nationalsozialistischen Staates bildeten die Künstler und die Philosophen die einzige Berufsgruppe, die sich nahezu geschlossen der nationalsozialistischen Diktatur widersetzte. Alle übrigen Berufsgruppen und innerhalb der Intelligenzschicht allen voran die überwältigende Mehrheit der deutschen Professoren, von denen man eigentlich Widerstand gegen den Ungeist des Faschismus erwarten konnte, haben das neue Regime unterstützt. Zumindest, solange es erfolgreich war. Der Nationalökonom Wilhelm Röpke, ein Mitbegründer der neoliberalen Freiburger Schule, hat die politische Haltung der deutschen Professoren gegenüber der heraufkommenden faschistischen Barbarei geschildert. Sein Urteil hat insofern besonderes Gewicht als er viele Jahre an deutschen Universitäten gelehrt hat, und die dortigen Verhältnisse sehr genau kannte: Er schrieb:

> „Schon seit Generationen ist der typische deutsche Professor zur Karikatur eines integeren intellektuellen Führers geworden. Ein Spezialist ohne politischen Verstand, aber voller Selbstbewußtsein und nicht selten von cholerischem Temperament. Oft ist er ein großartiger Arbeiter und ein Meister in seinem Fachgebiet, aber er wird zum selbstüberzeugten Idioten, wenn er sich auf die vitalen

> Probleme von Staat und Gesellschaft einläßt. Jeder Zeit war die Mehrheit der deutschen Professoren bereit für die Regierung auf die Barrikaden zu gehen. Sie planten die ökonomische Basis des bismarckschen Protektionismus, ermunterten die säbelrasselnde Außenpolitik, befürworteten die Flottenaufrüstung, verteidigten den uneingeschränkten U-Boot-Krieg und entzündeten schließlich Weihrauch auf dem Altar des Nazismus.“

Am unverzeihlichsten war für Röpke das Verhalten dieser Professoren gegenüber dem Nationalsozialismus. Sie hätten das deutsche Volk auf die Nazihorden vorbereitet. Und das sei ihre fast unverzeihliche Schuld. Als der Nazismus später ihren Mut als geistige Führer auf die Probe stellte, hätten sie – gutgläubig oder nicht – die Attacken auf Kultur, Gesetz und Moral befürwortet, die absurdesten Theorien geschluckt und sie sogar noch propagiert. In den deutschen Universitäten, in den Hörsälen, in den Verbänden hätten sie jede Gelegenheit genutzt, einen brutalen Nationalismus, einen dummen Nationalstolz und eine unmenschliche Verachtung gegen internationales Recht zu propagieren. Dort hätten sie den Rachekrieg am nachdrücklichsten gepredigt und dem Triumph des Nazismus den Weg bereitet.[51]

Ein weiterer Kronzeuge für das Versagen der deutschen Professorenschaft gegenüber dem Nazismus ist Golo Mann. In seinen Erinnerungen beschreibt er, wie die theologische Fakultät der Heidelberger Universität die Berufung eines Professors widerrief, weil er politisch nicht mehr genehm war, und wie seine damaligen Kollegen den Anspruch auf die Freiheit der Lehre widerspruchslos über Bord gehen ließen, nur um ihre Karriere nicht zu gefährden.[52] Wenn zutrifft, was Wilhelm Röpke und Golo Mann über das Verhalten der Mehrzahl der deutschen Professoren gegenüber dem Nationalsozialismus sagten – und es gibt keinen Grund hieran zu zweifeln – so waren die meisten deutschen Professoren nicht in der Lage, ihren Verstand über ihr Fachgebiet hinaus selbstständig zu gebrauchen. Und wenn sie es waren, hatten sie nicht den Mut dazu.

Während die englische und die französische Regierung gegenüber Intellektuellen keine Tabus hatten, kam die Regierungsmannschaft der Nationalsozialisten ohne Intellektuelle aus. Die Minister Speer und Todt waren Fachleute. Goebbels, der gelegentlich als Intellektueller bezeichnet wurde, war keiner. Abgesehen davon, daß er eine solche Charakterisierung weit von sich gewiesen hätte. Goebbels war ein gewandter Journalist mit demagogischen Fähigkeiten. Brecht hat ihn einmal einen erstklassigen Werbefachmann genannt. Wie eingeschränkt seine geistigen Interessen waren, zeigen seine Tagebücher. Er beschäftigt sich fast ausschließlich mit politischen Überlegungen und während des Krieges dann noch mit der militärischen Lage. Wie wenig Goebbels in der Lage war, den geistigen Rang seiner Gegenspieler zu beurteilen, zeigt eine Notiz über Duff Cooper in seinen Tagebüchern. Er schrieb:

> „Duff Cooper hat auch geredet. Absoluter Quatsch, gegen den man überhaupt nicht mehr polemisieren kann. Er ist der Dümmste von allen."[53]

Wo es Intellektuelle im deutschen Regierungsapparat noch gab, blieben sie ohne Einfluß. Ein Grundprinzip der deutschen Politik, sich vom Geist, seinen Unwägbarkeiten und seinen Antinomien fernzuhalten und sich nur darauf zu konzentrieren, was als machbar gilt, hatten die Nationalsozialisten auf die Spitze getrieben. Und den Preis dafür bezahlt.

Von der Politik der katholischen Kirche

Wenn es um die Strategie einer wirksamen Auswärtigen Bewußtseinspolitik geht, wie könnte sie aussehen? Ein Vorbild hierfür könnte die Politik der katholischen Kirche sein.

Eine Politik, die erfolgreicher war als jede Art von Wirtschafts- und Militärpolitik, mit der sie im Lauf der Jahrhunderte konkurrierte. Nun hören wir bereits den Einwand, daß es sich hier um eine Religionsgemeinschaft handelt, und deshalb von Politik keine Rede sein könne. Eine Auffassung, die der katholische Klerus nicht teilt. Er hat nie in Abrede gestellt, daß die katholische Kirche auch Politik betreibt.

Eine Art von Politik, deren Essenz Argumente und Ideen sind und die man deshalb auch sehr gut Bewußtseinspolitik nennen kann. Oder, um genauer zu sein, Auswärtige Bewußtseinspolitik, weil die Kirche abgesehen von dem im Verhältnis zu ihrem Machtbereich winzigen Kirchenstaat immer auf fremden Territorien operiert hat. Und auch wenn man darauf bestünde, daß es zwischen einer Religion, deren Träger eine Kirche ist und einer Ideologie, deren Träger Staaten, Parteien oder andere Gruppierungen sind, einen fundamentalen Unterschied gibt, so ließe sich auch das bezweifeln. Man könnte sich sehr wohl fragen, ob die Grenzen zwischen Ideologien und Religionen nicht fließend sind und – um diesen Einwand noch weiter zu treiben – ob Religionen nicht selbst Ideologien sind.

Der Glaube an Gott oder an eine göttlich bestimmte Ordnung charakterisiert eine Religion im Gegensatz zu einer Ideologie nicht. Der Buddhismus und der Taoismus, kommen ohne ihn aus. Auch die Hoffnung auf ein besseres Jenseits kann den Unterschied zwischen Religion und Ideologie nicht ausmachen. Die Jenseitshoffnung fehlt im Taoismus im Konfuzioniasmus und in den meisten der römischen und griechischen Glaubensbekenntnisse, und auch der Judaismus kennt die Verheißung ewigen Lebens nur für wenige Auserwählte. Hält man aber die Entwicklung von Riten und Kultformen für einen charakteristischen Unterschied zwischen Religion und Ideologie, so trifft auch dies nicht zu. Philosophische Lehren wie Stoa und Neuplatonismus oder die Freimaurer haben ebenfalls Riten und Kultformen entwickelt. Das gleiche gilt für moderne Ideologien wie Faschismus, Kommunismus und Nationalismus mit ihren Fahnen, Hymnen, Treueschwüren und Aufmärschen. Auch wäre in diesem Zusammenhang daran zu erinnern, daß die marxistisch orientierte Soziologie Religionen nicht als gesellschaftlich autonome Ideensysteme definiert, sondern als ideologische Instrumente zur Sicherung von Klasseninteressen.

Auch die These, daß eine Ideologie im Gegensatz zur Religion sich – wie irrtümlich auch immer – stets auf die Vernunft beruft, hält nicht stand. Die Rassentheorie des Nationalsozialismus beruhte auf Überzeugungen, für die die Nationalsozialisten die Vernunft nicht in Anspruch nahmen. Definiert man Ideologie als ein System von Ideen mit der Intention, die Welt zu erklären und zu verändern, so ist schwer zu sehen, warum Religion etwas fundamental anderes sein sollte als eine Ideologie.

Aber auch wenn man sich auf eine solche Erörterung nicht einlassen möchte, so bleibt doch noch eine zweite Frage. Die Kirche, die sich seit Mitte des 2. Jahrhunderts katholisch nannte, hat sich aus einer winzigen Sekte in dreieinhalb Jahrhunderten zur Staatsreligion des römischen Imperiums und anschließend zur Weltreligion entwickelt. Dieser Aufstieg ergab sich nicht zwingend aus der Substanz der Lehre. Die katholische Kirche konkurrierte mit Dutzenden von Sekten und Glaubensbewegungen, die sich genau wie sie zum Christentum bekannten.[1] Viele von ihnen unterschieden sich nur um Nuancen in der Auslegung der christlichen Botschaft von dem, was die Kirche verkündete. Einige dieser Glaubensbewegungen, wie die Gnostiker, hatten eine Zeit lang sogar mehr Anhänger als der Katholizismus.[2] Für die ganz überwiegende Mehrheit der Menschen konnten Differenzen in der Bibelauslegung unter den vielen christlichen Sekten nur untergeordnete Bedeutung haben. Ob man sich der einen oder der anderen dieser Glaubensgemeinschaften zuwandte, christlich waren sie alle. Die Frage, die hier interessiert, lautet also, wie sich die Kirche organisiert und welche Art von Politik sie betrieben hat, um gegenüber allen übrigen mit ihr konkurrierenden Sekten und Glaubensgemeinschaften die Oberhand zu behalten.

Dabei liegt es uns fern zu erörtern, warum sich der christliche Glaube im römischen Reich durchgesetzt hat. Hierüber sind ganze Bibliotheken geschrieben worden. Den Ehrgeiz, hier noch etwas hinzuzufügen, haben wir nicht. Auch wollen wir nicht versuchen, die Strategie der Kirche und der damit zusammenhängenden Organisationsformen detailliert darzustellen. Das würde den Rahmen dieser Überlegungen sprengen. Worauf es uns ankommt, ist lediglich, die Grundlinien ihrer Strategie nachzuzeichnen und das auch nur insoweit, als sie für eine Auswärtige Bewußtseinspolitik staatlicher Provenienz von Bedeutung sein könnte.

Eine Strategie, die schon deswegen von ungewöhnlicher Qualität gewesen sein muß, weil die Ausgangsposition ihres Aufstiegs so ungünstig war, daß sie ungünstiger kaum sein konnte. Von den Juden wurde die Kirche verfolgt, weil sie ihnen als häretisch galt und von der römischen Staatsmacht, weil sie die kultische Verehrung des Kaisers verweigerte und so die Legitimation seiner Herrschaft in Frage stellte. Im ersten und zweiten Jahrhundert drohte ihr ständig die Eliminierung sowohl durch die jüdische Theokratie als auch durch den römischen Staat. Zudem war die Legitimation der Kirche ganz und gar unzulänglich. Der Messias, auf den sie sich berief, hatte keinerlei schriftliche Zeugnisse hinterlassen. Was es über ihn gab, waren nur Berichte von Predigern, die ihm selbst nie begegnet waren und erst Jahrzehnte nach seinem Tod aufgeschrieben hatten, was sie über ihn gehört hatten.

Was diese Schriften enthielten, ließ kaum den Schluß zu, daß er überhaupt eine Kirche hatte begründen wollen. Auch konnte die Kirche die Behauptung nicht belegen, daß ihre Bischöfe und Päpste in einer ununterbrochenen Kette die Nachfolger von Petrus wären. Die Zeugnisse der christlichen Urgemeinde hierüber blieben im Dunkeln. Der Anspruch der Kirche, sie sei von Christus beauftragt, ihn auf Erden zu vertreten und seine Lehre zu verbreiten, hätte vor keinem ordentlichen Gericht Bestand gehabt.

Auch staatsrechtlich und was den Inhalt ihrer Verkündigung anbelangt, entwickelte sich die Kirche zu einem Gebilde voller Widersprüche. Einerseits lehrte sie, daß dem Kaiser zukommen sollte, was des Kaisers ist. Andererseits etablierte sie sich mit dem Wachsen ihres Einflusses als politische und ökonomische Macht. Einerseits verfügt sie über die Kriterien eines Staates wie Legislative, Exekutive und Judicative, unterhielt Gesandtschaften und schloß zwischenstaatliche Verträge ab, andererseits besaß sie Jahrhunderte lang kein eigenes Territorium und keine Streitkräfte und erfüllte somit wesentliche Kriterien eines Staates nicht. In der übrigen Zeit besaß sie zwar Souveränität im Kirchenstaat, der aber zu klein war, als daß sich politisches Gewicht hätte daraus ableiten lassen. Zudem war sie von Anfang an in eine Kette von Auseinandersetzungen mit zahlreichen Sekten wie den Docetisten, den Montanisten, den Gnostikern, den Arianern und anderen verwickelt, die ihre Existenz bedrohten. Die frühchristliche Kirche mußte sich also sowohl gegen den Staat als auch gegen die ehemaligen Glaubensgenossen als auch gegen Häresien verteidigen.

Obendrein war sie ständig gezwungen, in den Ländern, in denen sie auftrat, eine Balance zwischen rivalisierenden politischen Gruppierungen und Parteiungen zu halten. Sie war auf die Unterstützung der jeweiligen Machthaber angewiesen, schon um ihre Besitztümer und Privilegien zu schützen, mußte aber gleichzeitig doch so viel Abstand von ihnen halten, daß sie in ihren Untergang nicht hineingezogen wurde. Aber obwohl sie in der Auseinandersetzung mit dem römischen Imperium nicht zurückwich und durch die Verweigerung der kultischen Verehrung des Kaisers von Anfang an den Eindruck erweckte, als wollte sie ihren Messias und sich selbst als höchste Autorität im Staat etablieren, – ein Eindruck, der sich 800 Jahre später als richtig erwies – vollzog sie einen Aufstieg, der mit nichts anderem in der europäischen Geschichte zu vergleichen war. Wobei vor allem bemerkenswert ist, mit welcher Zielstrebigkeit sich die Kirche Schritt für Schritt Schlüsselstellungen in der Justiz, in der Verwaltung, in den Bildungsinstitutionen, im Sozialwesen und in der Wirtschaft des Römischen Reiches verschaffte.

Rekapitulieren wir hier noch einmal die Stationen dieses Aufstiegs:

Im 1.–3. Jahrhundert breitete sich die katholische Kirche zunächst gegen den Widerstand des Staates und der jüdischen Theokratie im gesamten Mittelmeerraum aus. 260 und 311 n.C. erkennen die Kaiser Gallienus und Galerius die Kirche als religiöse Institution an. 312 werden die beschlagnahmten Kirchengüter zurückerstattet. 313 wird der Klerus der Kirche von allen staatlichen Steuern und Dienstleistungen befreit. Ab 318 kann die Kirche auch in Zivilprozessen rechtsgültige Urteile fällen. Seit 320 wird die Kirche vom römischen Staat subventioniert. Seit 321 erhält die Kirche die Erlaubnis, Erbschaften anzunehmen. 325 wird das katholische Christentum Staatsreligion. 330 geht das gesamte Sozialwesen im römischen Reich einschließlich der Hospitäler, der Armenasyle und der Altersheime in die Verwaltung der Kirche über. Seit 395 können Abweichungen von der Lehre der Kirche mit dem Tod bestraft werden. Die Kirche erhält das Monopol der Religionsausübung. Seit 412 unterliegt der Klerus der Kirche nur noch der Gerichtsbarkeit der Bischöfe und nicht mehr des Staates. Seit 445 erhalten kirchliche Erlasse und Urteile in Rechtsfällen (Dekretalen) Gesetzeskraft. Ab Mitte des 5. Jahrhunderts steigt die Kirche durch staatliche Subventionen, durch ihren Einfluß auf Judikative und Legislative, durch Steuerbefreiungen und durch Zuwendungen und Vermächtnisse der Gläubigen zur größten Wirtschaftsmacht im römischen Reich auf. 529 wird die letzte von der Kirche unabhängige Akademie geschlossen. Die Kirche erlangt ein fast vollständiges Bildungsmonopol im römischen Reich. 751 schenkt der fränkische Hausmeier Pipin der Kirche Gebiete um Rom und in Mittelitalien, die zur Basis des Kirchenstaates werden. Um 1077 zwingt Papst Gregor der VII. Heinrich den IV. sich dem Machtanspruch der Kirche zu unterwerfen.

Die Kirche ist zu einer politischen und wirtschaftlichen Macht ersten Ranges geworden. Sie tritt den Herrschern in Europa teils als ebenbürtiger, teils als überlegener Verhandlungspartner oder Gegner gegenüber. Eine Position, die sie bis in die Neuzeit behauptete.

Das Erstaunlichste hieran ist, daß es ihr gelang, einmal errungene Privilegien und Schlüsselpositionen auszuweiten, obwohl zur gleichen Zeit das weströmische Reich zerfiel, in dessen Zentrum sich ihre Basis befand. Die Westgoten plünderten und besetzten Rom 410, die Ostgoten 455, die Byzantiner eroberten die Stadt um 550 und machten sie zur oströmischen Provinz. Darüber hinaus wurde die Kirche noch dadurch bedroht, daß die Ostgoten teils Heiden oder Arianer, also nach Auffassung der Kirche Ketzer waren, genauso wie die Westgoten und die Byzantiner. Sie hatte es also mit den Eroberern ihrer Diözesen nicht nur mit Kriegsgegnern, sondern auch mit Glaubensfeinden zu tun. Ungeachtet dessen ging die Kirche durch diese Besetzungen, Plünderungen und Landnahmen hindurch, als ob sie sie nicht berührte. So hoch die Fluten auch stiegen, die Kirche schwebte immer wie ein Korken auf den Wogenkämmen.

Was zu der Frage zurückführt, welcher Strategien sich die Kirche bedient hat.

Eine davon war, daß die Kirche sich schon seit Mitte des 1. Jahrhunderts nicht auf eine Nation oder Glaubensgemeinschaft beschränkte. Paulus setzte gegen den Widerstand vieler Gemeindemitglieder durch, daß man sich als Christ nicht zum Judentum bekennen mußte. Ein katholischer Christ mußte sich seit Paulus nicht mehr beschneiden lassen, und die jüdischen Speise- und Sabbatregelungen brauchte er nicht mehr einzuhalten. Das hatte weitreichende Konsequenzen. Durch die Aufgabe der Bindung an eine bestimmte Bevölkerungsgruppe und Kultgemeinschaft wandelte sich das frühe katholische Christentum von einer lokalen jüdischen Sekte zu einer Religion, die Anspruch auf Universalität erheben konnte.

Eine zweite Strategie der Kirche war, daß sie ihre Lehre offen legte und Gegenargumenten nicht auswich. Selbstverständlich war das nicht. Die mit dem Christentum konkurrierenden Mysterienreligionen, die im

1. und 2. Jahrhundert im römischen Reich vorherrschten, wie der Dyonysoskult, der Mitraskult, der Atiskult und der Isiskult, hielten die Essenz ihrer Lehre geheim.[3] Wollte man einer dieser Religionsgemeinschaften beitreten, mußte man sich zunächst, wenn man denn zugelassen wurde, einer Reihe von Reinigungsriten unterziehen. Erst wenn man alle Prüfungen bestanden hatte, wurde man in die eigentliche Lehre eingeweiht. Eine Möglichkeit, sie zu interpretieren oder zu analysieren, gab es nicht. Man mußte sie hinnehmen wie sie war. Auch verfügten die Mysterienreligionen im Gegensatz zum Christentum über keine fest umrissene Offenbarung. Der Inhalt ihrer Lehre war fließend und von den jeweiligen Anschauungen der Priester geprägt.[4]

Die christlichen Prediger hingegen beriefen sich auf die biblischen Schriften, die für jedermann zugänglich und nicht veränderlich waren. Was bedeutete, daß sie fähig sein mußten, sie schlüssig zu interpretieren und sich Widerspruch zu stellen. Wie im Judentum wurde hierdurch die Analyse und Interpretation von Texten und damit der Intellekt zu einem bestimmenden Element des Kultus. Ähnliches gab es im 1. und 2. Jahrhundert nur bei den philosophischen Sekten wie den Neuplatonikern, den Stoikern und den Pythagoräern.[5] Aber die waren zu abstrakt, konnten und wollten mit Wundern und Weihen nicht dienen, sodaß sie keine Aussicht hatten, sich bei den Massen durchzusetzen. Weil die Kirche den Gebrauch des Verstandes zu einem wesentlichen Element ihres Kultus machte, erfüllte sie eine erste Voraussetzung, einmal die geistige Klammer eines Imperiums zu bilden.

Eine weitere Strategie der Kirche war, sich nicht mit den Interessen und Ansprüchen von Völkern oder bestimmten sozialen Schichten zu identifizieren. Sie hielt ihre Lehre für jedermann attraktiv. Die leidenden Massen sprach die Lehre der Kirche an, weil sie sich in der Gestalt des gekreuzigten Christus wiedererkannten, der einer der ihren war. Zudem implizierte die Lehre von der Gleichheit aller Menschen vor Gott, daß der Zustand der Armut und der Unfreiheit, in dem sie sich befanden, nicht unumstößlich war. Die Oberschicht hingegen konnte die hierarische und patriarchalische Ordnung einer Kirche akzeptieren, die die etablierten Macht- und Besitzverhältnisse nicht in Frage stellte.

Zu den Voraussetzungen des politischen Aufstiegs der Kirche gehörte auch, daß sie für die Gebildeten akzeptabel wurde. Ihre Lehre durfte keinen Rückschritt gegenüber dem Erkenntnisstand der Epoche bedeuten. Diese Bedingung hat die Kirche unter dem Einfluß rabbinischer Tradition bereits im 1. Jahrhundert durch eine Hinwendung zur Kultur des

Hellenismus erfüllt. Sie hat unter anderem platonische und plotinische Ideen und ethische Vorstellungen der Stoa und des Epikuräismus in ihre Dogmatik aufgenommen.[6] Eine weitere Strategie der Kirche war, daß sie die Substanz ihrer Lehre nicht zum Verhandlungsgegenstand machte. Der Klerus der Kirche war sich bewußt, daß ihre Lehre weder unbestimmt noch veränderlich sein durfte. Ihre Bischöfe haben die Glaubensartikel, die das Fundament des Katholizismus bilden, schon sehr früh, nämlich 325, auf dem Konzil von Nikea formuliert. Danach ist:

- Gott eine Person in drei Erscheinungsformen,
- Christus am Kreuz gestorben und wieder auferstanden,
- nicht erschaffen, sondern ewig und unmittelbar von Gott empfangen,
- kehrt er am jüngsten Tag zurück, um Gericht zu halten,
- ist die katholische Kirche von Gott beauftragt, das Christentum zu verkünden,
- ist die Taufe die Voraussetzung für die Erlösung.

Von diesen Glaubensartikeln ist die Kirche in den folgenden 1700 Jahren ihrer Geschichte um keinen Schritt abgewichen. Was nicht bedeutet, daß die Kirche in der Tagespolitik unflexibel war. Dort verhielt sie sich taktisch. Aber bei der Verfolgung langfristiger Ziele hatte sie einen langen Atem und eine Planung, die nicht taktischer, sondern strategischer Natur war. Schon weil sie weder bei der Missionierung, noch bei Ordensgründungen, noch bei der Übernahme von Bildungsinstitutionen mit raschen Resultaten rechnen konnte.

Und schließlich mußte die Kirche, vorausgesetzt, sie wollte sich im Staat und in der Politik behaupten, über genügend Kleriker verfügen, die überdurchschnittlich qualifiziert waren. Konstantin hätte der Kirche schwerlich einen großen Teil der staatlichen Verwaltung und das Bildungs- und Sozialwesen des Römischen Reiches anvertraut, wenn die Kirche nicht auf Priester hätte zurückgreifen können, die einer solchen Aufgabe gewachsen waren.

Was wiederum zu der Frage führt, welche Strategien die Kirche angewandt hat, um genügend qualifizierte Kleriker zu finden. In ihren Anfängen konnte sie noch keine Selektion ihrer Priester vornehmen, weil es sie als Institution noch nicht gab. Es gab zunächst nur Prediger, die da und dort christliche Missionsarbeit verrichteten. Einfache Leute ohne Vorbildung, von denen wir nicht einmal sicher wissen, ob sie lesen und schreiben konnten. Aber das konnte nicht so bleiben, wenn die christliche Gemeinde nicht auf dem Stand einer winzigen jüdischen Sekte verharren sollte.

Wollten die christlichen Prediger ihren Auftrag erfüllen, ihre Lehre im gesamten römischen Imperium zu verbreiten, mußten sie mehrere Sprachen beherrschen. Ein christlicher Missionar sprach Aramäisch als seine Muttersprache, wenn er aus Palästina oder Syrien stammte, was in den ersten zwei Jahrhunderten die Regel war. Für das Studium des Alten Testaments benötigte er Hebräisch.[7] Für die Missionierung mußte er Griechisch als die lingua franca des römischen Imperiums so perfekt handhaben, daß er in dieser Sprache predigen und debattieren konnte.[8] Das gleiche galt für das Lateinische, wenn er in Italien missionierte. Zu diesen Sprachen gehörten vier verschiedene Schriftformen, von denen er mindestens drei erlernen mußte.

Gemeinsam war diesen Predigern, daß sie alle, jedenfalls zu anfangs, Juden waren, und sich zunächst auch nur an die jüdischen Gemeinden wandten. Weil sie vom jüdischen Glauben abwichen und somit für die Juden als Häretiker galten, bedeutete das, daß sie gegen die geschlossenste und ausgefeilteste Theologie ihrer Zeit in die Schranken traten.

Um zu verdeutlichen, was für eine gewaltige Herausforderung das war, vergegenwärtigen wir uns, auf welchem Stand sich die jüdische Theologie damals befand. Die jüdische Theologie hatte seit Jahrhunderten drei Grundlagen:

Die Kenntnis der biblischen Texte und der damit verbundenen mündlichen Überlieferung,
die Bibelauslegung
und die Disputation.

Die Bibelinterpretation bildete das Herz der jüdischen Liturgie. Die fünf Bücher der Thora wurden in den Synagogen jedes Jahr erneut vollständig vorgelesen und interpretiert. Aber nicht nur das. Die rituellen Vorschriften der Bibel bestimmten das gesamte Leben des jüdischen Volkes. Von der Beschneidung über die Sabbatruhe bis hin zu den Geboten über koschere Speisen. Diese Vorschriften paßten die Rabbinate ständig den sich wandelnden Zeitumständen an, ohne daß sie sie in ihrer Substanz verändern durften. Voraussetzung hierfür war eine kritische und zugleich kreative Analyse der Texte. Auch die jüdische Rechtssprechung beruhte auf den Gesetzen und Regeln der Bibel. Zur Begründung ihrer Entscheidungen zogen die Gerichte Schriftgelehrte heran, die für Zivil- oder Strafprozesse relevante Bibelpassagen interpretierten.[9] Und schließlich war die Bibelexegese eine Quelle der Macht in Palästina. Palästina und die angrenzenden jüdisch besiedelten Gebiete bildeten eine Theokratie, die auch in Zeiten ptolemäischer, seleukidischer und römischer Hegemonie erhalten blieb. Die Herrschaft lag in den Händen einer wohlhabenden erblichen Priesterschaft, die ihre Legitimation aus der Bibel und deren Auslegung ableitete.[10]

Der Glaube an eine in den biblischen Texten enthaltene göttliche Offenbarung war zwar die Grundlage der jüdischen Religion. Aber die Grundlage des jüdischen Alltags und der jüdischen Politik war die Textinterpretation, und die war Sache der Logik. Bei keinem anderen Volk im Mittelmeerraum stand die theologische Disputation und damit der Gebrauch und die Schulung des Intellekts so sehr im Mittelpunkt des Daseins wie im Judentum. Auch deshalb, weil es keine allgemein verbindliche Auslegung der Bibel gab. Man kannte keine Orthodoxie.[11] Statt dessen gab es mehrere miteinander konkurrierende Textinterpretationen. In sechs Jahrhunderten jüdischer Geschichte hatten sich mehrere Schulen der Bibelauslegung gebildet, die die biblischen Texte wörtlich oder allegorisch oder unter ethischen Gesichtspunkten oder nach den Regeln der Analogiebildung interpretieren. Unter diesen vier theologischen Schulen fand eine permanente Kontroverse über die angemessene Form der Bibelauslegung statt, die mit den Mitteln der Rhetorik, der Logik und der sprachlichen Analyse geführt wurde. Die Bibelexegese war im Judentum zur Wissenschaft geworden. Dabei akzeptierten die Rabbis nicht nur die verschiedenen Ausgangspositionen der Bibelauslegung. Sie entwickelten allgemein gültige Regeln der Textinterpretation. Dem pharisäischen Rabbiner Hillel, der im 1. Jahrhundert a.Chr. lehrte, werden sieben Normen der Bibelexegese zugeschrieben. Sie folgten den Gesetzen der Logik und enthielten Anleitungen zur Bibelinterpretation, wie etwa ähnliche Bibelaussagen aufeinander zu beziehen oder Singuläres aus Generellem zu erklären oder den Kontext zu berücksichtigen.[12] Diese Anleitungen zur Bibelauslegung wurden dann Ende des 1. Jahrhunderts n.C. auf 13 Regeln und um 150 n.C. auf 32 Regeln erweitert.[13] Sie galten bis ins Mittelalter hinein.

Weil die Theologie im Judentum eine den Gang des öffentlichen Lebens bestimmende Funktion hatte, waren auch die Rabbiner hoch angesehen. Zum Rabbi wurde nur ordiniert, wer ein Bibelstudium von mehreren Jahren und fundierte Kenntnisse der theologischen und biblischen Texte nachweisen konnte.[14] Die religiöse Erziehung im Judentum lag in den Händen von Rabbis, die an den Katechetenschulen der Synagogen unterrichteten. Die Rabbis waren die spirituellen und oft auch die politischen Führer der jüdischen Gemeinden.[15]

Nach der Eroberung Palästinas durch Alexander den Großen und seit der Übersetzung der Bibel ins Griechische im 3. Jahrhundert erweiterten sie den wissenschaftlichen Ansatz der jüdischen Theologie. Sie machten die Erkenntnisse der griechischen Philosophie zu einer der Grundlagen der Bibelexegese. Wie weit der Einfluß des Hellenismus und der griechischen Philosophie auf die jüdische Theologie der Zeitwende reichte, zeigt das Werk von Judäus Philo. Judäus Philo war zur Lebenszeit von Christus der herausragendste der jüdischen Schriftgelehrten, die die Kultur und die Philosophie des Hellenismus in die Welt des Judentums einführten. Sein Werk spiegelte das gesamte Spektrum der griechischen Philosophie von Platon über Aristoteles bis zu den Pythagoräern und der Stoa. In der Technik der Argumentation und der Exegese verwendete er die dialektischen Verfahren Platons.[16] Ebenfalls unter dem Einfluß von Platon macht er sich einen Zentralbegriff der griechischen Philosophie zu eigen und setzte das Bild Gottes dem Logos, der Vernunft, gleich. Auch im weltlichen Bildungssystem des Judentums und in der jüdischen Diaspora vollzog sich im 1. Jahrhundert vor Christus eine Hinwendung zur Kultur des Hellenismus. Die Unterrichtssprache an den Gymnasien wurde griechisch. Der Schwerpunkt der Ausbildung lag auf der Vermittlung von Philosophie, Rhetorik, Grammatik und Logik.

Halten wir an dieser Stelle inne und vergegenwärtigen wir uns noch einmal die Herausforderung, der sich die ersten christlichen Missionare gegenüber sahen, die im Umfeld der Synagogen missionierten. Sie waren gezwungen, sich nicht nur mit einer hochentwickelten Kunst der Bibelexegese, sondern auch mit einer theologischen Wissenschaft auseinanderzusetzen, die sich voll auf der Bildungshöhe der Zeit befand. Der Abstand zwischen ihnen, die nicht viel mehr als ihren Enthusiasmus vorweisen konnten und einem jüdischen Schriftgelehrten dürfte, was Bildung und geschulten Intellekt anbetrifft, zunächst gewaltig gewesen sein. Aber das änderte sich. Der Wandel wurde schon bei Paulus sichtbar, der von Kindheit an griechisch sprach und schrieb, weltliche und religiöse Schulen besucht und eine Ausbildung zum Rabbiner absolviert hatte. In seinen Schriften zeigt sich das an der Verwendung rabbinischer Verfahren der Bibelexegese, an seiner Beherrschung rhetorischer Techniken und an der Übernahme von Ideen und Begriffen der griechischen Philosophie. Seine Vorstellungen vom Dualismus von Leib und Seele beruhten auf der stoischen und platonischen Philosophie, bei der Deutung der Mittlerstellung von Jesus gegenüber Gott bediente er sich platonischer Ideen.[17] Auch verwandte er Termini der griechischen Philosophie wie Pneuma, Psyche und Synesis, die später zu zentralen Begriffen der christlichen Theologie wurden.[18] Paulus hat sich in seinen Briefen zwar von der griechischen Philosophie distanziert, aber für die Entwicklung einer christlichen Theologie brauchte er sie doch.[19]

Daß man auf Bildung nicht verzichten konnte, wenn man sich gegenüber dem Judentum behaupten wollte, war eine Einsicht, die sich in der entstehenden katholischen Kirche bereits Anfang des Zweiten Jahrhunderts durchsetzte. Sie führte zur Gründung von ersten christlichen Akademien und Katechetenschulen in Alexandria und Antiochia.[20] Die Lehrpläne dieser Akademien und Katechetenschulen waren den Lehrplänen der griechischen Akademien nachgebildet, sahen aber darüber hinaus noch die Vermittlung von Bibelkenntnissen, der Methodik der Exegese und der mündlichen christlichen Überlieferung vor. Von diesen Akademien und Katechetschulen aus nahm die wissenschaftlich betriebene katholische Theologie ihren Anfang. Zum ersten Leiter der Schule von Alexandria wurde Pantaenus berufen, der vor seiner Bekehrung zum Christen Lehrer der Philosophie und Anhänger der Stoa gewesen war. Ihm folgten Clemens von Alexandria und Origines, die beide die Erkenntnisse der griechischen Philosophie mit der christlichen Lehre in Einklang zu bringen suchten.[21] Das gleiche galt für die Kirchenlehrer Justin, Aristides und Athenagoras, die alle im 2. Jahrhundert lehrten. Die Verbindung von Christentum und griechischer Philosophie zeigt zu Beginn der zweiten Jahrhunderts das Johannesevangelium, das Christus die Inkarnation des logos nennt. Die Lehre, daß Gott und logos identisch sind, wird dann von der katholischen Theologie weiterentwickelt und im Konzil von Nikäa als Teil des Trinitätsdogmas verkündet. Ein Grundbegriff der griechischen Philosophie von Heraklit über Zeno bis hin zu Platon wurde damit zu einem Bestandteil der christlichen Lehre.

Darüber hinaus entwickelte die Kirche eine eigene Rechtswissenschaft. Im 2. Jahrhundert waren Angehörige christlicher Gemeinden dazu übergegangen, ihre Streitigkeiten in Zivilsachen nicht mehr von der römischen Gerichtsbarkeit, sondern von ihrem Bischof entscheiden zu lassen. Auf die Weise bildete sich allmählich eine kirchliche schiedsrichterliche Rechtssprechung heraus, die ab dem 4. Jahrhundert auch für den Staat verbindlich wurde. Hierfür entwickelte der katholische Klerus eine Normensammlung, die die Organisation der Kirche, ihre Beziehungen zu anderen Institutionen und eine Disziplinarordnung zum Gegenstand hatte. Diese zunächst verstreuten Regelungen bildeten mit der Zeit das kanonische Recht, dessen Handhabung den Bischöfen und später auch der römischen Kurie oblag. So wie die Rabbiner, mußten sehr bald auch die katholischen Kleriker – zumindest die in Schlüsselpositionen – juristisch geschult sein.

Ab Mitte des zweiten Jahrhunderts war die Seelsorge der Kirche ein Beruf geworden. Die christlichen Gemeinden hatten zu dieser Zeit genügend Vermögen angesammelt, um ihre Priester zu besolden. Zuvor waren sie lediglich ehrenamtlich tätig gewesen. Seitdem konnte sich die Kirche zunehmend erlauben, wählerisch vorzugehen, weil sie immer verlockendere Möglichkeiten des beruflichen Aufstieges anbieten konnte. Und das für jedermann. Die Kirche setzte keinerlei Standesschranken für die Ordination. Jeder freigeborene Christ im römischen Imperium konnte, wenn er hierfür geeignet war, katholischer Priester werden.[22] Was den Beruf des katholischen Priesters besonders attraktiv machte, war die Aussicht, zum Bischof aufzusteigen. Ein Bischof besaß schon im dritten Jahrhundert eine Machtposition, wie es sie im Römischen Imperium nur ganz wenige gab. Er war in vieler Hinsicht Herr seines Bistums. Er hatte dort nicht nur eine schiedsrichterliche Funktion in Rechtsstreitigkeiten. Er war auch der oberste Sittenwächter und konnte einen Gläubigen exkommunizieren, wenn er in seiner Lebensführung gegen die Grundsätze der christlichen Lehre verstieß. Eine Exkommunikation bedeutete in der Regel die Zerstörung der wirtschaftlichen Existenz und oft auch die Verbannung aus der Gemeinde. Die Macht eines Bischofs war auch deswegen außerordentlich, weil es gegen seine Entscheidungen keine Revisionsmöglichkeit gab.[23] Der Bischof hatte darüber hinaus die uneingeschränkte Jurisdiktion über den Klerus seines Bistums.[24] Über die Verwendung der durch Erbschaften, Dotationen und Kollekten immer reichlicher der Kirche zufließenden Finanzmittel schuldete er niemandem Rechenschaft.[25] Es lag in seinem Ermessen, wieviel er davon für die Armenfürsorge, für den Unterhalt des Klerus und für sich selbst verwandte. Wobei ein auch zu Repräsentationszwecken hoher privater Aufwand für die Bischöfe selbstverständlich wurde. Bereits im vierten Jahrhundert entsprach das offizielle Einkommen eines Bischofs in einem städtischen Bistum dem eines römischen Provinzgouverneurs.[26] Ab dem fünften Jahrhundert wurde es zur Regel, daß einem Bischof eine Viertel der gesamten Einkünfte seiner Gemeinde zustand.[27] Das Ansehen eines Bischofs spiegelt eine Kirchenordnung aus dem dritten Jahrhundert, die einen Bischof Abbild Gottes, König und Herrn über Leben und Tod nennt. In seiner Anwesenheit mußten sich die Gläubigen seit dem dritten Jahrhundert erheben und im vierten Jahrhundert kamen noch der Handkuß und der Fußfall hinzu. In manchen Gegenden wurden sogar als Zeichen der Macht Rutenbündel vor dem Bischof hergetragen.[28]

Das Rekrutierungspotential der Kirche und die damit verbundenen Möglichkeiten der Selektion waren angesichts solcher beruflichen Perspektiven außerordentlich. Und natürlich machte die Kirche hiervon Gebrauch. Die Auswahl der zukünftigen Kleriker fand in den Katechetenschulen und Akademien statt. Und durch die Gemeinden, die sie beriefen. Eine Auswahl, die rigide war, weil es viele Kandidaten gab. Eine weitere Selektion von Priestern, die Schlüsselpositionen übernehmen sollten, erfolgte auf den Konzilien. Die Kirche mußte sich ständig mit voneinander abweichenden Glaubensrichtungen und Glaubensinterpretationen auseinandersetzen. Welche davon von der Kirche akzeptiert wurde, entschieden die Konzilien. Ein Bischof, der sich für eine Glaubensrichtung eingesetzt hatte, die vom Konzil verworfen wurde, wurde zum Häretiker. Er verlor seine Ämter und mußte seit dem 4. Jahrhundert – wie im Fall des Bischofs Cadalus von Parma und des späteren Honorius des II. – auch mit seiner Verbannung rechnen.[29] Das gleiche Schicksal traf alle Priester, die ihm gefolgt waren. Die Entscheidung darüber, welche Glaubensrichtung in der Kirche gelten sollte, erfolgte im Rahmen von theologischen Disputationen auf den Konzilien und in deren Umfeld. In diesen Auseinandersetzungen traten dann jüngere Kleriker hervor, die sich durch eine besonders eloquente und stringente Argumentation auszeichneten. Es lag im Interesse aller Bischöfe, solche Priester an sich zu ziehen und ihnen eine Karriere zu eröffnen. Das in den Predigten katholischer Theologen häufig wiederkehrende Lob der Einfalt galt für sie selber nur bedingt.

Eine weitere Strategie der Kirche, die Qualifikation ihrer Priester zu sichern, bestand in der Einrichtung des Zölibats. Seit dem dritten Jahrhundert durften Bischöfe nicht mehr heiraten. Seit dem sechsten Jahrhundert galt das für alle Priester. Diese Regelung hat bewirkt, obwohl es hiervon auch Ausnahmen gab, daß die Kirche nicht zu einem Familienunternehmen wurde, in dem Verwandte von Klerikern Stellungen übernehmen konnten, denen sie nicht gewachsen waren. Das gleiche galt für das Verbot des Ämterkaufs, das ebenfalls dazu diente, die Ordination ungeeigneter Priester zu verhindern. Und ebenfalls zur Sicherung der Selektion ihrer Priester sorgte die Kirche dafür, daß der Staat – jedenfalls in der Regel – keine Kleriker ernennen konnte.

Natürlich beruhten diese Entscheidungen nicht nur auf utilitaristischen Erwägungen. Sie hatten auch etwas mit der Substanz des Glaubens zu tun. Aber das ändert nichts daran, daß sie auch Grundlage einer Strategie waren.

Schon immer war die Kirche darauf bedacht gewesen, ihre Priester sorgfältig auszuwählen. Das war auch notwendig. Sie hätte sich schwerlich über längere Zeit behaupten können, wenn sie Mittelmaß in ihren Schlüsselpositionen geduldet hätte. Daß sie das nicht getan hat, ist einer der Gründe dafür, daß sie in ihrer Politik erfolgreicher war als alle, die ihr gegenübertraten. So erfolgreich, daß sie sämtliche Konkurrenten überdauert hat.

Weil das so ist, spricht vieles dafür, daß die Kirche im dritten und vierten Jahrhundert das Grundmuster einer politischen Strategie entwikkelt hat, die wir Ideenpolitik oder Kulturpolitik oder Bewußtseinspolitik nennen können. Eine Strategie, die nicht auf militärischer und zunächst auch nicht auf wirtschaftlicher Macht beruhte, sondern auf der Handhabung von Meinungen, Thesen, Verkündigungen, Überzeugungen, kurzum auf Ideen.

Wenn wir bedenken, wie außerordentlich erfolgreich diese Politik war und immer noch ist, so liegt die Frage nahe, ob die Strategie der Kirche nicht auch einer Auswärtigen Kulturpolitik von Staats wegen als Vorbild dienen könnte und ob die Strategie der Kirche nicht schon immer so viel innere Logik für sich hatte, daß für jede Form Auswärtiger Kultur- oder Bewußtseinspolitik kaum eine andere Strategie denkbar ist als die, die die Kirche angewandt hat und anwendet. Nicht gerade, was das Zölibat anbelangt, aber ansonsten schon.

Rekapitulieren wir noch einmal das Grundmuster ihrer Strategie:

Die Kirche hat ihre Lehre so gestaltetet, daß sie an kein Land gebunden ist, universal gelten kann, für jedermann offen steht und akzeptabel ist für alle gesellschaftlichen Schichten. Die Substanz der Lehre stellt sie nicht zur Disposition, auch nicht für politische oder wirtschaftliche Konzessionen. Sie plant langfristig, fördert die Disputation und vertritt jedenfalls in ihrer Lehre keine gesellschaftlichen oder nationalen Partikularinteressen. Gegenüber dem Staat beharrt sie auf einer weitgehenden

Autonomie. Sie ist anspruchsvoll in der Vergabe von Schlüsselpositionen und stellt hohe Anforderungen an Bildung und Intelligenz ihrer Kleriker.

Vom Potential auswärtiger Bewußtseinspolitik

Wenn wir von den Möglichkeiten Auswärtiger Bewußtseinspolitik sprechen, welche Ziele kann sie haben?

Denkbar sind drei:

- Sie kann eine Ideologie verbreiten.
- Sie kann tagespolitische Interessen fördern.
- Sie kann Formen und Ansätze des Denkens beeinflussen.

Ideologien verbreitet eine Regierung am wirksamsten, wenn ihr denn hieran liegt, an Schulen und Universitäten und durch die Medien. Tagespolitische Ziele erreicht sie am günstigsten mit Hilfe der Medien. Denkansätze und Denkformen kann sie am ehesten durch die sogenannte Auswärtige Kulturpolitik beeinflussen, deren Hauptträger Kulturinstitute sind. Als Beleg für die Wirksamkeit von Auswärtiger Bewußtseinspolitik haben wir bereits die Politik der Alliierten im 1. Weltkrieg angeführt. Ein weiterer Beleg hierfür ist die brillant organisierte Auslandspropaganda Israels seit Anfang der fünfziger Jahre. Obwohl die Rechtsansprüche Israels in Palästina, vorsichtig gesagt, zweifelhaft sind, gelang es Israel, die öffentliche Meinung, vor allem in Amerika 50 Jahre hindurch zu seinen Gunsten zu beeinflussen. Ein Resultat, das nicht zuletzt auf die Tätigkeit zahlreicher jüdischer Interessenverbände in Amerika zurückzuführen ist. Unter ihnen das American Jewish Committee, der Jewish Congress, die Zionist Organisation of America, die Jewish Agency of Israel, die Jewish National Foundation und der United Jewish Appeal. Als prominenteste das American Israel Public Affairs Committee, das 55.000 fördernde Mitglieder hat, über einen Jahresetat von 15 Millionen Dollar verfügt und 110 feste Mitarbeiter und Einflußagenten beschäftigt. Die eine Hälfte in Washington, die andere Hälfte über Amerika verteilt.[1]

Genau so wie die englischen Propagandisten im ersten Weltkrieg unterhält die jüdische Lobby in Amerika eine Öffentlichkeitskampagne, die sich vornehmlich an den Kongreß, an die Regierung aber auch an Bürger mit Einfluß richtet. Das America Israel Public Affairs Committee gab zwischen 1964 und 1980 eine Publikation unter dem Titel „Mythen und Fakten“ heraus, die sich für die israelischen Interessen einsetzte und in

750.000 Exemplaren verbreitet wurde. Seit 1970 publiziert das Komitee ein Magazin unter dem Titel „Nahostreport“ in einer Auflage von 30.000 Exemplaren, das es vor allem an Senatoren und Kongreßabgeordnete und an meinungsbildende Personen versendet. Ein weiterer Interessenverband, das jüdische Institut für nationale Sicherheitsfragen, wurde 1973 gegründet, um die amerikanische Armeeführung von der Notwendigkeit zu überzeugen, sich aus strategischen Gründen mit Israel zu verbinden.[2]

Zu den Strategien der Lobbyisten für die Interessen Israels gehört:

- Die permanente Unterhaltung eines Stromes von Leserbriefen zugunsten der israelischen Politik, der auch die kleinste amerikanische Provinzzeitung erreicht.
- Die fast täglichen Veranstaltungen von Diskussionen mit israelfreundlichen Politikern im amerikanischen Fernsehen.
- Die stetige Lancierung von israelfreundlichen Kommentaren und Meldungen in der amerikanischen Presse. Wobei besonders wirksam ist, daß Sympathisanten und Lobbyisten der israelischen Politik Besitzanteile an amerikanischen Medien erworben haben und dadurch deren Berichterstattung und Kommentare beeinflussen. Und auch dort, wo das nicht der Fall ist, über die Vergabe von Inseraten Werbeanzeigen oder durch Boykottaufrufe, wie es gegenüber der Washington Post geschehen ist, ihren Einfluß zu Gunsten Israels geltend machen.

Generell läßt sich sagen, daß die israelische Public Relations Arbeit brillant geplant und koordiniert wird. Natürlich hat die israelische Regierung die Strategie ihrer Auslandspropaganda nie zum Gegenstand der öffentlichen Aufmerksamkeit gemacht. Nur gelegentlich wird ein Zipfel davon sichtbar, für wie entscheidend die israelische Regierung ihre Auswärtige Bewußtseinspolitik hält. Etwa, wenn der israelische Außenminister Gideon Meyer sagte, daß die israelische Auslandspropaganda über Sieg oder Niederlage im Palästinakonflikt entscheidet oder wenn das israelische Außenministerium beim Einmarsch israelischer Truppen in die palästinensischen Autonomiegebiete verfügt, daß alle Konsulate und Botschaften auch während der Feiertage geöffnet bleiben müssen, um Israel propagandistisch zu unterstützen.[3]

Erfolgreich ist die Auswärtige Bewußtseinspolitik Israels allemal gewesen. Sie hat dem Land Subventionszahlungen Amerikas eingebracht – um nur davon zu reden – die ein Vielfaches von dem betrugen, was Israel und die jüdischen Lobbyisten hierfür aufgewandt haben. Ohne die Unterstützung der amerikanischen Öffentlichkeit – das Resultat der Bewußtseinspolitik zu Gunsten Israels – wären solche Zahlungen nicht möglich gewesen. Sie betrugen von 1948 – 2004 rund 85 Milliarden Dollar und ab 2002 3.6 Milliarden Dollar pro Jahr.[4] Schon zwischen 1978 und 1982 empfing Israel 48 Prozent aller amerikanischen Militärhilfe und 35 Prozent aller amerikanischen Wirtschaftshilfe weltweit.[5] Hinzu kommen zur Zeit ein bis zwei Milliarden Dollar jährlich an Subventionen für Israel, die durch Steuernachlässe oder amerikanische Stiftungen finanziert werden. Schon 1982 hatte das General Accounting Office Amerikas den Kongreß darüber informiert, daß die Zahlungen an Israel um 60 Prozent höher liegen als in den offiziellen Zahlen angegeben.[6] Hinzu kommen seit 1980 Subventionen für Ägypten in Höhe von bisher über 55 Milliarden US-Dollar, die vor allem Amerika aufgebracht hat. Und seit 2002 weitere 450 Millionen US-Dollar amerikanische Subventionen für Jordanien.[7] Subventionen, die die USA auch deswegen gewähren, damit diese Länder sich aus dem Palästinakonflikt heraushalten. Die Öffentlichkeitsarbeit Israels ist um so beeindruckender, wenn man sie mit der Öffentlichkeitsarbeit der Palästinenser und der arabischen Staaten und des Iran vergleicht. Die arabischen Staaten haben die Palästinenser zwar mit Waffenlieferungen unterstützt, aber die haben wenig bewirkt. Keine der arabischen Regierungen, die sich für die Sache der Palästinenser einsetzten, ist in den 40 Jahren seit dem Ausbruch des Palästinakonfliktes auf den Gedanken verfallen, wenigstens einen Teil der für Waffenlieferungen aufgewandten Beträge für die Beeinflussung der amerikanischen Öffentlichkeit zu verwenden. Es hätte keines besonderen Aufwandes bedurft, um wenigstens einen Rundfunksender, einen Fernsehsender oder eine Zeitung in Amerika entweder direkt oder über Mittelsmänner zu kaufen und so dafür zu sorgen, daß auch die Sache der Palästinenser Gehör fand. Und das, obwohl sich die Politiker in Palästina und den mit Palästina verbündeten Staaten darüber im Klaren sein mußten, daß der Konflikt mit Israel in Amerika entschieden wird. Eine Unterlassung, die sowohl den Palästinensern als auch ihren Verbündeten teuer zu stehen gekommen ist.

Auf einem anderen Feld haben arabische, vor allem in Saudi Arabien lebende, Wahabiten allerdings eine sehr effiziente auswärtige Bewußtseinspolitik betrieben. Sie haben seit den sechziger Jahren Koranschulen in Afghanistan und in Pakistan finanziell unterstützt und dafür gesorgt, daß dort die von ihnen vertretene militante Glaubensrichtung verbreitet wurde. Aus diesen Schulen gingen dann die Taliban hervor, die zur Kerntruppe eines weltweiten Guerillakrieges wurden. Wer den sehr bescheidenen Zuschnitt des Salärs von Koranlehrern in diesen Ländern kennt, weiß, daß diese Zuwendungen nicht hoch waren. Wirksam waren sie jedoch allemal. Es ist schwer zu verstehen, warum die amerikanischen Regierungen, die mit Subventionen vor allem im Nahen Osten nicht sparen, nicht ebenfalls versucht haben, die in Koranschulen verbreiteten Lehren zu beeinflussen. Eine auswärtige Bewußtseinspolitik gegenüber dem Islam haben sie nie zu Wege gebracht. Allerdings wäre eine erste Voraussetzung hierfür, daß man eine Art Thinktank einrichtet, dessen Mitglieder kompetent genug sind, Glaubensströmungen im Islam zu analysieren und Möglichkeiten vorzuschlagen, sie zu beeinflussen. Daß eine solche Bewußtseinspolitik nicht zu Stande gekommen ist und weiterhin nicht zu Stande kommt, ist sicherlich eine Kardinalschwäche nicht nur der amerikanischen, sondern der Politik des Westens überhaupt.

Von der Auswärtigen Kulturpolitik der Bundesrepublik

Von den Möglichkeiten der Propaganda und der Indoktrination hat die Bundesrepublik bisher kaum Gebrauch gemacht. Es sind unbestellte Felder geblieben. Mit gutem Grund. Die Bundesrepublik ist eine Macht mittlerer Größe, in einem militärischen Konflikt ist sie nicht verwickelt und eine global operierende Außenpolitik betreibt sie nicht. Die Europäische Union als eine werdende Großmacht wird sich später einmal anders verhalten müssen. Damit kommen wir zu der Form auswärtiger Bewußtseinspolitik, wie sie die Bundesrepublik betreibt, zur sogenannten Auswärtigen Kulturpolitik. Im Dezember 2003 veröffentlichte der wissenschaftliche Dienst des Bundestages eine Darstellung ihrer Strukturen und Ziele.[1] Danach sind fünf Bundesministerien an deren Konzipierung und Gestaltung beteiligt:

- Das Außenministerium,
- das Innenministerium,
- das Ministerium für Familie, Senioren, Frauen und Jugend,
- das Ministerium für Zusammenarbeit und Entwicklung,
- das Ministerium für Bildung und Forschung,
- und das Bundeskanzleramt.[2]

Außerdem:

- Zahlreiche Ausschüsse, Unterausschüsse und Kommissionen des Parlaments,
- die Kultusministerien der Länder,
- die Ministerpräsidentenkonferenzen,
- die Kultusministerkonferenzen,
- Gemeinden und Stiftungen.

Und acht sogenannte Mittlerorganisationen:
- Das Goethe Institut Inter Nationes,
- der Deutsche Akademische Auslandsdienst,
- die Carl Duisburg Gesellschaft,
- das Institut für Auslandsbeziehungen,
- der Deutsche Entwicklungsdienst,

- die Alexander-von-Humboldt-Stiftung
- die Deutsche Stiftung für Internationale Entwicklung,
- das Haus der Kulturen der Welt und
- die Deutsche Welle.[3]

Die Frage liegt nahe, ob eine effiziente Auswärtige Kulturpolitik überhaupt möglich ist, wenn so viel Institutionen und Gremien hierüber mitzubestimmen haben.

Als Ziele der deutschen Auswärtigen Kulturpolitik nennt der wissenschaftliche Dienst des Bundestages die Unterstützung einer Friedens- und Entspannungspolitik und des Zusammenwachsens von Europa, die Vermittlung eines umfassenden Deutschlandbildes auf der Grundlage eines erweiterten Kulturbegriffes und die Förderung der deutschen Sprache. Nur welcher Strategie sich die Deutsche Auswärtige Kulturpolitik hierbei bedienen könnte, beschreibt der wissenschaftliche Dienst auf insgesamt 51 Seiten nicht. Offensichtlich, weil Regierung und Parlament keine hat oder sich auf keine einigen kann.[4] Auf die Weise erinnert die Deutsche Auswärtige Kulturpolitik an einen Feldzug, der von einem Regiment von Generälen geführt wird, bei dem auch für die Bereitstellung von Kanonen, Geld, Truppen, Nachschub und Fourage gesorgt ist, für den aber ein Feldzugplan fehlt.

Die deutsche Auswärtige Kulturpolitik sieht zur Zeit vor allem ihren Auftrag darin, die deutschen Schulen im Ausland zu unterstützen, den Schüler – und Studentenaustausch zu fördern und Kulturinstitute zu betreiben. Die Konzeption und die Lehrpläne der deutschen Schulen im Ausland kann sie allerdings nur wenig beeinflussen. In der Regel werden sie von lokalen Fördervereinen betrieben, deren Mitglieder nicht immer mit den Vorstellungen der Bundesregierung übereinstimmen. Auch nicht, was demokratische Staatsformen anbelangt. Diese Vereine legen auf ihre Unabhängigkeit Wert und haben sich im übrigen an die Lehrpläne ihres Gastlandes zu halten. Ähnliches gilt für den Schüler- und Studentenaustausch. Ob er etwa das Bekenntnis zur Erhaltung des Friedens und zu Demokratie und Menschenrechten fördert, hängt von den jeweiligen Lehrern ab. Wie das Beispiel der kambodschanischen Revolution zeigt, kann sehr wohl das Gegenteil der Fall sein.[5] Insofern kann das Auswärtige Amt zur Zeit nur hinsichtlich der Kulturinstitute eine wirksame politische Strategie entwickeln. Und das wiederum macht sie zu den eigentlichen Trägern der deutschen Auswärtigen Kulturpolitik.

Die Kulturinstitute der Bundesrepublik firmieren unter der Bezeichnung Goethe – Institute. Hiervon gibt es zur Zeit 144, davon 16 im Inland.[6] Die Mitarbeiter der Goethe-Institute organisieren im wesentlichen kulturelle Veranstaltungen und lehren die deutsche Sprache. Darüber hinaus bilden sie ausländische Deutschlehrer aus und beraten Kultusministerien und Bildungsinstitutionen ihrer Gastländer bei der Gestaltung des Sprachunterrichts. Für ihren Unterhalt wendet die Bundesregierung circa 164.000.000 Euro jährlich auf.[7] Was nicht ohne weiteres einzusehen ist, jedenfalls nicht, was das Angebot kultureller Veranstaltungen angeht. Fernsehen, Radio oder Zeitungen erreichen sehr viel mehr Menschen als Kulturinstitute und sind insofern kostengünstiger. Warum also sollte man noch zusätzlich kulturelle Veranstaltungen im Ausland anbieten? Warum sollte man eine solche Aufgabe nicht einfach den Medien überlassen? Einer der Gründe, sicherlich nicht der einzige, aber der überzeugendste ist, daß Kulturinstitute etwas leisten oder doch leisten sollten, was die Medien nicht leisten können. Sie können in einen unmittelbaren Dialog mit den Menschen im Gastland eintreten. Eben weil sie innerhalb und nicht außerhalb ihres Gastlandes liegen. Sie können auf Rede und Gegenrede setzen. Sie können ihre Partner auf eine Straße führen, die keine Einbahnstraße ist und sie nicht zur Passivität verurteilt. Somit ist der Dialog das eigentliche, das spezifische Feld auswärtiger Kulturpolitik, und nur dort, wo er zustande kommt, lassen sich die Veranstaltungen von Kulturinstituten rechtfertigen.[7a] Gelingt ihnen das, kann man der Auswärtigen Kulturpolitik nicht vorwerfen, sie wäre eine subtile Form der Anmaßung. Dialog setzt Gleichberechtigung der Partner voraus. Unter Gleichberechtigten läßt sich schlecht anmaßend sein.

Zudem sind die Prinzipien des Rechstaates, für die einzutreten für einen demokratischen Staat wie die Bundesrepublik selbstverständlich ist, auch in einer Demokratie nicht gesichert. Man kommt um eine ständige Überprüfung der Glaubwürdigkeit der eigenen Position nicht herum. Auswärtige Kulturpolitik wirkt auf diese Weise immer auch auf die Innenpolitik zurück. Man kann nicht für Menschenrechte eintreten und sie im eigenen Land unter den Tisch fallen lassen. Was auch zu den Gründen gehört, warum Auswärtige Kulturpolitik einen Träger benötigt, der mehr ist als nur ein Instrument der jeweiligen Regierung.

Es gibt noch einen weiteren Grund, warum ein demokratischer Staat die Gestaltung Auswärtiger Kulturpolitik nicht einfach den Medien überlassen kann. Medien sind in den modernen Industriegesellschaften Instrumente der Macht. Die Ausübung der Macht stützt sich heute kaum noch auf Sturmtruppen und Marschkolonnen. Sie erfolgt durch den Gebrauch der Medien.

Zeitungen, Rundfunk und Fernsehsender sind immer im Besitz oder unter der Kontrolle von Parteien oder Interessengruppen. Nach deren Vorstellungen richten sie sich. Die Beeinflussung ihrer Adressaten gehört zu ihrem Auftrag. Durch ihre Programmgestaltung, durch Weglassung oder Verändern von Informationen oder durch eine Flut von Informationen, in der die wesentlichen Informationen untergehen, oder indem sie Informationen hervorheben oder als Nebensache behandeln, oder durch Kommentierung von Informationen, handhaben sie die öffentliche Meinung. Ähnliches gilt für die Werbung, von der witzige Betrachter gesagt haben, sie sei die eigentliche Botschaft der Medien. Die Manipulation ist das Element der Medien. Damit haben sie einen hohen Anteil daran, das zu beschädigen, was das Wesen demokratischer Staaten ausmacht, die Souveränität des Volkes. Wenn Souveränität in einer Demokratie bedeutet, daß das Volk die politischen Entscheidungen trifft, so setzt das voraus, daß es über ungefilterte Informationen verfügt oder sie zumindest als gefiltert erkennen kann. Ist das nicht der Fall, können die Menschen keine sachgerechten politischen Entscheidungen treffen. Insofern könnten Kulturinstitute, was ihren Auftrag und ihre Funktion anbelangt, Gegenpole der Medien sein. Sie würden dann einen Rang in der Politik haben, der weit über ihre Unscheinbarkeit hinausreicht.

Natürlich wird sich ein Kulturinstitut eines demokratischen Staates immer zu einer offenen Gesellschaft bekennen. Nur propagieren kann es sie nicht. Wenn es das versuchte, bliebe es in autoritär regierten Staaten nicht lange geöffnet und geriete in den meisten anderen Ländern rasch in die Strudel der Innenpolitik. Falls es also die Verbreitung von Überzeugungen und Ideologien nicht ist, welche Themen könnte ein Kulturinstitut in seinen Veranstaltungen zum Gegenstand eines Dialogs machen? Wenn es etwas zustande bringen soll, was politisch wirksam ist, so können deren Inhalte nicht beliebig sein. Politisch wirksam sind sie aber nur dann, wenn sie sich nicht auf Teilgebiete des Wissens etwa fachlicher Art beziehen, sondern wenn sie etwas mit der Gesellschaft als Ganzes zu tun haben und somit auch deren Strukturen direkt oder indirekt tangieren. Hierzu gehören sicherlich die Künste, die Philosophie, die Soziologie, die Geschichte, die Ökologie, kurzum alles, was für die Position des Menschen in der Gesellschaft mehr als nur eine marginale Bedeutung hat. Also alles, was man an Wissen und Erfahrung unter dem Stichwort Kultur zusammengefaßt hat. Ein Grund, warum ein Kulturinstitut das ist, was es ist oder sein sollte.

Der Dialog in einem Kulturinstitut, wenn er denn stattfindet, wird kaum anders als auf einer Grundlage von Rationalität verlaufen können. Schon deshalb, weil Rationalität wenig Raum läßt für politischen oder religiösen Fanatismus. Somit sind Kulturinstitute demokratischer Staaten immer auch Institutionen – oder wenn man will – Vorhuten einer inzwischen ehrwürdig gewordenen Philosophie – der Philosophie der Aufklärung. So weit, so gut. Aber wenn es die Propagierung von Ideologien oder politischer Ziele nicht sein soll, was können Kulturinstitute dann bewirken? Sie können einen Dialog herbeiführen, der auf die Beeinflussung von Verhaltensweisen und Denkformen zielt, die zu den Voraussetzungen einer offenen Gesellschaft gehören. Insofern wirken Kulturinstitute demokratischer Staaten in autoritär regierten Staaten immer subversiv und in vielen Fällen nicht nur dort. Vorausgesetzt, sie erfüllen ihre Aufgabe. Allerdings auf eine Weise, die schwer dingfest zu machen ist.

Der Einfluß von Kulturinstituten verläuft auf Bahnen, die keinen Lärm machen. Er ist eher lautlos. In der Tagespolitik tritt ein solcher Einfluß kaum in Erscheinung. Und bewirkt dennoch etwas, was politisch hoch relevant ist. Er zielt auf die Förderung von Eigenschaften und Verhaltensformen, die Kant Mündigkeit genannt hat. Fördert man Mündigkeit, so fördert man Demokratie, weil zur Mündigkeit die Bereitschaft gehört, sich mit den Strukturen und Zielsetzungen des Staates zu befassen. Und fördert man Demokratie, so fördert man den Frieden, weil es in Demokratien mehr als in anderen Staatsformen Mechanismen gibt, die eine auf militärische Konfrontation gerichtete Politik einschränken. Darüber hinaus können Kulturinstitute eine Form von Entwicklungshilfe leisten. Vor allem in Ländern der Dritten Welt, deren Strukturen aus politischen oder religiösen Gründen autoritär geprägt sind. Eine Entwicklungshilfe, die wirksamer ist als eine, die sich in der Lieferung von Maschinen und Nahrungsmitteln und der Weitergabe von technischem Wissen erschöpft. Und die nicht, wie die konventionelle Entwicklungshilfe, darauf hinausläuft, Abhängigkeiten bis in eine ferne Zukunft zu verlängern. Die Unzulänglichkeiten konventioneller Entwicklungshilfe lassen sich unter anderem an der Lieferung von schlüsselfertigen Fabriken an Länder der Dritten Welt beobachten. Solche Fabriken können schon nach wenigen Jahren nicht mehr auf den Auslandsmärkten und später auch nicht mehr auf ihrem Inlandsmarkt konkurrieren, es sei denn, der Inlandsmarkt wird durch hohe Zollschranken geschützt. Die Hersteller entwickeln in den Industrieländern die von ihnen gelieferten Maschinen weiter. In der Dritten Welt geschieht das kaum. Die Fabriken in der dritten Welt haben dadurch die Tendenz, rasch zu veralten. Die einheimischen Ingenieure, die sie übernommen haben, haben in den meisten Fällen nie Gelegenheit gehabt, sich die Art von innovativem Denken anzueignen, das man braucht, um sich am Markt zu behaupten. Vor allem in autoritär regierten Staaten gehört die Bereitschaft, Neues und bisher nicht Erprobtes zu versuchen, nicht zu den Lernzielen von Schulen und Universitäten. Und auch im Berufsleben und vor allem in der Politik gehört das nicht zu den Denk- und Verhaltensweisen, die dort erwünscht sind. Obwohl doch gerade sie notwendig wären, wenn man Anschluß an die technische Zivilisation finden will und noch notwendiger, wenn man sich für andere Formen des Daseins entscheiden möchte.

Die gleiche Problematik zeigt sich an den kostenlosen Lieferungen von Mais und Getreide an die Dritte Welt, die die einheimischen Landwirtschaftsbetriebe in den Ruin treiben. Mit kostenlosen Angeboten können sie nicht konkurrieren. Langfristig wirkende Marktmechanismen, die die Situation verändern könnten, werden dadurch außer Kraft gesetzt. Über die Entwicklungshilfe, die die Industrieländer gewähren, läßt sich vieles sagen. In vielen Fällen wirkt sie eher zerstörend als aufbauend. Oft dient sie vornehmlich den wirtschaftlichen Interessen von Industrie und Landwirtschaft in den Industrieländern. Vielleicht sollte man in diesem Zusammenhang noch an etwas anderes erinnern: Es ist absurd, wenn man glaubt, man könne die technische Zivilisation der westlichen Welt übernehmen und benutzen wie einen Leihwagen. Die technische Zivilisation der westlichen Welt ist ein Derivat von Denk- und Verhaltensweisen, die sich über Jahrhunderte entwickelt haben. Ohne daß man sich auf die Gedanken eines Descartes oder Leibniz oder der französischen Moralisten oder auf die Gedankenwelt der französischen Revolution oder des Liberalismus einläßt, wird man zur Technologie des Westens nur unzulänglich Zugang finden. Man kann sie imitieren, aber nicht entwickeln, und bleibt so Gefangener einer fremden Zivilisation.

Ob man sich in der Dritten Welt nun für eine technische Zivilisation entscheidet oder dagegen: In beiden Fällen können Kulturinstitute daran mitwirken, solchen Entscheidungen eine Basis zu verschaffen, weil sie auf Feldern operieren, auf denen sie den Medien überlegen sind. Auf Auflagenhöhen und Einschaltquoten müssen sie nicht achten. Auf den Verkauf von Eintrittskarten können sie verzichten. Nach den jeweiligen Überzeugungen von Produzenten und Anteileignern brauchen sie sich nicht zu richten. Sie müssen keine Nachrichten verbreiten und sind nicht darauf angewiesen, ein möglichst breites Publikum zu unterhalten. Dem jeweiligen Trend brauchen sie nicht zu folgen. Sie können langfristig planen. Und sie müssen nicht wie Schulen und Universitäten Fachwissen vermitteln. Kulturinstitute haben einen Grad an Freiheit, wie sie weder die Medien noch andere Bildungsinstitutionen haben. Unabhängig sind sie allerdings nicht. Weil die Regierungen sie subventionieren, erwarten sie auch, daß sie die Ziele ihrer Tätigkeit und ihre Aufgaben bestimmen können.[8] So haben es alle Bundesregierungen bisher, von Konrad Adenauer bis heute, zum Hauptziel auswärtiger Kulturpolitik erklärt, dafür zu sorgen, daß die Völker sich besser kennenlernen. Was auf der Überzeugung beruht, daß das die Friedensbereitschaft unter den Völkern erhöht. Auswärtige Kulturpolitik der Bundesrepublik wäre demnach eine Form von Friedenspolitik.[8a]

Friedenspolitik könnte Auswärtige Kulturpolitik in der Tat sein. Nur ist fraglich, ob es tatsächlich die Friedensbereitschaft erhöht, wenn die Völker sich besser kennenlernen. Aus den Erfahrungen der Geschichte läßt sich das jedenfalls nicht begründen. Thukydides hat vor 2300 Jahren hierzu schon einiges gesagt, als er die Eroberung der Insel und der Stadt Melos durch die Athener beschrieb.[9] Die Athener rückten 416 a.Chr. vor die Stadt und verlangten ihre Unterwerfung. Die Bewohner von Melos schickten eine Gesandtschaft, um zu unterhandeln. Fremd waren die Unterhändler von Melos und Athen einander nicht. Auf beiden Seiten verhandelten Griechen, die zu den gleichen Göttern beteten und die gleichen Sitten hatten. Mit Sicherheit hatten sie sich mit Homer, den Dramatikern, mit Philosophie und Musik befaßt, wie es für Gebildete der Epoche üblich war. Und gebildet waren sie. Das konnte man an der ausgefeilten Rhetorik beider Seiten sehen. In der Art zu argumentieren waren sie einander so ähnlich, daß sie wahrscheinlich die gleichen Akademien in Athen besucht hatten. In England würde man sagen, viele von ihnen trugen dieselben Schulkrawatten. Die Athener brachten zunächst ein Bündel von Vorwänden vor, um den Überfall auf Melos zu beschönigen. Die Gesandten von Melos widerlegten sie Schritt für Schritt, bis die Athener an einen Punkt gelangten, an dem sie die Karten offenlegten. Sie hätten die Macht, erklärten sie, und wer die Macht habe, habe das Recht. Die Meler versuchten vergeblich, sich auf moralische Argumente zu berufen. Schließlich blieb ihnen nichts anderes übrig, als zu erklären, ihre Stadt sei 700 Jahre frei gewesen, und wenn ihnen die Athener keine andere Wahl ließen, würden sie ihr Glück mit den Waffen suchen. Ein Glück, das sie dann nicht hatten. Die Athener nahmen die Belagerung auf, eroberten die Stadt, töteten sämtliche Männer und verkauften Frauen und Kinder in die Sklaverei. Daß man sich gut kannte, daß man eine Art Vettern war, daß man den gleichen Bildungshintergrund hatte, daß man auf gleicher Ebene miteinander verhandeln konnte, daß das Recht auf ihrer Seite war, hat den Melern nichts genutzt. Sie fanden genau so wenig Erbarmen wie die nichtgriechischen Städte, die die Athener zuvor erobert hatten.

Was Thukydides hier beschrieben hat, ist ein immer wiederkehrendes Grundmuster – oder modern gesagt ein Pattern – einer geschichtlichen und politischen Konstellation. Man kann daraus die Lehre ziehen, daß es nicht darauf ankommt, wie gut sich die Angreifer und die Angegriffenen kennen, sondern darauf, welche Ideen sie in den Köpfen haben. Ähnliches gilt für so gut wie alle Bürgerkriege. In Bürgerkriegen gehören die Kombattanten der gleichen Nation an, sprechen die gleiche Sprache, haben die gleiche Kultur und gehen doch oft grausamer und bösartiger miteinander um als in konventionellen Kriegen. Als 1209 französische Ritter die französische Stadt Beziers belagerten, weil dort Albigenser lebten, die einen etwas anderen Glauben hatten als es der katholischen Dogmatik entsprach, sich sonst aber von den Belagerern kaum unterschieden, fragte am Vorabend des Sturmes auf die Stadt der französische Feldherr den päpstlichen Legaten, ob man denn wirklich alle Einwohner erschlagen solle. „Schlagt nur zu“, hat der Legat geantwortet. „Gott wird die Seinen schon kennen.“ Allerdings hat er sie am nächsten Tag nicht gekannt. Die gesamte Bevölkerung der Stadt wurde umgebracht. Ebenso verhielten sich die Landsknechte der katholischen Liga, die 1631 Magdeburg eroberten und die Einwohner massakrierten. Sie unterschieden sich von ihnen nur dadurch, daß sie Katholiken und nicht Protestanten waren. Ähnliches galt für den spanischen und den russischen Bürgerkrieg und zahllose andere Bürgerkriege. Man könnte es fast zur Regel machen: Je besser die Parteien sich kennen, um so grausamer werden Kriege geführt. Für Bürgerkriege gilt das allemal. Die Überzeugung, man müsse, um den Frieden zu fördern, dafür sorgen, daß die Völker sich besser kennenlernen trifft offensichtlich nicht zu. Trotzdem bildet sie nach wie vor die Basis für die Auswärtige Kulturpolitik aller bisherigen und auch der jetzigen Bundesregierung.

Die Ziele Auswärtiger Kulturpolitik der jeweiligen Bundesregierungen durchliefen seit den fünfziger Jahren drei Phasen.

Von 1950 bis 1970 sollte es Aufgabe der Auswärtigen Kulturpolitik sein, Deutschland als Kulturnation in der Welt vorzustellen. Ab 1970 sollten sie auch noch die gesamte Lebenswirklichkeit der Bundesrepublik darstellen.[10] Nach 1998 sollte sie zusätzlich noch die Aufgabe haben, sich für die Menschenrechte und Demokratie einzusetzen.[11] Die Bundesregierungen waren offensichtlich der Überzeugung, daß die Völker sich noch besser kennenlernen würden, wenn man sie mit ihrer Lebenswirklichkeit bekannt macht. Allerdings läßt sich Lebenswirklichkeit nicht ohne weiteres unter dem Begriff Kultur subsumieren. Weshalb die damalige Bundesregierung 1970 eine sogenannte Erweiterung des Kulturbegriffes dekretierte. Kultur sollte fortan auch alles sein, was zur Lebenswirklichkeit der Bundesrepublik gehörte. Abgesehen davon, daß es nicht im Belieben von Regierungen liegt zu entscheiden, was unter Kultur zu verstehen wäre, lief diese Erweiterung darauf hinaus, den Unterschied zwischen Kultur und Zivilisation zu verwischen. Die Bundesregierung vollzog hier allerdings nur etwas nach, was Industrie und Handel mit anderen Intentionen schon hinter sich hatten. Ihre Werbung hatte die positiven Assoziationen, die sich mit dem Wort Kultur verbinden, bereits früher genutzt. Von der Wohnkultur über die Eßkultur und die Fahrkultur eines Mercedes bis hin zur Badezimmerkultur und zum Kulturbeutel, sollte zur Kultur gehören, was man gern unter die Leute bringen wollte. Danach wären dann die Texte von Enzensberger, Grass und Thomas Mann oder die Bilder von Klee und Nolde genau so Manifestationen von Kultur wie ein Sportwagen oder das neueste Modell eines Fernsehers. Auf die Weise wurde vom und für den Kommerz der Begriff Kultur soweit verwässert, daß er am Ende kaum noch etwas besagte.

Die damalige Bundesregierung hat sich diesem Trend dann nur noch angeschlossen. Die von ihr deklarierte Erweiterung des Kulturbegriffes hat sie nicht anders begründet, als daß sie zeitgemäß wäre. Wodurch sie es allerdings für jedermann unübersehbar machte, daß sie in der Tat einem Trend gefolgt war. Daß Politiker Kultur nicht als ein autonomes Phänomen der Gesellschaft wahrnehmen, sondern versuchen, sie etwa durch Sprachregelungen nach ihren Wünschen zu definieren, ist nicht eben neu und hängt mit ihrem zwiespältigen Verhältnis zur Kultur zusammen. Auf der einen Seite sind sie durchaus bereit, kulturelle Institutionen wie Universitäten, Schulen, Theater, Opernhäuser und Kulturinstitute zu subventionieren. Auf der anderen Seite sind sie wenig geneigt anzuerkennen, daß es Elemente in der Kultur gibt, die sich ihrem Zugriff entziehen und auch nicht dem Zeitgeist unterworfen sind.

Wobei es sicherlich richtig ist, daß man unter Kultur ein sehr breites Spektrum von Vorstellungen verstehen kann. Skizzieren wir an dieser

Stelle noch einmal, was es an unterschiedlichen Kulturbegriffen in den letzten 150 Jahren in Europa gegeben hat:

Einmal den Kulturbegriff der Romantik, der sich mit dem Kulturbegriff des Nationalismus verband. Kultur sollte Ergebnis eines von Land zu Land verschiedenen unverwechselbaren geschichtlichen Prozesses und höchster Ausdruck des Wesens eines Volkes sein. Wobei der Nationalismus Kultur auch daran maß, inwieweit es gelang, die Identität von Volk und Staat zu verwirklichen. Ein Kulturbegriff, der sich dann im Faschismus mit dem Anspruch auf Superiorität über andere Völker verband und zur Begründung für eine imperialistische Politik wurde. Dann den Kulturbegriff des Marxismus, der die soziale Gerechtigkeit zum Maßstab der Kultur machte. Die Beseitigung der Klassenherrschaft und der Autonomie des Eigentums als Voraussetzung für die Freiheit des Menschen und somit auch der Gerechtigkeit. Dann den Kulturbegriff des Liberalismus, der den Schwerpunkt der Kultur in der Freiheit des Individuums sah, die der Staat nur insoweit einschränken darf, als es für die Aufrechterhaltung der gesellschaftlichen Ordnung unabdingbar ist. Und schließlich, wenn man auch den noch anführen möchte, den in der Mitte des letzten Jahrhunderts entwickelten Kulturbegriff der Frankfurter Schule. Ein Kulturbegriff, der marxistisch geprägt war, aber darüber hinaus den Entwurf einer Gesellschaft enthielt, jenseits des Zwanges zu Produktionssteigerung und Leistungsnorm und jenseits der Herrschaft anonymer Apparate. All diesen Konzeptionen von Kultur war gemeinsam, daß sie Künste, Philosophie und Wissenschaften als ihr wesentliches Element ansahen. In der Tat: Kultur ist Replik auf Lebenswirklichkeit, ist ihr Überbau und ihre Interpretation. Mit Lebenswirklichkeit war und ist sie nicht identisch.

Aber was spricht noch dafür, daß Kulturinstitute sich mit Kultur und nicht mit Zivilisation befassen? In der Geschichte gibt es zahllose Belege, daß es politische Folgen hat, wenn Menschen die Kultur eines anderen Landes respektieren und vielleicht auch bewundern. Einer davon ist das Verhalten Roms gegenüber Griechenland. Die Römer haben die Griechen milder behandelt als alle anderen von ihnen unterworfenen Völkern. Sie wollten ein Volk schonen, dem sie die Grundlagen ihrer Kultur verdankten. Das ging so weit, daß Nero Griechenland von allen Steuern befreite. Ein Privileg, das er nicht einmal den Rom assoziierten Völkern Italiens zugestand. Nero hat das ausdrücklich mit seiner Bewunderung für die Kultur Griechenlands begründet. Und nicht etwa mit seinem Respekt für ihre Fähigkeit, Schiffe zu bauen oder Brunnen anzulegen oder Fischfang zu betreiben. Es waren nicht die zivilisatorischen Fähigkeiten der Griechen, die ihn hierzu veranlaßten. Es war ihre Kultur. Etwas Ähnliches hat sich im 19. Jahrhundert wiederholt. Beim Aufstand der Griechen gegen die türkische Herrschaft kam es zu einer Welle von Philhellenismus in Europa. Es war die Bewunderung für die griechische Kultur der Antike, die Freischärler aus England, Frankreich, Deutschland und Italien, unter ihnen Lord Byron, veranlaßte, den Griechen zu Hilfe zu kommen. Zu dieser Hilfe gehörte auch, daß in Europa von philhellenischen Vereinen Geld gesammelt wurde, um Waffen für die Aufständischen zu kaufen. Die Unterstützung der europäischen Öffentlichkeit für den Freiheitskampf der Griechen hat dazu beigetragen, daß England, Frankreich und Rußland in den Konflikt eingriffen und die Türkei zwangen, die Selbständigkeit Griechenlands anzuerkennen. Die Ursache für den Philhellenismus in Europa im 19. Jahrhundert war nicht, daß man einen besonderen Sinn für die Freiheit der Völker hatte. Den hatte man nicht. Für die Freiheitsbestrebungen der Kolonialvölker – und schon gar nicht der eigenen – hatte man keinen Sinn. Die Europäer und vor allem die Gebildeten in Europa unterstützten den Freiheitskampf Griechenlands, weil sie dort die Wiege ihrer Kultur sahen. Eine ähnliche Unterstützung aus kulturellen Gründen gab es für den Freiheitskampf der Polen gegen die russische Oberherrschaft. Ähnlich verhielten sich die Alliierten im Zweiten Weltkrieg. Als sie die deutschen Städte bombardierten, suchten sie die Kathedralen und deren Umfeld zu schonen.

Auch könnte man in diesem Zusammenhang daran erinnern, daß Kultur im Gegensatz zur Zivilisation immer auch ein Element von Freiheit enthält, ohne das sie undenkbar wäre. Das gilt vor allem für Kunstwerke von der Art, von denen Ernst Jünger gesagt hat, daß ihre Schönheit unwillkürlich eine Vorstellung von der Freiheit erweckt, die mit ihnen verbunden ist. In einer Despotie seien sie nicht vorzeigbar. Insofern wirkt Auswärtige Kulturpolitik – sofern sie Kultur und nicht Zivilisation zum Gegenstand hat – immer auch als eine Art von Verführung zu einer freiheitlichen Gesellschaft. Das überzeugendste Argument für die Bedeutung der Kultur für die Außenpolitik ist jedoch der Zusammenschluß Europas. Ohne die gemeinsame Kultur wäre er nicht denkbar gewesen.

Vom Goethe – Institut

An dieser Stelle könnten wir unsere Überlegungen zur Auswärtigen Bewußtseinspolitik abschließen. Ihre Notwendigkeit haben wir dargelegt. Die möglichen Strategien Auswärtiger Bewußtseinspolitik haben wir beschrieben. Unsere Einwände gegen die Auswärtige Kulturpolitik der Bundesrepublik als eine Form von Bewußtseinspolitik haben wir vorgebracht. Näher brauchten wir hierauf nicht einzugehen, weil dieser Text sich auf die Theorie und nicht auf die Praxis Auswärtiger Kulturpolitik bezieht. Trotzdem befassen wir uns noch einmal mit dem Goethe-Institut, weil es der Hauptträger der deutschen Auswärtigen Kulturpolitik ist. Im Rahmen einer Erörterung möglicher Strategien Auswärtiger Kulturpolitik hat das Goethe-Institut nur marginale Bedeutung. Es ist ein Stein im Brettspiel der Politik. Auf der anderen Seite hat seine Tätigkeit exemplarischen Charakter. Es gibt keine andere Institution, in der sich die Unzulänglichkeit der deutschen Auswärtigen Kulturpolitik so deutlich, so unübersehbar manifestiert wie in der Tätigkeit des Goethe-Instituts. Am Goethe-Institut wird sichtbar, wie sehr es bei einer Auswärtigen Kulturpolitik auf eine auf Langfristigkeit und Wirksamkeit angelegte Strategie ankommt, und wohin es führt, wenn sie fehlt.

Was wir gegen die Planung und die Tätigkeit des Goethe-Instituts einzuwenden haben, ist, daß es

- den Dialog, den es in seinen Veranstaltungen einleiten sollte, nur selten zustandebringt,
- seinen Bildungsauftrag in seinem Sprachunterricht nicht wahrnimmt,
- die gesellschaftlichen und politischen Gegebenheiten der Bundes-Republik nur unzureichend darstellt,
- eine Didaktik weltweit angewandt und propagiert hat, die kontraproduktiv ist,
- eine für die Erfüllung seiner Aufgabe ungeeignete Personalpolitik betreibt,
- und bis heute keine eigene Konzeption seiner Arbeit entwickelt hat.

Behauptungen wird man sagen, die nicht ernst zu nehmen sind. Ist das Goethe-Institut, wird man fragen, denn nicht überall in der Welt hoch angesehen, und erfreut es sich nicht allgemeiner Beliebtheit?

Das ist in der Tat so. Nur verwunderlich ist das nicht. Die Goethe-Institute organisieren Veranstaltungen und Vorträge, die zur Bereicherung des kulturellen Angebotes ihrer Gastländer beitragen. Ihr Besuch ist unentgeltlich. Darüber hinaus bieten sie Sprachunterricht an, für den die Teilnehmer nur einen Bruchteil von dem bezahlen, was er kostet. Wie sollten sie unter solchen Umständen nicht beliebt sein? Würden sie im Ausland beispielsweise Kinderfahrräder oder Fußbälle verschenken, wären sie sicherlich auch beliebt. Im Fall eines Konflikts wären die Kinderfahrräder und die Fußbälle dann allerdings schnell vergessen. Kulturinstitute sind überall in der Welt beliebt. Nicht nur die deutschen. Über die politische und gesellschaftliche Wirksamkeit ihrer Arbeit sagt ihre Beliebtheit wenig aus.

Daß das Goethe-Institut keine eigene Konzeption für die Gestaltung Auswärtiger Kulturpolitik entwickelt hat, liegt unter anderem daran, daß es sich nach den Entscheidungen der jeweiligen Bundesregierungen zu richten hat. Die Bundesregierungen behaupten zwar, das Goetheinstitut wäre unabhängig,[1] aber in Wahrheit ist es eine Dependance des Auswärtigen Amts. Das Auswärtige Amt entscheidet gemäß dem mit dem Goethe-Institut abgeschlossenen Rahmenvertrag über die Richtlinien, die Planung und die Koordination der Arbeit des Instituts und kann Beschlüsse seiner Mitgliederversammlung und seines Präsidiums jederzeit aufheben.[2] Der Vertrag zwischen dem Goethe-Institut und dem Auswärtigen Amt kann überdies immer mit einer Frist von zwölf Monaten jeweils zum Jahresende gekündigt werden.[3] Zwar hat das Goethe-Institut das gleiche Recht. Nur wenn es hiervon Gebrauch machte, gäbe es das Goethe-Institut nicht mehr. Das gegenseitige Kündigungsrecht wirkt hier so, als würden Katze und Maus vereinbaren, sich jederzeit verspeisen zu können. Auch bestellt das Auswärtige Amt zwar nicht in der Theorie, aber in der Praxis die Präsidenten und die Direktoren des Instituts, und auch die Berufung von Abteilungsleitern im Bereich Verwaltung, Finanzen, und Personal bedarf seiner Zustimmung.[4] Darüber hinaus ist das Goethe-Institut zur Abstimmung der Planung und der laufenden Programme mit dem Auswärtigen Amt verpflichtet.[4] Und schließlich hängt das Goethe-Institut vom Auswärtigen Amt ab, wenn es um die Höhe seiner Subventionierung geht.

Was nicht ausschließt, daß es gelegentlich zu einem Schattenboxen zwischen den Präsidenten des Goethe-Instituts und den Vertretern des Auswärtigen Amtes und der Bundesregierung kommt. Der Präsident des Goethe-Institutes weist dann mit aller Entschiedenheit die Forderung zurück, das Goethe-Institut solle im Ausland Regierungspropaganda betreiben. Ein Ansinnen, das man kaum anderes als albern nennen kann. Man darf getrost davon ausgehen, daß sich so gut wie niemand in Paraguay oder Hongkong für die jeweiligen parteipolitischen Vorstellungen der Bundesregierung interessiert. Dem Präsidium des Goethe-Instituts gelingt es dann auch immer, solche Begehrlichkeiten zurückzuweisen. Das führt dann dazu, daß die Pressekommentatoren davon sprechen, das Goethe-Institut habe erneut seine Unabhängigkeit gegenüber der Politik bewiesen. Wobei man sich dann auch noch gern noch zur Liberalität des Parlaments und der Regierung gratuliert.

Nur mit der Realität stimmt das nicht überein. Was auch daran sichtbar wird, daß das Auswärtige Amt das Goethe-Institut als „Mittlerorganisation" bezeichnet. Es soll die vom Auswärtigen Amt vorgegebene Konzeption von Kulturpolitik im Ausland vermitteln. Ein Auftrag, der durch die Bezeichnung Mittlerorganisation nicht nur, aber auch beschrieben wird. Niemand würde auf den Gedanken verfallen, etwa Universitäten oder Theater oder wissenschaftliche Institutionen Mittlerorganisationen zu nennen. Für das Goethe-Institut gilt das nicht. Und daß es für das Goethe-Institut nicht gilt, bezeichnet seinen Standort.

Nachdem die damalige Bundesregierung eine Erweiterung ihres Kulturbegriffes verkündet hatte, organisierten die Goethe-Institute in den achtziger Jahren Veranstaltungen, die sich auch mit Themen rein technischer oder fachlicher Natur befaßten. Hierzu gehörten Vorträge und Diskussionen über Zahnheilkunde, über Wachstumsregulatoren im Obstbau, über operative Behandlungen von Frakturen und Luxationen der Halswirbelsäule, über Insektenbekämpfung am Erntegut, über Methoden zur Steigerung der Wiederkäuerproduktion und so fort. Entsprechend der Forderung, die gesamte Lebenswirklichkeit der Bundesrepublik wiederzugeben.[5]

Die Goethe-Institute konkurrierten so mit einer Unzahl von Fernseh- und Radiosendungen, von Filmen und Veröffentlichungen in Zeitungen und Magazinen und mit Veranstaltungen von Fachhochschulen und Universitäten. Sie alle vermitteln schon seit Jahren ein sehr genaues Bild der Lebenswirklichkeit in Deutschland und erreichen ein breiteres Publikum als es den Goethe-Instituten jemals möglich wäre. Insofern waren solche von den Goethe-Instituten im Rahmen eines erweiterten Kulturbegriffes organisierten Veranstaltungen nicht viel anders als ein Tropfen in einem bereits gefüllten Eimer.[6]

In der dritten Phase Auswärtiger Kulturpolitik, in der wir uns heute befinden, sollte das Goethe-Institut auch noch für Menschenrechte und Demokratie eintreten.[7] Wobei hieran bemerkenswert ist, daß das Goethe-Institut damit erst 1998 zu einem politischen Auftrag kam. Bis dahin war sich die Geschäftsführung des Goethe-Instituts mit dem Auswärtigen Amt immer darüber einig gewesen, daß das Goethe-Institut einen solchen Auftrag nicht hätte. Man unterstütze oder organisiere kulturelle Veranstaltungen oder fördere den deutschen Sprachunterricht, ohne eine andere Absicht, als anderen Völkern kulturell etwas zukommen zu lassen. Allerdings war dann schwer einzusehen, warum man die damit verbundenen Zuwendungen auch an reiche Länder vergeben sollte. Schwierig war es dann auch, Steuerzahlern zu erklären, warum man Subventionen für kulturelle Veranstaltungen im Inland streicht, um sie im Ausland zu finanzieren. Oder wozu man Kulturinstitute im Ausland braucht, wenn man auch die preiswerteren Dienste von Agenturen oder Sprachschulen in Anspruch nehmen könnte, um kulturelle Veranstaltungen zu organisieren oder Deutschunterricht erteilen zu lassen. Vor allem aber war nicht zu verstehen, warum man die politischen Möglichkeiten, die sich aus einer auf die Handhabung von Ideen gerichteten Politik ergeben, ungenutzt lassen sollte.

In der Tat ist Auswärtige Kulturpolitik das, was der Name besagt: Politik, oder sollte es sein. Sonst könnte man sich den Aufwand sparen. Voltaire wurde an der belgischen Grenze von einem Zollbeamten gefragt, ob er Contrebande bei sich hätte. „Rien que moi" hat er geantwortet. Das bezog sich nicht – oder nicht hauptsächlich auf seine Person – sondern auf sein Gewerbe. Auf seine Produktionen als Künstler und philosophischer Schriftsteller. Rien que moi könnten an den Grenzen autoritärer Staaten auch Mitarbeiter von Kulturinstituten auf eine solche Frage antworten. Vorausgesetzt, sie sehen in ihrer Tätigkeit mehr als die Wiedergabe von Lebenswirklichkeit.

Nun läßt sich nicht bestreiten, daß es zu den Aufgaben von Bundesregierungen und Parlamenten gehört, die Ziele Auswärtiger Kulturpolitik festzulegen, etwa die Förderung der Bereitschaft zum Frieden. Aber anders verhält es sich, wenn Bundesregierungen und Parlamente versuchen, auch die Wege zu bestimmen, auf denen solche Ziele erreicht werden können. Mit der Aufgabe, eine Konzeption auswärtiger Kulturpolitik zu entwerfen, sind Regierungen und Parlamente überfordert. Die Beschäftigung mit Kultur gehört nicht zum Metier der Mehrheit der Kabinettsmitglieder oder Parlamentsabgeordneten. Das gilt auch für Ministerialräte. Ministerialrat wird man in der Regel dadurch, daß man sich in der Verwaltungslaufbahn bewährt hat. Nicht dadurch, daß man sich auf ein besonders nahes Verhältnis zu Dingen der Kultur berufen kann. Insofern gibt es hier eine Lücke, die weder die Ministerialbürokratie des Auswärtigen Amtes noch das Goethe-Institut ausfüllen.

Aber warum haben dann der Bundestag und die Bundesregierungen an Stelle des derzeitigen Goethe-Instituts keine unabhängige Akademie geschaffen? Eine Akademie, die zwar keine Außenpolitik betreiben, aber doch Außenpolitik beeinflussen könnte. Eine Akademie, in der Gebildete mit Urteilskraft zu entscheiden haben, die ihre Präsidenten und Direktoren selbst wählt, die langfristig plant und autonom genug ist, sich gegenüber Trends und Moderichtungen der Tagespolitik zu behaupten. Eine Akademie, die an Prinzipien politischen Handelns jenseits von tagespolitischen Erfordernissen erinnert, und die dazu beiträgt, daß im Gegenspiel von Geist und Macht der Geist seinen Ort hat.

Daß es hierzu nicht gekommen ist, hat auch etwas mit der Vorgeschichte des Goethe-Instituts zu tun. Als sich das Auswärtige Amt Ende der fünfziger Jahre entschied, dem Goethe-Institut die Gestaltung der deutschen Auswärtigen Kulturpolitik zu überlassen, war es eine kommerziell betriebene Sprachschule, die sich aus Kostengründen innerhalb Deutschlands in kleinen Provinzstädten etabliert hatte.

Mit allen Vorzügen und Nachteilen, die eine Ansiedlung in der Provinz und den damit verbundenen geistigen Schnittmustern mit sich bringt. Bei der Einstellung der Mitarbeiter wurde darauf geachtet, daß sie zu allerlei Nebentätigkeiten auch an Feiertagen bereit waren und keine hohen Ansprüche stellten. Man wirtschaftete so sparsam wie möglich, die damalige Direktorin nähte auch schon einmal die Gardinen des Instituts selber, und so brachte man es zu einem bescheidenen Gewinn, der den Betreibern des Instituts zustand. Das damalige Goethe-Institut operierte ähnlich wie eine Berlitz-Schule. Wobei der Name Goethe-Institut kein Programm war. Das Institut hatte den Namen Goethes, aber nicht seine Vorstellungen von Bildung übernommen. Goethes Bildungsentwurf, wonach es für den Menschen darauf ankäme, seinen Erfahrungs- und Wissenshorizont so umfassend wie möglich zu erweitern, die Pyramide seines Daseins so hoch wie möglich zuzuspitzen, war nicht Sache des Goethe-Instituts. Man hatte, was das anbetraf, keinerlei Ambitionen. Das Goethe-Institut hatte mit Goethe so viel oder besser so wenig zu tun wie ein Restaurant, das sich Goethe-Stuben nennt. 30 Jahre später hat der damalige Generalsekretär des Goethe-Instituts, Dr. Harnischfeger, das noch einmal in einem Interview für die Wochenzeitung Die Zeit bestätigt. Zu einer Zeit also, als das Goethe-Institut längst als der offizielle Träger der Auswärtigen Deutschen Kulturpolitik etabliert war. „Mit Goethe“ sagte er, „hat das Goethe-Institut nichts zu tun. Goethe ist für das Goethe-Institut nur ein Name: mehr nicht.“[8]

Aber wenn das damals so war und in vieler Hinsicht immer noch so ist, warum hat die Bundesregierung in den fünfziger Jahren die Gestaltung der deutschen Auswärtigen Kulturpolitik einer Sprachschule anvertraut, die keinerlei kulturelle Ambitionen hatte? Wobei das Ende der fünfziger Jahre noch nicht einmal nach einer Debatte in der Öffentlichkeit, sondern eher beiläufig geschah. Nun könnte man einwenden, als Lloyd George 1914 die Leitung der englischen Auslandspropaganda an G. Masterman übergab, sei das auch nur beiläufig erfolgt. Das ist richtig. Nur: G. Masterman war Minister, Autor und langjähriger Chef der Literaturabteilung des News Chronicle gewesen und galt als der brillanteste Intellektuelle im Kabinett. Für viele war er einer der Kandidaten für das Amt des Premierministers. Und er war es, der binnen vier Wochen eine Kohorte von Schriftstellern um sich versammelte, um mit ihnen zusammen die englische Auslandspropaganda zu gestalten. Betreiber einer Sprachschule war er nicht. Obendrein war Masterman immer Anhänger und Befürworter einer demokratischen Gesellschaftsordnung gewesen. Einer Diktatur das Wort zu reden oder gar dafür zu werben, hätte ihm vollständig ferngelegen. Mit den Begründern und damaligen Betreibern des Goethe-Instituts einem Dr. Thierfelder und einer Frau Dr. Schulz verhielt sich das anders. Dr. Thierfelder war zuvor Geschäftsführer und Frau Dr. Schulz Dozentin der sogenannten Deutschen Akademie gewesen. Die Geschichte der Deutschen Akademie reicht bis in das Jahr 1924 zurück. Die bayerische Staatsregierung hatte sie damals gegründet und kam anschließend für ihren Unterhalt auf. Ihre Aufgabe sollte die Pflege der deutschen Sprache und Kultur sein. Das hat die damalige Deutsche Akademie auf eine biedere und volkstümelnde Weise auch getan. Wobei belustigend war, daß die Betreiber der Akademie die deutsche Sprache nur unzulänglich beherrschten und von den Gesetzen des Stils und der Sparsamkeit des Ausdrucks wenig Ahnung hatten. So schrieben sie in einer ihrer Festschriften:

> „Aus dem Weltchor der Namenlosen sind Bekenntnisse zu Deutschland aufgeklungen, die jeden bewegen werden, der ihnen lauscht. Wohl wurden sie abgelegt in einem Wettbewerb, der dem Sieger schmeichelnden Lohn verhieß, aber nur wenige ließen spü-

ren, daß das Lob berechnend wie eine Angel nach Anerkennung fischte."[9]

oder

> „Der Gelehrte, der Kaufmann, der Freund der Musen, die Stillen im Lande und die vorwärtsbrausende Jugend, harte Männer und in sich versponnene Frauen, abseits von den großen Straßen des Weltgeschehens – alle folgen sie dem betörenden Klang unserer Muttersprache, die noch tief eingebettet ist in die Seele eines Volkes, aus der die letzten Schatten zu weichen beginnen."[10]

Die Handhabung der Sprache und das Nebeneinander von Schwülstigkeit und Treuherzigkeit lassen keinen einen anderen Schluß zu, als daß die im Beirat der Akademie vertretenen Intellektuellen die Tätigkeit der Akademie kaum beeinflußten. Jedenfalls was das belangt, hat sich hieran bis heute wenig geändert.

Als die Nationalsozialisten die Macht ergriffen, war ihnen die Deutsche Akademie willkommen. Im Bekenntnis zum deutschen Volks- und Brauchtum war man sich schon immer ideologisch nahe gewesen. So hatte denn das damalige Direktorium keine Schwierigkeit, die Deutsche Akademie mit einer geradezu erstaunlichen Geschwindigkeit von einem Kulturinstitut der Republik auf ein Kulturinstitut eines totalitären Staates umzustellen. Schon zwei Monate nach der Regierungsübernahme veröffentlichte die Deutsche Akademie eine Ergebenheitsadresse an das neue Regime, in der es unter anderem hieß:

> „Die Deutsche Akademie begrüßt mit stolzer Freude das Erwachen des nationalen Gedankens, wie es in der ganzen Erhebung des deutschen Volkes zum Ausdruck gekommen ist."[11]

Vier Monate später eliminierte die Deutsche Akademie aus ihrem Beirat Max Liebermann und den Heidelberger Kunsthistoriker Karl Neumann unter ausdrücklichem Hinweis auf ihre jüdische Abstammung und außerdem Konrad Adenauer und Thomas Mann, weil sie durch ihre Haltung die deutschen Interessen geschädigt hätten.[12] Dafür wählte die deutsche Akademie den Stellvertreter Hitlers Rudolf Hess, den Reichsführer Steinach und den bayerischen Ministerpräsidenten und Altparteigenossen Ludwig Siebert in ihren Beirat.[13] 1939 übernahm der SS-Obergruppenführer und Ahnenerbeforscher Walter Wüst die Leitung der sogenannten wissenschaftlichen Abteilung des Instituts.[13a] Als Ludwig Siebert starb, den man zum Präsidenten des Instituts gewählt hatte, trat der Reichskommissar für die besetzten Niederlande Seys-Inquart seine Nachfolge an.[14] Nach 1933 wurde die Deutsche Akademie zum Hauptträger der nationalsozialistischen Kulturpolitik im Ausland. Aber auch im Inland wurde sie zum Forum nationalsozialistischer Propaganda. Und zum Forum dessen, was Julien Benda „La trahison de clerks“ genannt hat. Gottfried Benn hat in seinen Erinnerungen einen Vortrag beschrieben, den Josef Goebbels in der deutschen Akademie gehalten hatte:

> „Da sitzen sie in der Festsitzung der deutschen Akademie, zu der Goebbels geladen hat. Die großen Dirigenten, die ordentlichen Professoren der Philosophie oder Physik, Ehrensenatoren noch aus den alten anständigen Zeiten, Pour-le-merite-Träger der Friedensklasse, Reichsgerichtspräsidenten, kaiserliche Exzellenzen, Verleger, „erwünschte“ Romanschreiber, Goetheforscher, Denkmalpfleger, Staatsschauspieler, Generalintendanten, der ehrbare Kaufmann, und alle ausnahmslos lassen das antisemitische Geschwätz des Ministers ruhig über sich ergehen. Sie rücken interessiert hin und her, sie rühren die Arme, – erst vor kurzem hat die philosophische Fakultät Thomas Mann aus den Reihen der Ehrendoktoren ausgestoßen, die naturwissenschaftliche einen Rassenforscher, der die idiotischen Teutonismen nicht mitmachte, ins Lager gebracht; jeder der Anwesenden weiß, einer der edelsten Geistlichen, ehemaliger U-Bootskommandant mit zwölf Feindfahrten, wird im Lager gefoltert, weil er lehrte, daß Gott größer sei als Hitler; jeder der zuhörenden Wissenschaftler ist darüber orientiert, daß die Portiers und Blockwalter gehört werden, ob ein in ihrem Bezirk wohnender Gelehrter einen Lehrstuhl bekommen darf; sie alle ausnahmslos sehen die Lastwagen, auf denen jüdische Kinder, vor aller Augen aus den Häusern geholt werden, um für immer zu verschwinden: dieses Ministers Werk: Sie alle rühren die Arme und klatschen diesem Goebbels zu.“[15]

Nun wird niemand den Gründern und Direktoren des Goethe-Instituts vorwerfen wollen, daß sie sich den Verhältnissen im Dritten Reich angepaßt hatten. Sie haben sich damit nicht anders verhalten als Tausende von Angestellten und Funktionären, die sich zu dieser Zeit auch nur an das gehalten haben, was politisch angesagt war. Eher könnte man ihnen vorwerfen, daß sie die nationalsozialistische Barbarei nicht nur hingenommen, sondern auch propagiert haben. Aber auch das hatten sie mit unzähligen Beamten, Angestellten und Kulturfunktionären gemeinsam. Aber warum hat die damalige Bundesregierung gerade ihnen die Verantwortung für die Gestaltung der deutschen Auswärtigen Kulturpolitik übertragen?[16] Gab es in den fünfziger Jahren keine Autoren, keine Intellektuellen und keine nach Deutschland zurückgekehrten Emigranten, denen man diese Aufgabe hätte anvertrauen können? War es wirklich notwendig, die Verantwortung für einen der wichtigsten Sektoren der deutschen Außenpolitik just den Betreibern einer Sprachschule zu überlassen? Was können die Gründe hierfür gewesen sein?

Einer war sicherlich, daß die damalige Bundesregierung unter Adenauer der Kulturpolitik als einem Element der Außenpolitik kein Gewicht beimaß. Hinzu kam, daß die meisten deutschen Intellektuellen der von Adenauer eingeleiteten Restaurationspolitik kritisch gegenüber standen. Insofern konnte er nicht daran interessiert sein, eine die Konturen der deutschen Außenpolitik beeinflussende Institution zu schaffen, die von Intellektuellen geführt wurde, die womöglich in der Lage gewesen wären, Abstand von den Forderungen der Tagespolitik zu halten. Aber warum haben die folgenden Bundesregierungen auch später an den Strukturen der Sprachschule Goethe-Institut festgehalten?

Eine der Ursachen dürfte sein, daß es in Deutschland nach wie vor unter Politikern einen stillschweigenden Konsens gibt, Intellektuellen jeglicher couleur tunlichst keinen Einfluß in der Politik einzuräumen. Womit sie nichts anderes getan haben, als einer sehr weit in die deutsche Geschichte zurückreichenden Tradition zu folgen. Immerhin hat die Entscheidung der damaligen Bundesregierung, eine Sprachschule zum Träger der auswärtigen deutschen Kulturpolitik zu machen, doch eines bewirkt: Das Goethe-Institut ist seitdem umfangreicher, repräsentativer und opulenter geworden. Aber bewirkt hat diese Entscheidung auch, daß es in seinem Kern, in seinen Strukturen bleiben konnte, was es vorher schon war – ein Dienstleistungsbetrieb. Allerdings ein Dienstleistungsbetrieb sui generis, weil er nur einen Auftraggeber hat, der obendrein dessen Richtlinien festsetzt und sich vorbehält, über die Berufung seiner Direktoren zu entscheiden. Und auch Dienstleistungsbetrieb ist das Goethe-Institut nicht ganz. Es ist es eine Mischform. Es ist teils eine Behörde und teils ein Dienstleistungsbetrieb. Ein Dienstleistungsbetrieb ist das Goethe-Institut, weil es Dienstleistungen erbringt. Eine Behörde ist es, weil es sich an die Richtlinien und Entscheidungen des Auswärtigen Amtes zu halten hat.

Alle Direktoren des Goethe-Instituts haben den Weg in ihr Amt aus der Verwaltungslaufbahn gefunden.[16a] Sie waren zuvor entweder in Schulverwaltungen oder im staatlichen Kulturmanagement tätig gewesen. Dort hatten sie ihre Meriten erworben und dort waren sie in ihrer Eigenschaft als Verwaltungsbeamte in leitende Funktionen aufgestiegen. Und als solche hat sie das Auswärtige Amt berufen. Ein Verfahren, das der Sache allerdings kaum entspricht. Niemand würde auf den Gedanken verfallen, zum Intendanten einer Oper oder eines Theaters den Verwaltungsdirektor zu ernennen. Auch in einer Zeitung oder Fernsehstation würde man ihn nicht zum Chefredakteur machen. Und auch in einer Filmproduktion käme niemand auf die Idee, dem Verwaltungsdirektor die Regie zu übertragen. Nur im Goethe-Institut sind es die Verwaltungsbeamten, die das Auswärtige Amt in die leitenden Positionen beruft. Und die gestalten es dann, wie sollte es anders sein, nach ihrem Bilde. Nun könnte man einwenden, daß es sich bei den Direktoren des Goethe-Instituts durchaus um gebildete Leute handelt, denen man einen Sinn für Kultur keineswegs absprechen kann. Aber hierauf kommt es nicht an: Die Direktoren des Instituts leiten es in der Funktion, in die sie das Auswärtige Amt berufen hat – als Verwaltungsbeamte. Und in dieser Funktion übernehmen sie seine Strukturen und führen sie fort. Wir haben Verwaltungsbeamte und Funktionäre in Schlüsselpositionen Mandarine genannt. Als kulturpolitische Beamte neigen sie dazu, sich in den Mühlen des Fortschrittes einzurichten. An der Spitze von Behörden sind Mandarine nützlich und notwendig. An der Spitze eines Kulturinstitutes nicht.

Wenn die Eröffnung eines Dialogs mit den Gebildeten des Gastlandes die eigentliche Aufgabe von Kulturinstituten ist, dann ist die Personalpolitik, die die Direktoren des Goethe-Instituts verfolgt haben, nicht geeignet, die Voraussetzungen hierfür zu schaffen. Die Einstellungs- und Versetzungsbedingungen für die Dozenten des Instituts sowie deren Ausbildung haben sie im Einvernehmen mit dem Auswärtigen Amt so gestaltet, daß sie dem Berufsbild des Kulturfunktionärs entsprechen. Sie sollen flexibel, kontaktfreudig, vielseitig verwendbar und anpassungsfähig sein.[17]

Wer sich um die Stellung eines Dozenten des Goethe-Institutes bewirbt, muß in der Regel einen Hochschulabschluß vorweisen.[18] Die meisten deutschen Schriftsteller hätten somit kaum eine Chance, im Goethe Institut beschäftigt zu werden. Selbst dann nicht, wenn sie das wollten. Hatte das Institut einen Bewerber akzeptiert, so hing seine Einstellung wesentlich davon ab, ob er sich als Sprachlehrer, vornehmlich für Anfänger an einem der Inlandsinstitute bewährt hatte. War das der Fall und wurde er eingestellt, so behält sich die Geschäftsführung vor, ihn überall dort zu verwenden, wo sie es für angemessen hält. Sie kann ihn als Leiter eines Kulturinstituts einsetzen oder als Sprachlehrer in einem Provinzstädtchen im Inland oder als Verwaltungsangestellten und so fort.

Auch besteht die Geschäftsführung darauf, die Dozenten etwa alle drei bis fünf Jahre zu versetzen. In der Regel in ein anderes Land und meistens auch in einen anderen Sprachraum. Oder zurück nach Deutschland an eine Sprachschule oder in die Verwaltung.[19] Wobei es auch geschehen kann, daß ihn die Geschäftsleitung für den Rest seiner beruflichen Laufbahn als Verwaltungsangestellten oder als Sprachlehrer an einem der Goethe-Institute im Inland beschäftigt.[20] Zudem war und ist die Geschäftsführung des Goethe-Instituts darauf bedacht, die Besoldung und Beförderungsbedingungen der Dozenten des Goethe-Instituts so knapp wie möglich zu halten.[20a] Die ökonomische Ausrichtung einer kommerziellen Sprachschule, die das Entgelt für ihre Lehrkräfte knapp hält, um konkurrenzfähig zu bleiben, hat das Goethe-Institut beibehalten. Und auch der Urlaub, der den Dozenten des Goethe-Instituts zusteht, ist rund 2/3 kürzer als der von Schullehrern. Die Zeit, die ein Lehrer braucht, um seinen Wissensstand zu erhalten oder zu erweitern, haben sie nicht.

Vergegenwärtigen wir uns an dieser Stelle noch einmal, was etwa der Leiter eines Kulturinstituts im Ausland leisten soll, oder sagen wir genauer, leisten sollte. Er sollte mehrere Sprachen beherrschen. Darunter die Sprache seines Gastlandes. Er sollte fähig sein, die kulturelle Situation und die geistigen Trends in seinem Gastland zu analysieren und entsprechend zu reagieren. Er sollte ein Veranstaltungsprogramm konzipieren und gestalten, das dem geistigen Umfeld seines Gastlandes entspricht. Künstler und Wissenschaftler sollten ihn als Gesprächspartner akzeptieren. Er sollte etwas von der Methodik und den Möglichkeiten des Sprachunterrichtes verstehen. Und er sollte zu den Dingen des Geistes mehr als nur eine berufsbedingte Beziehung haben. Mit einem Wort, er sollte unter anderem auch im klassischen Sinn ein Intellektueller sein, und das schon deshalb, weil man Intellektuelle braucht, wenn man Intellektuelle ansprechen will.

Intellektuelle von dieser Art könnte das Goethe-Institut auch finden. Unter ihnen gibt es viele, denen unzulängliche Besoldungs- und Aufstiegsmöglichkeiten gleichgültig sind, wenn sie dafür die Arbeit an einem Kulturinstitut mitgestalten können. Sie wären dann genau die, auf die es eigentlich ankäme. Nur finden wird man sie kaum, wenn sie nach Belieben der Geschäftsleitung, und so lange wie sie es für richtig hält, auch als Sprachlehrer in einem Provinzstädtchen oder als Verwaltungsangestellte tätig sein sollen. Aber Intellektuelle sucht das Goethe-Institut ohnehin nicht, sonst böte es solche Arbeitsbedingungen nicht an.

Adorno beschreibt in einem seiner Essays, wie ein Prüfungskandidat der Germanistik auf das Ansinnen, er solle ein Intellektueller sein, auf die Weise reagierte, daß er während der ganzen Prüfung stöhnte. In den Aufnahmeprüfungen des Goethe-Instituts hätte er sich das sparen können, weil ein solches Ansinnen dort nicht gestellt wird.

Aber auch wenn man der Ansicht ist, daß die Beschäftigung von Intellektuellen in dem Sinn, wie wir sie beschrieben haben, in einem Kulturinstitut keine Dringlichkeit hat, so gibt es doch einen Beleg dafür, daß das nicht stimmt. Die Effizienz eines Kulturinstituts ist nur schwer meßbar. Am ehesten meßbar ist noch die Wirkung, die es in der Öffentlichkeit, also auf die Medien des Gastlandes ausübt. Hierzu gibt es eine unabhängige Untersuchung, die im Rahmen einer Dissertation über das römische Goethe-Institut vorgenommen wurde. Erfaßt wurde hierbei die Zahl der Zeitungsartikel, die sich mit den Veranstaltungen des römischen Instituts befaßten. Der damalige Leiter des Instituts, Dr. Marschall von Bieberstein, war Romanist, sprach perfekt Italienisch und war als Übersetzer der Gedichte von Ungaretti und Unamuno und als Lyriker hervorgetreten. Der Pen Club machte ihn zu einem seiner Mitglieder. Seine Schriften zur Auswärtigen Kulturpolitik wurden im Bundestag wiederholt im Rahmen der Debatten über Auswärtige Kulturpolitik zitiert. Sie ließen, was die Unabhängigkeit des Urteils anbetrifft, nichts zu wünschen übrig. Den damaligen Leiter des Instituts konnte man sicherlich einen Intellektuellen nennen.[21]

Sein Nachfolger wurde im Jahr 1974 der Leiter der Sprachabteilung in der Zentralverwaltung. Nachdem er die Leitung des römischen Instituts übernommen hatte, ging die Zahl der Zeitungsartikel, die sich mit dessen Tätigkeit befaßten, um mehr als sechzig Prozent zurück.[22] 1990 übernahm Herr von Marschall erneut die Leitung des römischen Instituts. Die Zahl der Berichte italienischer Zeitungen über die Tätigkeit des Instituts erhöhte sich daraufhin wieder gegenüber seinem Vorgänger, der zuvor Personalchef in der Zentralverwaltung gewesen war, um das Vierfache.[23] Es dürfte schwer fallen, das nur für einen Zufall zu halten.

Eigentlich sollten die Dozenten eines Kulturinstitutes die Sprache ihres Gastlandes beherrschen, aber meistens ist das nicht der Fall. Der Versetzungsrhythmus, dem sie unterworfen sind, steht dem entgegen. Spricht ein Dozent die Sprache seines Gastlandes nicht oder nur unzulänglich, so muß er auf eine Lingua Franca, etwa Englisch oder Französisch ausweichen. Nur, ob seine Gesprächspartner sich dann ebenfalls ausreichend auf Englisch oder Französisch verständigen können, ist nicht selbstverständlich. Dabei geht es hier nicht um die Gestaltung der kulturellen Veranstaltungen. Die Sprachbarriere läßt sich dort durch Simultanübersetzung überwinden. Es geht um die Vorgespräche, die die Dozenten des Instituts mit Künstlern, Wissenschaftlern und Intellektuellen ihres Gastlandes führen müssen. Und um die kommen sie nicht herum, wenn die Veranstaltungen des Instituts nicht zur Einbahnstraße und zum Forum nationaler Selbstdarstellung werden sollen. Dafür brauchen sie die Landessprache, und das nicht nur rudimentär, sondern so, daß sie sie differenziert gebrauchen können. Für solche Kontakte taugt eine Simultanübersetzung nicht. Sie wäre zu umständlich und zu teuer.

Auch reicht es nicht aus, daß die Dozenten des Instituts die Landessprache beherrschen. Sie müssen schon mehr bieten als das. Sie müssen für die Gebildeten des Gastlandes auch akzeptable Gesprächspartner abgeben. Sonst wird es ihnen schwer fallen, welche zu finden. Ihr Intellekt, ihre Bildung und ihre rhetorische Fähigkeiten dürfen nicht erheblich geringer sein als die ihrer Partner. Was im Hinblick auf die Einstellungspolitik des Instituts nicht gerade wahrscheinlich ist Und daß sie die Landessprache beherrschen, ist in Anbetracht der Versetzungspolitik des Instituts ebenfalls nicht wahrscheinlich.

Problematisch ist die Versetzungspolitik des Goethe-Instituts schließlich auch, weil die Beziehungen eines Dozenten zu den Gebildeten des Gastlandes nicht ohne weiteres austauschbar sind. Sie sind meistens höchst persönlicher Natur und auf einen Nachfolger kaum übertragbar. Das nachlassende öffentliche Interesse an der Arbeit des Goethe-Instituts Rom nach einem Wechsel der Institutsleiter ist hierfür ein Beleg.[24]

Und schließlich bereitet auch die Ausbildung der Dozenten im Goethe-Institut nur unzulänglich auf die Aufgaben vor, die sie im Ausland erwarten. Sie bestand bisher vor allem darin, daß die Dozenten lernten, Sprachunterricht vorwiegend an Anfänger an einem Goethe-Institut im Inland zu erteilen. Dieses Ausbildungsprogramm wurde durch gelegentliche Fortbildungskurse aufgestockt. Nur, in einem Fortbildungskurs kann man sicherlich viel über die Organisation und die Arbeitsweise des Goethe-Instituts lernen. Bildung vermitteln gelegentliche Fortbildungskurse nicht. Die muß man mitbringen. Nach Beendigung der Ausbildung wird der Dozent vor allem danach beurteilt, ob er sich als Sprachlehrer bewährt hat. Allerdings hat seine Ausbildung – wenn man sie so nennen mag – wenig zu tun mit dem, was er später an einem Kulturinstitut leisten soll.

Aber warum eine solche Versetzungspolitik und warum eine solche Personalpolitik? Nehmen wir, an die Geschäftsführung des Goethe-Instituts würde einen Dozenten beschäftigen, der Arabisch spricht und sich in der arabischen Literatur und Philosophie auskennt. Ein solcher Dozent würde, wenn er in Kairo oder Tunis tätig ist, kaum bereit sein, sich nach Hongkong oder Moskau oder Oslo versetzen zu lassen. Auch wäre er wahrscheinlich wenig gewillt, über Jahre hinaus und ganz nach dem Belieben der Geschäftsführung Sprachfertigkeiten an einer der Sprachschulen im Inland zu vermitteln oder eine Tätigkeit als Verwaltungsangestellter zu übernehmen. Obendrein wäre er sich bewußt, daß es schwierig wäre, ihn durch einen Dozenten mit ähnlichen Qualifikationen zu ersetzen. Die Geschäftsführung müßte deshalb damit rechnen, daß er Arbeitsbedingungen verlangen und Gehaltsforderungen stellen würde, die nicht zu den Vorstellungen des Auswärtigen Amtes passen. Ein solcher Dozent würde den reibungslosen Betriebsablauf stören. Insofern dürfte die Geschäftsführung des Instituts wenig geneigt sein, ihn einzustellen.

. Als Vorbild für die Versetzungspolitik des Goethe-Instituts dient ihr statt dessen das Berufsbild des Kulturattachés. Ein Kulturattaché wird alle vier bis fünf Jahre versetzt. Nur haben Kulturattachés andere Aufgaben als Dozenten von Kulturinstituten. Ihre Aufgabe ist im wesentlichen die Beobachtung der Kulturszene des Gastlandes, die kulturelle Repräsentation und die Organisation kultureller Zusammenarbeit mit der Bundesrepublik. Die Tätigkeit von Dozenten eines Kulturinstituts hat andere Ziele. Kulturattachés müssen nicht unbedingt die Sprache ihres Gastlandes sprechen. Dozenten von Kulturinstituten sehr wohl. Dozenten sind schon deshalb nur beschränkt austauschbar und versetzbar. Oder wenigstens sollte es so sein. Für Kulturattachés gilt das nicht. Man kann sie überall einsetzen.

Macht man die Tätigkeit von Kulturattachés zum Vorbild für die Arbeit der Goethe-Institute, so hat das zur Folge, daß sie mehr der Repräsentation als einem Dialog dienen. Der Repräsentation der Bundesrepublik versteht sich. Und repräsentativ sind die Goethe-Institute durchaus. Sie liegen meistens in den teuren Vierteln der Stadt, die Unterrichtsräume sind gepflegt, die Aufenthaltsräume sind von üppiger Einfachheit, die Eingangshallen wirken gediegen, die Bilder an den Wänden zeugen von Geschmack und Sinn für moderne Kunst, die Bibliothek ist wohl assortiert, und die Mitarbeiter sind freundlich und hilfsbereit. All dies ist ansprechend und repräsentativ. Nur, Repräsentation ist nur am Rande eine Aufgabe von Kulturinstituten. Ihre eigentliche Aufgabe ist es nicht.

Nun könnte man meinen, es sei doch schon viel gewonnen, wenn ein Kulturinstitut zur Bereicherung des kulturellen Angebotes seines Gastlandes beiträgt und wenn es verbilligten Sprachunterricht anbietet. Irgendein Schaden könne hieraus nicht entstehen. Die Frage ist nur, ob es so ist. Wir haben die vom Goethe-Institut angewandte und weltweit propagierte Didaktik kontraproduktiv genannt. Jedenfalls im Hinblick auf die Aufgaben eines Kulturinstituts. Wir meinen, daß es so sich in der Tat so verhält. Fragen wir uns zunächst einmal, wo die Schwerpunkte der Einfluß- und Wirkungsmöglichkeiten des Goethe-Instituts liegen. Sie liegen nicht, auch wenn man das glauben könnte, in seinen kulturellen Veranstaltungen. Sie liegen im Sprachunterricht und der damit verbundenen Beratung und Ausbildung. Die kulturellen Veranstaltungen des Goethe-Instituts haben in der Regel zwischen 50 und 200 Besucher. Sie finden durchschnittlich zwei- bis dreimal pro Woche statt und dauern durchschnittlich ein bis zwei Stunden. An den Sprachkursen nehmen durchschnittlich 20–25 Schüler teil. Sie dauern gewöhnlich zwei- bis dreihundert Stunden. Die Möglichkeiten, Einfluß auszuüben, gesellschaftliche oder politische Wirkungen zu erzielen, sind in den Sprachkursen erheblich größer als in den kulturellen Veranstaltungen. Einfach, weil die Sprachkurse des Instituts sehr viel mehr Menschen besuchen als seine Veranstaltungen und weil die Sprachkurse um ein Vielfaches länger dauern. Und weil sie eine intensive und regelmäßige Mitarbeit der Teilnehmer erfordern. Diese höheren Einfluß- und Wirkungsmöglichkeiten gelten auch dann, wenn man berücksichtigt, daß der Anteil meinungsbildender Personen in den kulturellen Veranstaltungen höher sein dürfte als in den Sprachkursen.

Hinzukommt, daß die Dozenten des Goethe-Instituts im In- und Ausland ausländische Deutschlehrer ausbilden. Diese Lehrer übernehmen – jedenfalls in der Regel – die im Goethe-Institut erlernten Unterrichtstechniken und die damit verbundenen Lehrziele. Was zur Folge hat, daß sie dadurch auch die Unterrichtstechniken und Lehrziele in anderen Lehrfächern beeinflussen. Aber noch wirksamer, oder sagen wir genauer, folgenreicher ist, daß die Dozenten des Goethe-Instituts überall in der Welt Schulen, Universitäten und Kultusministerien beraten und ihnen die Lehrmethoden des Goethe-Instituts und die hierfür geeigneten Lehrbücher empfehlen.[25] Eine Beratung, die deshalb ein besonderes Gewicht hat, weil das Goethe-Institut als die offizielle kulturelle Institution der Bundesrepublik im Ausland in Erscheinung tritt, und weil seine Dozenten sich auf das Ansehen der Bundesrepublik als Kultur- und Wissenschaftsnation berufen können.

Welchen Umfang die Beratungs- und Ausbildungstätigkeit des Goethe-Instituts hat, zeigt eine Aufstellung im Jahrbuch des Goethe-Instituts.[26] Danach hat das Goethe-Institut allein im Jahr 2001 im Bereich der Lehrerausbildung und Fortbildung 5428 Projekte durchgeführt an denen 165.030 Deutschlehrende und Fortbilder sowie 735.675 Schüler und Studenten teilnahmen.[27] Über welch gewaltiges Potential an Einflußmöglichkeiten das Goethe-Institut hier verfügt, ergibt sich auch daraus, daß weltweit 20 Millionen Menschen in 140 Ländern der Erde Deutsch lernen.[28] Geht man davon aus, daß sie mit der Vorbereitungszeit auf den Unterricht hierfür circa 450 Stunden pro Jahr aufwenden so ergibt das etwa neun Milliarden Stunden, die sich Ausländer jährlich mit dem Erlernen der deutschen Sprache befassen.

Und auch für das Goethe-Institut ist der Sprachunterricht und die damit verbundene Ausbildung und Beratung keine Nebensache. Der Sprachunterricht und alles, was damit zusammenhängt, ist das Feld, auf dem das Goethe-Institut zu sich selber findet. Nur dort operiert es auf eigene Hand und nur dort wird seine geistige Substanz sichtbar. Der Glanz der Veranstaltungen, die es organisiert, ändert hieran nichts. Ein Glanz, der jedenfalls meistens nicht von den Mitarbeitern des Goethe-Instituts herrührt, sondern von denen, die in den Veranstaltungen auftreten. Was also hat das Goethe-Institut mit diesen Einflußmöglichkeiten angefangen? Welche Unterrichtsmethoden hat es verwendet und empfohlen?

Wenn ein Kulturinstitut seinem Namen und dem darin enthaltenen Anspruch gerecht werden will, sollte sein Sprachunterricht auch auf die Vermittlung von Bildung zielen. Er sollte dazu beitragen, daß die Schüler sich und ihrer Möglichkeiten habhaft werden. Die Schüler sollten im Unterricht darüber hinaus lernen, genau zu formulieren, und er sollte ihre Bereitschaft zur kritischen Analyse und zur Selbständigkeit des Denkens fördern. Fähigkeiten, die zu den zu den Voraussetzungen der Mündigkeit des Menschen und zu den Bedingungen für die Entfaltung einer offenen Gesellschaft gehören.

Das Goethe-Institut hat sich diesen Forderungen, die man an den Sprachunterricht eines Kulturinstituts stellen muß, nicht nur entzogen, es hat überdies auch noch 25 Jahre lang von Mitte der sechziger Jahre bis

Ende der achtziger Jahre weltweit eine Unterrichtsmethode empfohlen, die Mündigkeit untergräbt.

Eine These wird man sagen. Nichts weiter. Aber wenn sie mehr ist als das, wie ist sie zu belegen? Bis Mitte der sechziger Jahre bediente sich das Goethe-Institut in seinen Unterrichtsstätten einer kognitiven Unterrichtsmethode. Der Lehrer vermittelt die in der zu erlernenden Sprache geltenden Regeln und Gesetzlichkeiten. Der Schüler nutzt das, indem er die Sprache auf eine reflektierte Weise erlernt. Der Lehrer lehrt Sprache nach dieser Methode nicht als Umgangssprache, sondern als Sprache der Gebildeten als sogenannte Schriftsprache. Insofern erfordert sie Genauigkeit in der Wortwahl und in der Formulierung, sowohl vom Lehrer als auch vom Schüler. Die kognitive Methode macht den Schüler früh mit literarischen Texten bekannt und sucht dessen Lernmotivation durch deren ästhetische und inhaltliche Qualität zu erhöhen. Sie ist die klassische Methode des Sprachunterrichts.

Mitte der sechziger Jahre wandte man sich im Goethe-Institut von der kognitiven Unterrichtsmethode ab und übernahm statt dessen eine aus Amerika kommende neue Lehrmethode. Es handelte sich um die sogenannte audiolinguale, direkte Methode, die das Goethe-Institut anschließend auch weltweit als fortschrittliche Unterrichtsmethode empfahl.

Die audiolinguale direkte Methode beruht auf einer Konditionierung von Lernvorgängen. Der Lehrer oder eine Lehrmaschine geben Sprachsegmente sogenannte Stimuli vor, auf die die Schüler antworten. Darüber hinaus übt er mit seinen Schülern die sprachliche Bewältigung von häufig wiederkehrenden Alltagssituationen ein. Auf die Weise wird Sprache durch die Aneinanderreihung von Drillvorgängen erlernt. Eine analytische Erfassung der Sprache ist hierbei nicht vorgesehen. Das Ziel der Unterrichtsmethode ist das Erlernen der Sprache als gesprochene Sprache. Die Schüler werden dazu angehalten, auch ungenaue und verwaschene Formulierungen und Redensarten zu gebrauchen, wie sie in der gesprochenen Sprache häufig sind. Einen Bildungsauftrag hat diese Methode nicht. Sie beschränkt sich darauf, Sprache als Kommunikationsfertigkeit zu lehren. Im Unterschied zur kognitiven Unterrichtsmethode erlernen die Schüler Sprache als Abfolge von bedingten Reflexen und ohne den Lernvorgang zu reflektieren.

Technisches Vehikel der Methode war das sogenannte Sprachlabor. Ein Sprachlabor besteht aus Tonbandgeräten, die mit einem vom Lehrer bedienten Schaltpult verbunden sind. Der Lehrer nimmt Sprachsegmente, die linguistisch signifikant sind, sogenannte Pattern, auf Tonband auf. Die Pattern erfordern eine Antwort, die der Lehrer ebenfalls auf Tonband aufzeichnet. Der Schüler hört das Tonband ab und kontrolliert die Korrektheit seiner Antwort. Dabei wird er etwa mit folgendem Stimulus-Respons Schema konfrontieret:

Lehrer auf Tonband: Fahren Sie in die Stadt?
Erwartete Schülerantwort: Ja, ich fahre in die Stadt.
Lehrer auf Tonband: Hören Sie die Musik?
Erwartete Schülerantwort: Ja, ich höre die Musik.
Lehrer auf Tonband: Sehen Sie das Haus?
Erwartete Schülerantwort: Ja, ich sehe das Haus.[29]

Ein Schema, das dann in vielen Variationen immer aufs neue wiederholt wird.

Das Goethe-Institut schaffte bis 1973 97 Sprachlabore an und wurde so in der Bundesrepublik zum Vorreiter für die Anschaffung von Sprachlaboren. In den folgenden Jahren ließ seine Geschäftsführung sämtliche 128 damaligen Goethe-Institute im In- und Ausland mit einem oder mehreren Sprachlaboren ausstatten. Auf Messeständen empfahlen Mitarbeiter des Instituts Lehrern und Schulleitern den Ankauf dieser Anlagen und damit verbunden auch die Einführung der audiolingualen Unterrichtsmethode. Die gleichen Empfehlungen trugen sie weltweit in allen Bildungsinstitutionen vor, in denen sie als Berater auftraten.

Was die Geschäftsführung des Goethe-Instituts veranlaßt hat, Sprachlabore anzuschaffen und empfehlen zu lassen, dürfte ein Kalkül gewesen sein, das bei allen industriellen Investitionen eine Rolle spielt, nämlich die Arbeitseffektivität durch den Einsatz von Lehrmaschinen zu erhöhen. Allerdings waren sowohl die Empfehlungen als auch deren Anschaffung ohne Grundlage. Die Sprachlabore erwiesen sich als Flop. Sie waren so etwas wie die Neuauflage der Geschichte von „Des Kaisers neuen Kleidern". In einer Untersuchung, die 1972 erschien, wies der Verfasser nach, daß Sprachlabore nichts bewirken.[30] Sie erhöhten die Lerneffizienz der Schüler nicht. Ungeachtet dessen kaufte die Geschäftsführung des Goethe-Instituts in den folgenden Jahren weitere Sprachlabore.

Nachdem sie schließlich zu der Erkenntnis gekommen war, daß Sprachlabore in der Tat nutzlos sind, schaffte die Geschäftsleitung sie Ende der achtziger Jahre wieder ab. Insgesamt hat sie für den Kauf, den Unterhalt und die Betreibung von Sprachlaboren circa 12.5 Millionen Euro investiert.[31] Die Schulen und Universitäten, die überall in der Welt aufgrund der Empfehlungen der Mitarbeiter des Goethe-Instituts diese Anlagen erworben und betrieben hatten, dürften eine Vielfaches von diesem Betrag aufgewandt und verloren haben.

Kehren wir zurück zur audiolingualen direkten Methode, die eine der Voraussetzungen für den Einsatz von Sprachlaboren ist. Die Methode beruht auf der Lehrtheorie des Behaviorismus. Sie repräsentierte fast nahtlos die Umsetzung von Thesen der Verhaltensforschung in Amerika in ein didaktisches Verfahren. Verhaltensforscher wie Thorndike, Watson, Bloomfield und Mowrer vertraten die Ansicht, daß Sprache durch Verstärkung von verbalem Verhalten erlernt wird, daß Sprache erklärbar sei als reines Verhaltensphänomen, das steuerbar wäre wie andere Verhaltensweisen auch, und daß Bedeutung überhaupt nur relevant sei als Funktion des Verhaltens. In Tierversuchen hatten sie das Lernverhalten unter anderem von Hunden, Affen und Tauben untersucht, wobei sie davon ausgingen, daß sich die hierbei gewonnenen Erkenntnisse auf das Lernverhalten von Menschen übertragen lassen. Durch eine Abfolge von Reizen und Reaktionen erlernten Tiere bestimmte Fertigkeiten. Etwa eine gewünschte Taste zu drücken, oder beim Laufen eine Acht zu beschreiben. Die Behavioristen empfahlen, die auf Stimulus und Respons beruhenden Unterrichtstechniken auch bei Schülern im Sprachunterricht anzuwenden.

Sie waren überzeugt, daß es sich hierbei um eine besonders effiziente Methode handelte, weil die Schüler sich die zu erlernende Sprache direkt, unmittelbar und ohne den zeitraubenden Umweg einer Analyse der sprachlichen Strukturen aneignen. Um Inhalte von Sprache ging es den Behavioristen nicht. Ihre Lehrmethode ist ein Verfahren, um die Erlernung beliebiger Kenntnisse und Fertigkeiten zu ermöglichen. Oswald Wiener hat sich hierzu die Anmerkung einfallen lassen: „Die Behavioristen haben zwar nichts was sie lehren könnten, aber die Methode dafür haben sie schon." Der prominenteste Vertreter der Verhaltensforschung und Befürworter der audiolingualen Methode war B.F. Skinner. Skinner hielt die Manipulation der Schüler durch Lehrer oder Lehrmaschinen nicht nur für zulässig, sondern sogar für notwendig. Behavioristische Lehrtechniken lassen sich nach Überzeugung von Skinner und der Behavioristen nicht nur im Sprachunterricht, sondern auch in fast jeder anderen Art von Unterricht anwenden. Überall dort nämlich, wo es um die Vermittlung von Kenntnissen oder Fertigkeiten geht.

Darüber hinaus empfahl Skinner auch die Konditionierung von Reflexen als ein Mittel der Erziehung zu ethischem Verhalten und zur Steuerung von Staat und Gesellschaft. In seinem Buch „Futurum II" legte er den Entwurf einer konditionierten Gesellschaft vor.[32, 33] Er beschreibt dort, wie Verhaltensforscher Menschen durch eine Kette von Reizen und Reaktionen, von Belohnungen und Verweigerungen so programmieren, daß sie sich gesellschaftskonform verhalten. Auf diese Weise wäre es nach Skinner möglich, Kriminalität, Armut, Kriege und weitgehend auch Krankheiten zu eliminieren und den Menschen zu einem glücklichen und zufriedenen Leben zu verhelfen. Auch wenn dieses Modell einer programmierten Gesellschaft in der Praxis nie so angewendet wurde, so ist doch nicht zu leugnen, daß die behavioristische Theorie die Möglichkeit eines von Verhaltensforschern gesteuerten Staates enthält.

Abgesehen davon: Die Konditionierung von Menschen nach behavioristischen Denkmodellen ist in Politik und Wirtschaft längst gang und gebe. So im Dritten Reich, wenn der Redner die Worte „Ein Volk, ein Reich" als Stimuli rief und die Menschenmenge mit „Ein Führer" antwortete. Oder wenn der Lehrer im sozialistischen Staat die Klasse mit „Für Frieden und Sozialismus. Seid bereit!" begrüßte und die Schüler mit „Immer bereit!" antworteten. Ähnliche Techniken werden in vielen Sektoren des öffentlichen Lebens, darunter in der Werbung angewandt, wobei sie sich der Methode des sogenannten operanten Konditionierens bedient. Ein vorhandener Impuls, wie das Streben nach Gesundheit oder Freiheit, wird durch Bilder oder Slogans verstärkt und an den Verkauf einer Ware, etwa von Zigaretten, gekoppelt. Der Kunde wird unmittelbar und ohne Einschaltung des Verstandes veranlaßt, sich für den Erwerb zu entscheiden. Die Wahlplakate und Fernsehspots politischer Parteien beruhen auf den gleichen Konditionierungstechniken.

All diesen Techniken ist gemeinsam, daß sie auf der Manipulation von Verhalten beruhen, und daß sie, wie es der Definition von Manipulation entspricht, das kritische Urteil ausschalten. Das gleiche gilt für das Eindrillen von Pattern im Rahmen von behavioristisch orientierten Lehrmethoden. Pattern werden im Sprachunterricht nach zwei Gesichtspunkten ausgewählt: Nach ihrer linguistischen Signifikanz und nach dem Grad ihrer Häufigkeit in umgangssprachlichen Situationen. Indem die behavioristische Instruktionstechnik die Inhalte, die Sprache transportiert, aus dem Brennpunkt der Lernprozesse herausrückt und Sprache als eine beliebig auswechselbare Kombinatorik von Strukturen und Chiffren präsentiert, gibt sie sich als ein objektives und wertfreies Lehrverhalten.

Allerdings ohne es zu sein. Im Automatisieren von Pattern, von Sequenzen der Alltagssprache, die dem immer wieder Gebrauchten und Wiederholten konform sind, vermitteln sie ein Netz von systemimmanenten Bewußtseinsmustern, die unter Ausschaltung analytischen Denkens automatisiert werden. Insofern zielen diese Unterrichtsverfahren immer auch auf eine Verfestigung des Bestehenden und haben teil an der Erhaltung des jeweils gegebenen gesellschaftlichen status quo.

Insofern hat es erhebliche und weitreichende Wirkungen, wenn man Lehrer und Schüler veranlaßt, sich auf behavioristische Lehrverfahren einzulassen. Wirkungen, die sich nicht auf das Bildungswesen beschränken, sondern Verhaltensweisen einer Gesellschaft insgesamt beeinflussen. Skinner hat das in „Futurum II" durchaus richtig gesehen und beschrieben. Und vergessen wir nicht: Manipulations- und Konditionierungstechniken sind wesentliche, wenn nicht sogar die entscheidenden Herrschaftsinstrumente des modernen autoritären Staates. Wenn ein Kulturinstitut wie das Goethe-Institut eine solche Lehrmethode weltweit verbreitet, so hat das Konsequenzen, die weit über die Erteilung von Sprachunterricht hinausreichen.

Aber verbleiben wir noch etwas bei der sogenannten audiolingualen, direkten Unterrichtsmethode. Sie hat noch eine weitere Schwäche: Nämlich ihr Ziel, Sprache als Umgangs- und Alltagssprache zu lehren. Umgangssprache ist ein diffuses Phänomen. Eine eindeutig definierte Umgangssprache gibt es nicht. Was es gibt, sind vor allem schichtenspezifische und fachspezifische Sprachen, die sich oft erheblich voneinander unterscheiden, aber alle in die Rubrik Umgangssprache eingeordnet werden. Nehmen wir, um zu verdeutlichen, worum es hier geht, ein Beispiel aus der deutschen Umgangssprache. Wenn ein Arbeiter zu seiner Frau sagt, daß er zur Arbeit geht, so wird er in der Regel sagen: „Ich muß ackern" oder „ich geh malochen." Ein Büroangestellter wird eher sagen: „Ich gehe ins Büro." Ein Fabrikdirektor wird wahrscheinlich sagen: „Ich hab noch zu tun." Alle drei Formulierungen drücken den gleichen Vorgang aus. Und sind doch, was das verwendete Vokabular anbelangt, gänzlich voneinander verschieden. Auch in Syntax und Grammatik unterscheiden sich schichtenspezifische Sprachen voneinander. Die Sprache eines Handarbeiters ist in der Regel weniger differenziert, kommt mit einem geringeren Wortschatz aus und hat beschränktere Ausdrucksmöglichkeiten als die Sprache eines Akademikers.

Aber nicht allein das macht das Konzept, „die Umgangssprache" zur Zielsprache des Sprachunterrichtes zu erklären, zu einem wenig sinnvollen Unterfangen. Neben den Umgangsprachen der Erwachsenen gibt es noch die Jugendsprachen, die sich ständig verändern. Jugendsprachen dienen Jugendlichen dazu, sich als eine zusammengehörende Gruppe innerhalb der Gesellschaft zu identifizieren. Sobald Erwachsene wie Sozialarbeiter oder Lehrer Bestandteile der Jugendsprache übernehmen, erfinden die Jugendlichen ihre Sprache neu. In den Formen der Jugendsprache grenzen sie sich von der Welt der Erwachsenen ab.[34]

Von den Umgangssprachen der Erwachsenen unterscheiden sich die Jugendsprachen deutlich. Aber auch sie sind Umgangssprachen. Hinzukommt, daß in die Umgangssprachen Dialekte und unzählige Fachsprachen hinein wirken. Die Umgangssprache von Philologen unterscheidet sich erkennbar von der Umgangssprache von Naturwissenschaftlern. Sie machen zumindest teilweise auch in ihrer Umgangs- und Alltagssprache von ihrem fachspezifischen Wortschatz Gebrauch.

Aber wenn es „die Umgangssprache" nicht gibt, welche der vielen Umgangsprachen sollte ein Sprachschüler dann lernen? Eine bestimmte und wenn ja welche? Oder alle zusammen? Aber alle zusammen würde genau so wenig Sinn machen wie eine bestimmte. Alle zusammen bedeutet, daß ein Sprachschüler nicht eine, sondern mehrere Sprachen erlernen müßte. Als ob die Erlernung einer Fremdsprache nicht schon Mühe genug wäre. Falls er aber nur eine bestimmte Sprache, etwa die Jugendsprache lernt, so erleidet er auf allen anderen Sprachebenen Schiffbruch. Sinnvoll kann es deshalb nur sein, nur die Sprache zu erlernen, zu der alle in einem Sprachraum Zugang haben. Das ist nicht die gesprochene, sondern die Schriftsprache, die die Gebildeten auch weitgehend als Umgangssprache verwenden und die flexibel genug ist, um sich in allen denkbaren Alltagssituationen zu verständigen.[35]

Daß so gut wie alle, die eine Sprache als Muttersprache sprechen, den Zugang zur Schriftsprache haben, ergibt sich schon daraus, daß ein Arbeiter Worte wie „ackern" und „malochen" gegenüber einem Ausländer nicht verwenden wird, weil er weiß, daß er sie nicht versteht Er wird statt dessen hierfür ein Wort der Schriftsprache, nämlich „arbeiten" verwenden. Schreibt er einen Brief, wird er ebenfalls die Schriftsprache gebrauchen. Nicht die Umgangssprache seiner Schicht. Warum also sollte man Sprachschüler veranlassen, neben der Schriftsprache noch weitere schichtenspezifische Sprachen erlernen? Der Grund ist, daß es keine allgemein gesprochene Umgangssprache gibt. Weil das so ist, behelfen sich die Vertreter der audiolingualen direkten Methode damit, ihren Schülern ein breites Spektrum verschiedener Umgangssprachen vorzustellen. Offensichtlich in der Erwartung, daß man alle zusammen dann als Umgangssprache deklarieren kann. Ein Verfahren, bei der die Bruchstellen der audiolingualen Methode unübersehbar werden.

Womit wir zu einer weiteren Schwäche dieser Didaktik kommen. Die Verhaltensforscher, die sie entwickelt haben, mochten zwar viel von Verhaltensforschung verstehen, aber zur Sprache als ein Phänomen des Denkens hatten sie ein eher argloses Verhältnis. Der Sprachtheorie der Behavioristen stellte der amerikanische Linguist Noam Chomsky die These gegenüber, daß sprachliche Performanz, sprachliche Leistung zustande kommt durch die dem menschlichen Geist innewohnende transformative Fähigkeit, eine unendliche Menge möglicher sprachlicher Tiefenstrukturen in Oberflächenstrukturen umzusetzen. Er hat seine Kritik an der behavioristischen Lehrtheorie so formuliert:

> „Die Diskussion dessen, was ich den „kreativen Aspekt des Sprachgebrauchs“ genannt habe, dreht sich um drei wichtige Beobachtungen. Die erste ist, daß der normale Gebrauch der Sprache in dem Sinne produktiv ist, daß vieles von dem, was wir bei normalem Sprachgebrauch sagen, gänzlich neu ist, daß es sich nicht um eine Wiederholung von irgend etwas handelt, das wir zuvor gehört haben, und daß es noch nicht einmal Sätzen oder Texten, die wir in der Vergangenheit gehört haben, in Pattern ähnlich ist – in irgendeiner sinnvollen Verwendung der Begriffe Pattern und ähnlich. Das ist eine Binsenwahrheit, allerdings eine entscheidende, die häufig übersehen wird, und die in der behavioristische Phase der Linguistik nicht selten geleugnet wurde, da man fast gemeinhin annahm, daß die Sprachkenntnisse eines Menschen als eine gespeicherte Menge von Pattern repräsentiert werden, erlernt durch ständige Wiederholung und eingehendes Training, wobei Neuerungen allenfalls eine Sache von Analogien seien. Tatsache ist demgegenüber jedoch sicherlich, daß die Zahl der Pattern, die unserem normalen Sprachgebrauch zu Grunde liegen und mit sinnvollen und leicht verständlichen Sätzen in unserer Sprache korrespondieren in der Größenordnung weit höher liegt als die Anzahl von Sekunden während einer Lebensdauer.[35]

Aber nicht nur, was das Zustandekommen von Sprache anbelangt, widersprachen die Linguisten den Behavioristen. Die Behavioristen sahen nicht, daß Sprache mehr ist als nur „middle of communication“, mehr ist als eine Fertigkeit, daß Sprache die Überzeugungen und Vorstellungen von Menschen schon dadurch prägt, daß sie sie gebrauchen. Schon 1931 hatte einer der führenden amerikanischen Linguisten E. Sapir geschrieben:

> „Sprache ist auch eine selbstständige schöpferische symbolische Organisation, die sich nicht nur auf die ohne ihre Hilfe gemachte Erfahrung bezieht, sondern in Wirklichkeit Erfahrung für uns definiert, mittels ihrer formalen Vollständigkeit, und weil wir die implizierte Erfahrung der Sprache unbewußt auf das Feld der Erfahrungen projizieren.“ [35a]

Die Propagandisten von Staatsideologien haben das schon immer gewußt. Wie die Nationalsozialisten. Eine ihrer ersten Maßnahmen nach ihrer Machtergreifung war die Veränderung von Definitionen politisch relevanter Begriffe in den Konversationslexiken. Sie sorgten dafür, daß Worte wie Marxismus, Liberalismus, Rasse, Gewerkschaft, Staat und Gesellschaft eine neue, von der nationalsozialistischen Ideologie geprägte Bedeutung erhielten. Darüber hinaus setzten sie Sprachregelungen für Rundfunk und Presse durch. Ideologisch geprägte Sprachfelder, in die Worte eingingen wie „Ortsgruppenleiter“, „Lebensraum“, „Ariernachweis“, „Systemzeit“, „Asphaltliteratur“, „entartet“, „Plutokratie“ und „Volksaufklärung“, die rasch Bestandteil der Umgangssprache wurden, so daß etwa für „Volk“ die Bezeichnung „Volksgemeinschaft“ selbstverständlich wurde.

Ähnliches bewirkten die kommunistischen und sozialistischen Ideologen mit Bezeichnungen wie „Arbeitskollektiv“, „Friedensgrenze“, „Völkerfreundschaft“, „Klassenstandpunkt“ und „Werktätige“. Den Propagandisten beider Ideologien gelang es auf diese Weise, ein Netzwerk von sprachlichen Wendungen und Worten zu etablieren, das weite Bereiche der Umgangssprachen durchzog, so daß es einer besonderen Anstrengung bedurfte, die von der Sprache gezogenen ideologischen Gleise zu verlassen. Gegner dieser Ideologien mußten nach einiger Zeit bemerken, daß es für ihre Gegnerschaft nur noch Worte gab, die skurril oder veraltet wirkten.

Diese ideologisch geprägten Sprachcodes bewirkten, daß sie Ideologien ohne Einschaltung des Verstandes vermittelten. Sie waren Instrumente der Manipulation und sind es immer noch. Auch wenn ideologisch geprägte Slogans und Worte unserer Sprache heute sehr viel unauffälliger daherkommen als in der nationalsozialistischen und kommunistischen Epoche.[36] Hierzu gehören Slogans aus der Sprache der Werbung wie „Hast Du was, bist Du was“ oder „Mach mal Pause“ oder „Pack den Tiger in den Tank“ oder Worte wie „Rundumsorglosversicherung,“ „Discountcenter," „Kundendienst," „Traumhaus" „Oberklasse" und „Sportwagen". Oder aus dem Wortschatz von Erziehern und Lehrern, Worte wie „Projektgruppe", „Fortbildungskurs", „Betreuung", „innovativer Unterricht", und „progressive Erziehung". Oder aus der Sprache von Politikern Worte wie „Solidaritätszuschlag", „Mittelstandsförderung" „Solidargemeinschaft", „Diäten", „Rentenanpassung", „sozialverträglich", „Sozialausgleich", und „Verteidigungsministerium". Das gesprochene oder geschriebene Wort setzt sich hier unmittelbar in Ideologie um. Es ist Bestandteil der Ideologie.

Dies bedenkend, wird eines deutlich: Sprache ist schon aus diesen Gründen mehr als bloß „middle of communication". Eine der wichtigsten Aufgaben einer kulturellen Institution, die der Freiheit und der Mündigkeit des Menschen verpflichtet ist, wäre also, Sprache nicht unreflektiert zu lehren. Das Goethe-Institut hat sich dieser Aufgabe entzogen. Was keine Zufälligkeit war. Die Anwendung der audiolingualen direkten Methode entsprach genau dem, was die Geschäftsführung für den Sprachunterricht des Instituts für verbindlich erklärt hatte. 1972 hatte der damalige Direktor des Goethe-Instituts, Werner Roß, ein Buch von etwa 200 Seiten unter dem Titel „Deutsch in der Konkurrenz der Weltsprachen" publiziert, das man sicherlich eines der erstaunlichsten und bemerkenswertesten Dokumente in der Geschichte des Goethe-Instituts nennen kann.[36]

In Amerika, schrieb er, wäre eine grundlegend neue Methode des Sprachunterrichtes entstanden. Sie folge nicht dem an den Schulen üblichen Sprachunterricht, sondern begreife Sprache als eine Fertigkeit, die man erlerne wie Autofahren oder Rechnen. Das auffallendste Produkt der neuen Methode seien die Sprachlabore, die das Eindrillen von Sprachsegmenten ermöglichten. Er schrieb, die neue Methode rationalisiere den Lernprozeß wie anderswo Produktionsprozesse rationalisiert würden, und wer diesem Gesetz nicht gehorche, sei schon als Stümper entlarvt. Sie bilde Situationen vor, in die der Schüler in normalen Fällen komme und statte ihn dafür mit sprachlichem Material aus. Die alte Einheit von Sprach- und Literaturunterricht sei zerbrochen. Moderner Sprachunterricht führe beim Erlernen des Englischen nicht mehr zu Shakespeare und im Französischen beginne man nicht mehr mit Lafontaines „Maitre Corbeau sur un arbre penché". Die Literatur sei im Sprachunterricht entthront. An ihre Stelle sei die Landeskunde, und wie Werner Ross es formulierte, die Beschäftigung mit der Gesamtzivilisation getreten.

Die Erörterung des Gegensatzes von Kultur und Zivilisation hat Werner Ross in seinem Buch ausgespart. Obwohl sich hiermit zu befassen in diesem Zusammenhang sicherlich angemessen gewesen wäre. Aber fragen wir uns noch einmal, ob wir Werner Ross wirklich richtig verstanden haben. Das Goethe-Institut wollte sich im Sprachunterricht, von Ausnahmen abgesehen, mit Literatur nicht oder nicht mehr befassen? Zweifellos, wir haben ihn richtig verstanden. Aber wie sollten wir das nicht absurd finden? Das Institut ist im Namen Goethes tätig und gibt als seinen Auftrag die Pflege der deutschen Sprache und Kultur an. Was bedeutet es dann, wenn der Direktor eines solchen Instituts erklärt, Literatur sei nicht mehr Gegenstand des Sprachunterrichtes? Ist das nicht so, als würde der Direktor eines wissenschaftlichen Instituts sagen, in der Lehrtätigkeit des Instituts ginge es nicht mehr um die Wissenschaft? Das Goethe-Institut bezieht sein Prestige auch daraus, daß Literaten und Poeten in seinen Veranstaltungen willkommen sind. Nur ihre Werke sind es im seinem Sprachunterricht nicht. Es fällt schwer, dies nicht sonderbar zu finden. Aber wenn das Goethe-Institut in seinem Sprachunterricht für die deutsche Literatur nicht zuständig war und wenn die Schulen und andere Bildungsinstitutionen es überall in der Welt auch nicht sein sollen. Wer dann?

Werner Ross hat in seinem Text nicht weiter begründet, warum er die audiolinguale direkte Methode als die einzig mögliche Unterrichtsmethode bezeichnete, und warum er es Stümperei nannte, auf den Gebrauch dieser Methode zu verzichten. Zur Begründung dieser Behauptung, die eigentlich nur eine These war, die er aber als These nicht deklarierte, hat er sich nicht auf wissenschaftliche Publikationen oder Effizienzuntersuchungen berufen, sondern sich damit begnügt, sie als zeitgemäß zu erklären. Er hat damit nichts weiter getan, als sich einem Trend anzuschließen und damit noch einmal deutlich gemacht, was die Crux aller von Administratoren geführten Institutionen ist: Daß sie nicht genügend eigene Substanz haben um einem Trend, wenn nötig – und hier wäre es nötig gewesen – zu widerstehen. Wenn dies alles schon erstaunlich war, noch erstaunlicher war, daß weder die zuständigen Beamten des Auswärtigen Amtes noch die Lehrer und Dozenten des Goethe-Instituts den Thesen von Werner Ross widersprachen. Es gab keinen Protest und auf eine Barrikade ging niemand. Man richtete sich schlicht nach dem, was angesagt war. Den Dozenten und Lehrern des Goethe-Instituts war offensichtlich das Gefühl dafür verloren gegangen, daß der Auftrag des Lehrers auch darin besteht, den Schülern einen Zugang zur Sprache zu verschaffen, der weiter reicht als ihr Gebrauch als Kommunikationsmittel. Wenn es irgend etwas gab, was das geistige Klima des Instituts sichtbar machte, dann dies.

Werner Ross hat in seinem Buch nicht nur darauf verzichtet, sich auf wissenschaftliche Publikationen zu berufen. Er hat sie gar nicht erst wahrgenommen. Und die wissenschaftliche Abteilung des Goethe-Instituts, die Werner Ross beriet, offensichtlich auch nicht. Bereits sieben Jahre vor dem Erscheinen von „Deutsch in der Konkurrenz der Weltsprachen“ hatte die Columbia Universität in New York die Effizienz der klassische Unterrichtsmethode und der audiolingualen Unterrichtsmethode in Verbindung mit Sprachlaboren miteinander verglichen.[37] Das Ergebnis war, daß die audiolinguale Unterrichtsmethode die Unterrichtseffizienz gegenüber der klassischen kognitiven Unterrichtsmethode nicht erhöhte, sondern senkte. Eine weitere Effizienzuntersuchung war von 1965 bis 1968 im Auftrag des State Departments of Education des Staates Pennsylvania mit 4200 Schülern in 132 Klassen mit einem Aufwand von über einer Millionen Dollar vorgenommen worden.[38] Sie kam erneut zu dem Ergebnis, daß die audiolinguale direkte Methode die Unterrichtseffizienz gegenüber der klassischen Methode nicht erhöht. Hieran änderte auch der Einsatz von Sprachlaboren nichts. Das betraf auch die sogenannte Sprechfertigkeit. Die von Behavioristen häufig vorgebrachte Behauptung, die audiolinguale Methode sei der kognitiven überlegen, weil sie die Schüler schneller in Stand setze, sich im Ausland zu verständigen, hatte sich als Legende erwiesen.

Obendrein gibt es noch einen weiteren gewichtigen Grund, weshalb sich die audiolinguale direkte Methode für das Goethe-Institut wenig eignet. So gewichtig, daß man ihn auch an den Anfang dieser Überlegungen hätte stellen können. Deutsch ist im Gegensatz zum Englischen keine internationale Verkehrssprache, keine lingua franca. Und dort wo sie es ist – in Osteuropa – tritt allmählich das Englische an seine Stelle. Für Touristen und Geschäftsleute reicht in Deutschland in der Regel die Beherrschung der englischen Sprache aus. Nur für den, der in Deutschland leben oder tätig sein möchte, könnte es sich lohnen Deutsch lediglich als Kommunikationsfertigkeit zu erlernen. In allen übrigen Fällen wäre es sinnvoller, Deutsch als Kultur- und Wissenschaftssprache zu lehren.[39] Ungeachtet dessen unterrichtet man im Goethe-Institut, sogar in der Dritten Welt, nach der audiolingualen, direkten Methode. Obwohl die meisten Schüler dort kaum die Möglichkeit haben, jemals nach Deutschland zu gelangen und die im Goethe-Institut erworbenen Kommunikationsfertigkeiten zu gebrauchen.

Aber wenn alle diese Einwände gegen die audiolinguale direkte Unterrichtsmethode zutreffen, wenn sie noch nicht einmal, was die Kommunikationsfertigkeit anbelangt, der kognitiven Unterrichtsmethode überlegen ist, warum hat sie dann die Geschäftsführung des Goethe-Instituts übernommen? Warum hat sie den Bildungsauftrag, auf den sich das Goethe-Institut beruft, fallen gelassen und eine Lehrmethode akzeptiert, die in ihren Zielen und in ihrer Didaktik das Gegenteil von dem bewirkt, was ein Kulturinstitut leisten sollte?

Offensichtlich ist das Goethe-Institut hier einem Trend gefolgt. Aber um welchen Trend handelt es sich? Es handelte sich – und handelt sich nebenher gesagt immer noch – um einen Trend, der auf die Industrialisierung des Unterrichtes zielt. Die audiolinguale Methode, die auch den Einsatz von Lehrmaschinen wie die Sprachlabore ermöglicht, dient als eine Art Einfallspforte für das Eindringen von industriellen Produktionsverfahren und Strategien in die Bereiche des Lehrens. Der Hinweis von Werner Roß, im modernen Sprachunterricht würden Lernprozesse rationalisiert wie anderswo Produktionsprozesse, kommt insofern nicht von ungefähr. In der Tat erlaubt die audiolinguale Unterrichtsmethode ein Kalkül, das für fast alle industriellen Fertigungsprozesse gilt, nämlich die Möglichkeit, mit weniger qualifizierten Arbeitskräften auszukommen, dadurch deren Austauschbarkeit zu erhöhen und dabei den Kostenaufwand, den sie verursachen zu senken. Nach diesem Kalkül hat das Goethe-Institut an allen Auslandsinstituten sogenannte Ortskräfte als Sprachlehrer eingestellt, die über keine weiterreichenden Qualifikationen zu verfügen brauchten, als daß sie die deutsche Sprache beherrschten.

Auf diese Weise wurden dann einige hundert Angehörige vieler Berufe, unter ihnen vor allem Hausfrauen, als Sprachlehrer oder Sprachlehrerinnen engagiert. In Schnellkursen erlernten sie die Handhabung der audiolingualen Unterrichtsmethode. Anschließend lehrten sie und lehren sie Deutsch als Kommunikationsfertigkeit in Verbindung mit der Vermittlung von Landeskunde. Das Goethe-Institut konnte die Ortskräfte erheblich niedriger besolden als seine Dozenten, weil an sie – wie die Geschäftsführung argumentierte – auch geringere Anforderungen gestellt würden. Das Goethe-Institut hat sich damit in seiner Einstellungspolitik genau so verhalten wie alle anderen Sprachschulen auch, darunter, als die bekanntesten, die Berlitzschulen.

Die Ortskräfte bildeten bald die überwiegende Mehrheit in den Kollegien des Instituts und bestimmten durch Kollegialbeschlüsse die Auswahl der zu verwendenden Lehrbücher und die Gestaltung des Unterrichtes. Aufgrund dieser Personalpolitik dürfte es auch in Zukunft für die Geschäftsführung schwierig werden, sich von einem Sprachunterricht abzukehren, der sich auf die Vermittlung von Kommunikationsfertigkeiten beschränkt. Selbst wenn sie das wollte.

Wäre die Bundesrepublik lediglich daran interessiert, die Zahl der Schüler, die Deutsch lernen, zu erhöhen, könnte sie die Deutschkurse an privaten Sprachschulen subventionieren und dadurch verbilligen. Ein solches Verfahren wäre jedenfalls sehr viel ökonomischer als weltweit einen eigenen Unterrichtsapparat für Zehntausende von Schülern aufzubauen. Das Goethe-Institut würde dann nur noch wenige Sprachkurse anbieten, die Schulen und anderen Bildungsinstitutionen als Vorbild dienen könnten. Was immerhin den Vorzug hätte, daß das seinem Auftrag als Kulturinstitut entspräche. Nun könnte man einwenden, was wir hier geschildert haben, bezöge sich auf tempi passati. Aber tempi passati eines Kulturinstitutes von dieser Art wären allein schon bedenkenswert genug. Und wie sollte man denn anders die Effizienz eines Kulturinstitutes einschätzen, als wenn man seine Arbeit über einen langen Zeitraum betrachtet? Verzichtet man hierauf und bezieht sich bloß auf die Gegenwart, wird man sich immer auf das Argument gefaßt machen müssen, eine andere, bessere, schönere Zukunft stehe direkt vor der Tür. Ein Argument, das im übrigen nicht zuträfe. Das Goethe-Institut hat die Sprachlabore zwar Ende der achtziger Jahre wieder abgeschafft und auch im Sprachunterricht des Goethe-Instituts gibt es inzwischen wieder Ansätze kognitiv orientierter Didaktik. Aber im wesentlichen hat das Goethe-Institut die direkte Unterrichtsmethode bis heute beibehalten. Der Sprachunterricht im Goethe-Institut dient immer noch der Vermittlung einer mehr oder weniger verwaschenen Umgangssprache. Nach wie vor hat er nicht die Aufgabe, die Entfaltung von Bildung und die mit Bildung verbundene Rationalität zu fördern, und nach wie vor wird die deutsche Literatur hierbei kaum wahrnehmbar. Und man sage nicht, poetische Texte seien durch ihre Wortwahl und ihre Syntax zu schwierig, um sie im Sprachunterricht zu verwenden. Von Brecht, Enzensberger und Grass, von der Bachmann über Rilke und George bis hin zu Heine, Büchner, Goethe und Thomas Mann gibt es zahlreiche Texte, die man schon im Sprachunterricht einer Grundstufe auch mit Gewinn für die Erlernung der Sprache vorstellen könnte. Allerdings müßten die Lehrer sie kennen. Und wenn sie sie kennen, sollten sie nicht das Gefühl haben, Literatur sei im Sprachunterricht ein veraltetes Phänomen. Und was Goethe anbelangt: In den Lehrbüchern, die das Goethe-Institut verwendet, haben wir kaum eine Zeile von ihm gefunden. Was wir von den Werken der Dichtung gesagt haben, gilt auch für geisteswissenschaftliche und philosophische Schriften. In den Schriften von Freud, von Max Weber, von Jacob Burkhardt, von Schopenhauer, von Marx und von Nietzsche lassen sich durchaus auch Texte finden, die man in einer Mittel oder Oberstufe eines Sprachkurses gebrauchen kann, und die mehr beinhalten als eine Ansammlung von Trivialitäten.

Die Lehrbücher, die das Goethe-Institut vorwiegend verwendet, sind hiervon allerdings weit entfernt. Die Inhalte ihrer Texte folgen als Bestandteil behavioristisch orientierter Didaktik der sogenannten Repertoire-Theorie. Danach kommt es darauf an, die sprachliche Bewältigung von häufig wiederkehrenden Alltagssituationen einzuüben. Insofern handeln die Texte dieser Lehrbücher vorwiegend von Einkäufen, Modefragen, Familienproblemen, Auskunftserteilungen, Restaurantbesuchen, Arbeitsabläufen, Reisevorbereitungen, Postkartenversendungen und ähnlichem. Ein Schüler, der diese Lehrbücher benutzt, muß auf die Weise zu dem Eindruck gelangen, daß die Lebenswirklichkeit in Deutschland im wesentlichen aus einer Abfolge von Alltagsvorgängen und zweckgerichteten Aktivitäten besteht.[40, 41]

Wobei die Texte dieser Lehrbücher nicht gerade dazu einladen, sich auch noch mit dem zu befassen, was sicherlich auch zur Lebenswirklichkeit in Deutschland gehört: Mit seiner Kultur. Was damit zusammenhängt, daß deren Verfasser vor allem den Gebrauch von Umgangssprache lehren. Aber weil Umgangssprache ein schwer zu fassendes Phänomen ist, suchen sie dieser Schwierigkeit dadurch Herr zu werden, daß sie die deutsche Sprache als ein Mischung von Textsorten vorstellen. Unter dieser Rubrik rangieren dann Zeitungskommentare, Texte aus der Boulevardpresse, Texte aus den Unterhaltungsbeilagen von Illustrierten und Texte, die in einem Dialekt geschrieben sind. Wobei man sich fragt, wozu ein ausländischer Sprachschüler sich mit einem Dialekt befassen sollte. Hinzu kommen dann Dialoge aus dem Alltag und manchmal auch Ausschnitte aus wissenschaftlichen Beiträgen. Und gelegentlich auch literarische Texte, die aber offensichtlich nicht nach ihrer Qualität, sondern danach ausgesucht wurden, ob sie als Textsorte passieren können.

Häufig erscheint in diesen Lehrbüchern eine schichtenspezifische Sprache, die von allen Sprachsorten die flüchtigste ist: Die Jugendsprache. Flüchtig deshalb, weil Jugendliche sie nur so lange verwenden wie sie Jugendliche sind. Das Auftrumpfende der Jugendsprache, ihre Tendenz zu Superlativen, zu Klischees, zu Redewendungen, die wenig besagen, zu ungenauen Bezeichnungen und Formulierungen entspricht dem Bildungsstand von Erwachsenen nicht mehr. Der Gebrauch der Jugendsprache ist für sie aus guten Gründen nur noch eine Erinnerung. Die Autoren von Lehrbüchern des Goethe-Instituts hält das nicht auf.

Sie verwenden darin Worte wie „stark“, „super“, „prima“, „toll“, „Spitze“ oder Wendungen wie „Eine Schnapsidee haben“, „ Glotze gukken“ oder „Die Kurve kriegen“, die für die Jugendsprache charakteristisch sind. Dabei werden die Schüler dazu angehalten, solche Worte und Redewendungen nicht nur zu verstehen, sondern auch selbst zu benutzen. Dagegen fehlen in diesen Lehrbüchern essentielle Inhalte und Formen der Lebenswirklichkeit der Bundesrepublik weitgehend. Daß es in Deutschland Meinungs- und Pressefreiheit und Gewaltenteilung gibt, und allgemeines Wahlrecht und Gleichheit vor dem Gesetz und daß die Verfassung der Bundesrepublik die Menschenrechte garantiert, erfahren die Schüler in den meisten dieser Lehrbücher nicht und in den anderen nur am Rande. Und schon gar nicht erfahren sie, daß die politische Philosophie der Bundesrepublik auf der Philosophie der Aufklärung beruht. Das Wort Aufklärung kommt in den Lehrbüchern des Goethe-Instituts nicht vor.[42]

Daß diese Lehrbücher so sind, wie sie sind, hat sicherlich auch ökonomische Gründe. Ihre Herausgeber wollen damit einen Gewinn erzielen und brauchen dafür eine breite Absatzbasis. Insofern suchen sie in ihren Lehrbüchern einen gemeinsamen Nenner, den sie möglichst niedrig ansetzen, damit sich viele darauf einigen können. Hierzu gehört, daß sie Texte weglassen, die politisch Anstoß erregen könnten. Daß in der Bundesrepublik demokratische Grundrechte garantiert sind, ist eine Art von Information, die den Regierungen in vielen Ländern der Erde nicht willkommen ist. Wenn die Herausgeber dieser Lehrbücher das nicht berücksichtigen, müssen sie damit rechnen, daß die dortigen Bildungsinstitutionen andere Lehrbücher verwenden. Also richten sie sich danach.

Allerdings befinden sie sich damit im Widerspruch zu einem der Ziele der deutschen Auswärtigen Kulturpolitik. Eigentlich soll eins davon sein, den Dialog mit anderen Völkern zu suchen. Zu einem solchen Dialog gehört auch, daß man sich so darstellt, wie man ist. Die Bundesrepublik gesteht das jedermann zu. Warum sollte das für sie selber nicht auch gelten? Allerdings müßten dann die Lehrbücher des Goethe-Instituts anders aussehen.

Als einziges Kulturinstitut eines demokratischen Staates erhielt das Goethe-Institut 2004 die Genehmigung der nordkoreanischen Regierung zur Eröffnung eines Instituts in der Hauptstadt des Landes. Man mag das als einen Erfolg ansehen. Nur könnte diese Genehmigung auch damit zusammenhängen, daß die nordkoreanische Regierung vom Goethe-Institut von allen westlichen Kulturinstituten am wenigstens befürchtet, daß es die Ruhe des Regimes stören könnte.

Aber nicht nur hinsichtlich der Politik ergibt sich für ein Kulturinstitut eines demokratischen Staates eine Verpflichtung. Eine weitere Verpflichtung ergibt sich auch denen gegenüber, denen man an Kultur einiges zu verdanken hat. Eine Verpflichtung, die weiter reicht, als die Organisierung von Veranstaltungen und die Erteilung von Sprachunterricht. Vielleicht können wir das an einer Episode verdeutlichen, die lange zurückliegt. Anfang der siebziger Jahre hatte der damalige Chef des Suhrkamp Verlages, Siegfried Unseld, zu einem Abendessen in einem exquisiten. Lokal im Zentrum von Rom eingeladen. Gekommen waren der Leiter der Kulturabteilung des Auswärtigen Amtes und seine Mitarbeiter, der Kulturattaché und andere Notabeln der römischen Botschaft, einige leitende Angestellte des Suhrkampverlages und die Dozenten des Goethe-Instituts.

Die Auffahrt von Mittel- und Oberklassen Limousinen vor dem Lokal konnte man ohne jede Übertreibung prächtig nennen. Zu dem gemeinsamen Essen, das ein kleines Vermögen gekostet hatte, war auch Ingeborg Bachmann geladen. Sie kam mit dem Fahrrad. Sie war zu arm, um sich ein Taxi leisten zu können. Kurios hieran war, daß ihre Werke zur Grundlage und Voraussetzung eines Kulturbetriebes gehörten, von dem alle übrigen der zu diesem Abendessen Versammelten lebten. Sie alle erfreuten sich eines festen Monatseinkommens, hatten Kündigungsschutz, Urlaubs- und Pensionsansprüche, kurzum das, was man materiell gesicherte Lebensumstände nennt. Nur für Ingeborg Bachmann, immerhin eine der großen Lyrikerinnen der Epoche, galt das nicht. Es ist schwer zu übersehen, daß hier einiges auf dem Kopf stand.

Stefan Zweig beschreibt in seinen Erinnerungen, daß es im Paris der dreißiger Jahre überall in den Ministerien und Behörden kleine Sinekuren gab, die jungen Schriftstellern zugutekamen. Sie gingen dort geringfügigen Beschäftigungen nach, die als Vorwand für regelmäßige Gehaltszahlungen dienten und fanden so genug Zeit, um an ihren Texten zu arbeiten. Dabei hatten diese Behörden noch nicht einmal direkt mit Kultur zu tun. Aber es gab dort überall Beamte, die Mittel und Wege fanden, Schriftsteller auf diese Weise zu fördern.

Im Goethe-Insitut gab und gibt es dergleichen nicht. Dabei wäre es sicherlich der Arbeit des Instituts förderlich, Beschäftigungsverhältnisse für junge Autoren einzurichten. Ihre Aufgabe könnte es etwa sein, an Arbeitssitzungen der Institute teilzunehmen und dort vielleicht auch einige Gesichtspunkte vorzutragen, die nicht unbedingt zu denen der Geschäftsführung gehören. Im Fall von Ingeborg Bachmann hätte sich ein solches Beschäftigungsverhältnis schon auf eine gelegentliche Teilnahme beschränken können. Sinnvoll wäre das allemal gewesen.

Aber um den Nutzen, der sich hieraus erzielen läßt, geht es hier nur am Rande. Es geht vor allem darum, daß man im Goethe-Institut eine Verpflichtung nicht gewahr wurde gegenüber einer Autorin wie Ingeborg Bachmann, auf deren Werke man sich berief und weiterhin beruft, wenn es gilt die Bundesrepublik als Kulturnation auszuweisen. Eine Verpflichtung, die jedenfalls sehr viel weiter reicht als die, die Beamte beliebiger Pariser Ministerien gegenüber den Schriftstellern ihres Landes empfanden. Natürlich gab es im Goethe-Institut auch Mitarbeiter, die Beschäftigungsverhältnisse, wie wir sie beschrieben haben, gern eingerichtet hätten. Nur in der Geschäftsordnung war und ist dafür kein Raum.

Die deutsche Auswärtige Kulturpolitik hat lange Zeit keine politischen Prinzipien vertreten. Das blieb so, bis Joschka Fischer Ende der neunziger Jahre erklärte, angesichts einer weltweiten Globalisierung habe eine Reflexion der neuen Rahmenbedingungen Auswärtiger Kulturpolitik bisher nur in Ansätzen stattgefunden.[43] Und daß man im Rahmen Auswärtiger Kulturpolitik von nun an auch für Demokratie und Menschenrechte eintreten müsse. Womit wir übereinstimmen. Um uns dann bloß noch zu fragen, ob eine Reflexion der Strategie der deutschen Auswärtigen Kulturpolitik nicht schon viel früher und auch unabhängig von einer Globalisierung hätte stattfinden müssen, und ob es nicht vielleicht nur zu den Courtoisien des Ministers gegenüber seinen Vorgängern gehörte, daß er sich hierüber nicht weiter ausgelassen hat. Bemerkenswert an der Erklärung von Joschka Fischer war, daß damit die deutsche Auswärtige Kulturpolitik zum ersten Mal in der Geschichte der Bundesrepublik einen Ansatz gefunden hat, der sie zu dem machen könnte, was sie essentiell ist: Politik.

Aber auch wenn Joschka Fischer eine Wendung in der deutschen Auswärtigen Kulturpolitik angekündigt hat, so ändert das doch nichts daran, daß man Politikern solche Entscheidungen nicht allein überlassen darf. Die Amtssessel von Außenministern stehen auf wenig stabilem Grund. Alle vier Jahre müssen sie sich einer Wahl stellen, und ob sie wiedergewählt werden, ist ungewiß. Manchmal treten sie auch schon vorher zurück. Eine langfristige Planung Auswärtiger Kulturpolitik ist unter solchen Umständen unmöglich. Und um die kommt man nicht herum, wenn sie effizient sein soll. Ein weiteres Argument für eine Akademie, die von den Gezeiten der Tagespolitik unabhängig ist. Die Ziele Auswärtiger Kulturpolitik festzulegen, wäre dann Sache der Politiker. Sie zu gestalten, wäre Sache einer Akademie. Das Goethe-Institut ist mit Sicherheit keine solche Akademie. Immerhin läßt sich zu seinen Gunsten sagen, daß es sich auf Aktivitäten und Veranstaltungen seiner Mitarbeiter berufen kann, die die Kriterien einer wirksamen Kulturpolitik erfüllen. Nur verhält es sich hierbei ähnlich wie bei einer Kampagne, bei der es zwar zu brillanten Einzelunternehmungen kommt, die aber doch als Ganzes verloren geht. Wie die deutsche Auswärtige Kulturpolitik verloren gegangen ist. Mangels Strategie und mangels Struktur.

Rekapitulieren wir noch einmal in Anlehnung an die Politik der Kirche wie die Strategie einer auswärtigen Kulturpolitik aussehen sollte.

Danach sollte eine zu errichtende Akademie für auswärtige Kulturpolitik:

- Gegenüber der Regierung weitgehend autonom bleiben,
- sich weder für gesellschaftliche noch für nationale Partikularinteressen einsetzen,
- universal akzeptable Prinzipien vertreten,
- diese Prinzipien nicht zur Disposition stellen,
- langfristig planen,
- den Dialog suchen,
- die eigene Position ohne Abstriche darstellen,
- Trends widerstehen,
- Kultur und nicht Zivilisation als ihr Feld ansehen,
- anspruchsvoll sein in der Vergabe von Schlüsselpositionen,
- hohe Anforderungen an Kreativität, Bildung, Intelligenz und diplomatische Fähigkeiten ihrer Mitarbeiter stellen und
- ihnen exzeptionelle Möglichkeiten des Aufstiegs und der Bezahlung anbieten.

Bis 1999 hat die deutsche Auswärtige Kulturpolitik keins von diesen Kriterien erfüllt. Und danach mit dem Anspruch, sie solle für Demokratie und Menschenrechte eintreten, nur eins davon. Und auch das nur ansatzweise. Den Vorwurf, sie hätten Prinzipien der Auswärtigen Kulturpolitik zur Disposition gestellt, kann man den hierfür Verantwortlichen allerdings nicht machen. Schon deshalb, weil sie lange Zeit keine hatten, jedenfalls keine, die politisch relevant waren. Was sie bis Ende der neunziger Jahre betrieben haben, war eine Politik der nationalen Repräsentation.

Erinnern wir uns in diesem Zusammenhang noch einmal an die Bewußtseinspolitik Englands im Ersten Weltkrieg, die zwar mit Auswärtiger Kulturpolitik nicht identisch ist, von der man aber doch etwas lernen kann. Die hierfür Verantwortlichen sind nicht auf den Gedanken verfallen, sich auf die Bedeutung des Empires oder der britischen Zivilisation zu berufen oder mit der englischen Lebenswirklichkeit bekannt zu machen. Statt dessen haben sie für Ideen geworben, für die jedermann eintreten kann. Sie hat jedermann ein Gefühl von „tua res agitur" vermittelt. Woraus sich der Schluß ziehen läßt, daß Auswärtige Bewußtseinspolitik dann erfolgreich ist, wenn sie sich für Ideen einsetzt, die universal akzeptabel sind. Wozu auch der Anspruch auf den Erwerb von Bildung gehört. Eine Kulturpolitik, die auf nationale Repräsentation hinausläuft, ist das Geld nicht wert, das man dem Steuerzahler hierfür abverlangt.

Womit wir bei den Finanzen wären. Das Exempel der kambodschanischen Revolution zeigt, daß wirksame Auswärtige Bewußtseinspolitik unter Umständen kaum etwas kostet. Aber auch, wenn man überzeugt ist, daß Auswärtige Bewußtseinspolitik eine breite finanzielle Grundlage braucht, so ist damit die Frage ihrer Finanzierung nicht beantwortet. Eine solche Finanzierung kann – jedenfalls im wesentlichen – nur durch Steuergelder erfolgen. Bloß haben Steuergelder es so an sich, daß man sie immer schon ausgegeben hat. Allerdings nicht oder kaum für Auswärtige Bewußtseinspolitik. Aber wie wäre es, wenn wir mit einem ganz bescheidenen Vorschlag daherkämen? Wie wäre es, wenn man den Militärhaushalt, sagen wir um ein Prozent verringerte und das so eingesparte Geld der Auswärtigen Bewußtseinspolitik zur Verfügung stellte? Natürlich wissen wir, was die Folge wäre:

Die Lobbyisten der Rüstungsindustrie würden einen solchen Vorschlag für blanke Libertinage halten, die Generäle würden sagen, man habe ohnehin noch nicht einmal das Nötigste, und wie man am nächsten Tag noch über die Runden kommen solle, wisse man nicht. Die Gewerkschaftler würden in seltener Einhelligkeit zusammen mit den Unternehmern den Verlust von Arbeitsplätzen beklagen, die Politiker würden auf bestehende Bündnisverträge verweisen, die man keineswegs außer acht lassen dürfe, aber trotz alledem: Undenkbar wäre das nicht. Zudem könnte man mit der in einem solchen Zusammenhang angemessenen Arglosigkeit daran erinnern, daß Rüstungspolitik und Auswärtige Kulturpolitik etwas Wesentliches gemeinsam haben. Sie dienen dem Frieden oder sollten es doch wenigstens. Man würde also bloß Steuermittel im gleichen Aufgabenbereich verschieben.

Vergegenwärtigen wir uns in diesem Zusammenhang noch einmal die Auswärtige Kultur- und Propagandapolitik des Kaiserreiches im Ersten Weltkrieg. Hätte man damals vielleicht zwei Panzerkreuzer weniger gebaut und das eingesparte Geld dafür verwendet, der englischen Kriegspropaganda in Amerika entgegenzutreten, und hätte man Leute engagiert, die hierzu in der Lage gewesen wären, so hätte eine gar nicht sehr ferne Möglichkeit bestanden, Amerika aus dem Krieg herauszuhalten. Mit allen Konsequenzen, die sich hieraus ergeben hätten. Die meisten Historiker wollen zwar die Frage, was geschehen wäre, wenn man sich in einer geschichtlichen Situation anders verhalten hätte, als allzu hypothetisch nicht zulassen. Aber Historiker wie Burkhardt und Toynbee haben sich an diese Regel nicht gehalten. Aus gutem Grund. Eine solche Frage nicht zu stellen, könnte auch heißen, daß man nicht bereit ist, aus den Erfahrungen der Geschichte zu lernen.

Aber zurück zum Goethe-Institut. Während es im Sprachunterricht allemal und ohne Abstriche modern sein möchte – dem Zeitgeist knapp hinterher oder vorneweg – ist es in anderer Hinsicht im 19. Jahrhundert hängen geblieben. Die explosive Entwicklung der Medien seitdem hat es kaum berührt. Jedenfalls was den Zugang zu seinen Veranstaltungen anbelangt. Die dafür vorgesehenen Räume fassen kaum mehr als 100 bis 200 Personen. Im 19. Jahrhundert und davor hätte das kaum anders ausgesehen. Auch wenn viele Besucher dieser Veranstaltungen Multiplikatoren sind, ist so Breitenwirkung nicht zu erzielen. Sehr viel wirksamer wäre es, die Veranstaltungen des Goethe-Instituts durch Rundfunk oder Fernsehen übertragen zu lassen und die Veranstaltungsräume des Instituts in hierfür geeignete Studios umzuwandeln. Die Medien würden dann zu einem Vehikel Auswärtiger Kulturpolitik. Ein sicherlich kurioser Vorgang. In deren Redaktionen würde das sicherlich einige Verwirrung anrichten. Ein Nachteil brauchte das nicht zu sein. Nur könnte Auswärtige

Kulturpolitik dann nicht wie bisher einige hundert, sondern viele tausend Menschen ansprechen. Und das wäre sicherlich kein Nachteil.

Und wenn man fragt, ob eine solche Ausweitung des Potentials Auswärtiger Kulturpolitik nicht zu teuer ist: Der Zusammenschluß Europas wird früher oder später zu einer europäischen Auswärtigen Bewußtseinspolitik führen und damit zu einer Bündelung der Finanzmittel. Die Möglichkeiten Auswärtiger Bewußtseinspolitik und damit auch Auswärtiger Kulturpolitik werden sich dadurch vervielfachen. Was bisher nur ein Dialog unter wenigen war, könnte in Zukunft zu einem Dialog unter vielen führen.

Wenn man verändern will, was die Leute denken, braucht man nur zu verändern, was in der Zeitung steht, hat Ernst Jünger einmal gesagt. Auswärtige Kulturpolitik, als ein Feld der Bewußtseinspolitik, versucht dergleichen nicht. Sie zielt essentiell, wir haben das beschrieben, auf die Förderung von Mündigkeit. Wenn ihr das gelingt, dient sie zusammen mit anderen Varianten Auswärtiger Bewußtseinspolitik dem wichtigsten Ziel der deutschen Außenpolitik: Der Erhaltung des Friedens.

In einer Welt, in der die Menschheit jederzeit in der Lage ist, die Erde in eine Wüste zu verwandeln, und in der sie ihren biologischen Lebensraum zunehmend zerstört, sind neue Formen der Politik notwendig. Mit anderen Worten: Man kommt nicht umhin zu beeinflussen, was aller Technologie vorangeht: Die Ideen, die die Menschen von den Dingen haben.

Realpolitiker werden solche Forderungen utopisch finden. Aber eine Politik, die die Macht der Ideen nicht wahrnimmt, ist nicht real.

Nachwort

Auch wenn es auf den ersten Blick so scheinen könnte, es handelt sich in diesem Buch nicht darum, die Stellung des Goethe-Instituts zu schwächen. Es geht darum, sie zu stärken. Hierfür muß man die Strukturen des Goethe Instituts verändern. Genau so wie man die Strukturen der deutschen Auswärtigen Kulturpolitik verändern muß.

Für den Dialog, den dieser Text eröffnen könnte, empfiehlt der Verfasser, sich nicht an Details seiner Argumentation fest zu halten, sondern sich zu fragen, ob sie in ihren Schwerpunkten zutrifft.

Kapitel 1 Warum Auswärtige Kulturpolitik

1 0.227% des Bundeshaushalts 3.09.2004, www.bundesfinanzministerium.de Stand 2002
2 ZDF Webseite 13.9.2004
3 Vom Ende der Anonymität C. Schulzki Haddouti Heise Verlag Florian Rötzer Kapitel Überwachungskameras zur Verhaltenserkennung
4 Beyond the limits bei Chelsea Green Publishing Co. Post Mills Vermint USA 1992
5 Weltalmanach 2004 Fischer Taschenbuch Verlag Frankfurt/M S. 1347
6 S. 1324 ebd.
7 Gustav W. Sauer, 2001 „Die ökologische Herausforderung" Wiesbaden, Deutscher Universitätsverlag S. 110
8 Weltalmanach 2004 Fischer Taschenbuch Verlag Frankfurt/M S. 1339
9 ebd. S. 1340
10 ebd. S. 1340
11 ebd. S. 1340
12 Weltalmanach 2001 Fischer Taschenbuch Verlag Frankfurt/M S. 1285
13 ebd. S. 1286
14 Wolfgang Gründinger 2002 Öko Realismus Schardt Verlag Rauhehorst Oldenburg S. 37ff.
15 Weltalmanach 2004 Fischer Taschenbuch Verlag Frankfurt/M S. 1316
16 ebd. S. 1247
17 ebd. S. 1247
18 ebd. S. 1243
19 ebd. S. 1248
20 ebd. S. 1315
21 ebd. S. 1315
22 ebd. S. 1314
23 ebd. S. 1314
24 ebd. S. 1267
25 World Watch Institute Report Fischer Verlag Frankfurt 92 S. 56
26 King Schneider 1991 Spiegel Verlag Hamburg S. 23
27 Die Neuen Grenzen des Wachstums S. 40
H. Meadows 1992 Deutsche Verlagsanstalt Stuttgart

28 Tagesspiegel 14.6.2000 International Peace Research Institute, Oslo, (SIPRI)Jahrbuch 2000
29 Laut SIPRI Bericht 2,7% vom weltweiten BSP www.Netzzeitung.de 11. Juni
30 The Economist 2.11.91
31 CDU Geschäftsstelle 23.2.01
32 The Economist 2.11.91
33 The Economist 2.11.91
34 The 2001 chart of armed conflicts. The International Institute of strategic studies Oslo
35 Journal of Peace Research, 2004 International Peace Research Institute Oslo

Kapitel 2 Kambodscha und die Roten Khmer

1 When the war was over E. Becker Public affairs 1998 Simon and Shuster Inc New York 1986 S. 67
2 S. 234 The China Cambodia Vietnam Triangle W. Burchett Vanguard P.O. Box 3566 Chicago Zed Press und Rendezvous with Death, Karl D. Jackson, Princeton University New Jersey 1989 S. 50
3 ebd. S. 55
4 The Cambodia Agony xxxvii D. Abling Marlowe Hood 1987 Sharpe 80 Business Park Drive New York 10504
5 Abschied von den Killing Fields M. Rohde Bouvier 1999 Verlag Bonn S. 90
6 K. Jackson Rendezvous of Death 1989 Princeton University Press Princeton New Jersey S. 182, 183ff.
7 ebd. S. 200
8. The China Cambodia Triangle S. 131ff.
9 Artikel 2 der Verfassung der Roten Khmer verbot das Privateigentum; Abschied von den Killing FieldsBouvier Verlag Bonn 1999, S. 93
10 Triangle S. 96
11 The Cambodia Agony xxxv
12 Triangle S. 97
13 The Cambodian Agony xxxvii
14 The China Cambodia Triangle S. 129
15 The Cambodian Agony xxxv

16 Triangle S. 82
17 Rendezvous of death S. 76
18 The Cambodian Agony S. 122
19 The China Cambodia Triangle S. 116
20 ebd. S. 85
21 Abschied von den Killing Fields S. 93
22 Khieu Sampan L'economie de Cambodge et les problemes de l' industrialisation Sorbonne Paris 1959
22a Rendezous with death, S. 245
23 Franz Fanon Die Verdammten dieser Erde Suhrkamp Taschenbuch Verlag Frankfurt Main M 1. Auflage 1981 S. 93 und S. 130ff.
24 ebd. S. 40, S. 130
25 S. Amin Unequal Development New York 1977 Monthly Review Press 109ff., 163ff.
26 Rendezvous of Death S. 245
27 San Suyin Der Flug des Drachen Mao Tse Tung und die Chinesische Revolution 1949–1975 Jonathan Cape Ltd. London Deutsche Ausgabe 1977 Bechtle Verlag Esslingen S. 60
28 ebd. S. 68
29 The China Cambodia Triangle S. 108ff.
30 Sihanouk War and Hope The Case for Cambodia New York Random House 1980 S. 86
31 Franz Fanon Die Verdammten dieser Erde S. 76ff.
32 ebd. S. 74
32a George Sorel Über die Gewalt Suhrkamp TbV Frankfurt/M 1981 S. 340
33 ebd. S. 213
34 ebd. S. 340
35 ebd, S. 216
36 Le Paysan de Fjords de Norvege Paris 1905/06 Bureau de la Science Soc
37 Sorel Über die Gewalt S. 214ff.
38 ebd. S. 214
39 ebd. S. 214
40 ebd. S. 215
41 Franz Fanon Die Verdammten dieser Erde S. 27ff.
42 ebd. S. 11, 19, 20
43 The Cambodian Agony S. 122ff.
44 Rendezvous of Death S. 72

45 ebd. S. 72
46 ebd. S. 245
47 ebd. S. 246
48 ebd. S. 245
49 The China Cambodia Triangle S. 50
50 ebd. S. 56
51 ebd. S. 48
52 Agony xxxvi S. 53

Kapitel 3 Von der Propaganda

1 Historical Dictionary of World War 1, Ian V. Hogg, The Scarecrow Press, Inc. Lanham, Md.& London 1998 S. xxxi
2 ebd. S. 174
3. Der erste Weltkrieg, Stephan Burgdorff, Klaus Wiegrefe (Hg.) Wissenschaftliche Buchgesellschaft, 2004 S. 65
4. Der erste Weltkrieg, Michael Salewski, 2003, Verlag Ferdinand Schöningh, Paderborn S. 196
5. ebd. S. 188
6 Die Probleme von Krieg und Frieden in Großbritannien während des Ersten Weltkrieges, Hubert Gebele, Verlag Peter Lang, Frankfurt/M., 1987
7 British Propaganda during the First World War, 1914–1918, M.L. Sanders, The Macmilan Press Ltd., London, Basingstoke 1982 S. 39
8 Great war of words, British, American and Canadian Propaganda and Fiction, 1914–1933, Peter Buitenhuis, University of British Columbia Press, Vancouver, 1987, S. 12
9 ebd. S. 12
10 British Propaganda during the First World War, 1914–1918 S. 19
ML Sanders; Philip M Taylor; 1982; Propaganda for war S. 135
The campaign against American Neutrality, 1914–1917 by H.C. Peterson; Kennikat Press, Inc./Port Washington, N.Y. copyright 1939 by the University of Oklahoma Press; S. 12
11 Propaganda for war S. 14
12 Propaganda for war, S. 14, S. 16
13 Prop. for. war S. 19
14 British Propaganda during First World War S. 39 Propaganda for war S. 17

15 British Propaganda during First World War S. 40
16 The great war of words, S. 17
17 British Propaganda during First World War S. 40
18 Propaganda for war, S. 29
19 ebd. S. 46
20 ebd. S. 45
21 The Art of Psychologial Warefare, Charles Roetter, Stein and Day, Publishers, New York, S. 38
22 British Propaganda during First World War S. 131
23 ebd. S. 142, 143, The great war of words S. 27
24 Propaganda for war S. 59
25 Propaganda for war, S. 54–64
26 Propaganda for war, S. 57
27 The great war of words, S. 11
28 Propaganda for war S. 118
29 The great war of words S. 29
30 British Propaganda during the first world war S. 108
31 Propaganda for war S. 62
32 Great war of words S. 29
33 Britische Propaganda, S. 88;
34 Propaganda for war, S. 16; The great war of words, S. 17; British Propaganda S. 169
35 British Propaganda during the first world war S. 170
36 British Propaganda during the first world war, S. 169
37 The great war of words S. 17
38 British Propaganda S. 169
39 ebd. S. 140f.
40 ebd. S. 141; dt. Ausgabe, S. 119
41 British Propaganda, S. 141
42 British Propaganda, S. 171
43 Britische Propaganda S. 42
44 Propaganda for war, S. 19
45 Britische Propaganda im ersten Weltkrieg S. 139
46 The Art of psychological Warfare S. 55
47 Propaganda and the News, Will Irwin, Greenwood Press, Publishers, Westport Connecticut, S. 129
48 The Art of psychological Warfare 1914–1945; Charles Roetter; Stein and Day Publishers New York; Scarborough House, Briarccliff Manor, N.Y. 10510, 1974 S. 37

49 Propaganda and the news, S. 127
50 ebd. S. 132
51 ebd. S. 162
52 ebd. S. 128
53 Propaganda for war S. 135–136
54 Propaganda for war S. 136
55 German and English Propaganda in World War I, Jonathan A. Epstein, 200 NYMAS Cuny Graduate Center Nr. 3 German Propagandists; S. 136
56 Propaganda for war S. 137ff.
56a Propaganda for war S. 135
57 An Active Instrument For Propaganda, Wayne A. Wiegand The American Public Library During World War 1 Greenwood Press New York 1989 S. 13
58 Der erste Weltkrieg, Manfred Zeidler, Piper Verlag München, Herausgeber Wolfgang Michalka, 1994 S. 420, Fritz Blaich Der Schwarze Freitag, DTV Verlag München 1994 S. 37
(Gesamtkriegskosten Deutschlands 37.775.000.000 US-Dollar, S. 249, The economic cost of war, Longman Companion „The first world war", Colin Nicolson, university of north London, 2001)
58a Deutsche Propaganda in den Vereinigten Staaten H.P. Falcke Carl Reissner Verlag Dresden, 1928 S. 273ff.
59 Propaganda for war, S. 134
60 Hitler, Mein Kampf, August Pries Verlag Leipzig 1924 S. 204
61 ebd. S. 196–197
62 Der Schwarze Freitag DTV Verlag München 1994 S. 166,
63 ebd. S. 167f.
64. ebd. S. 96 Nach heutigen Geld ein Betrag von ungefähr 6 Billionen Euro (Anmerkung des Verfassers)
65 Tagebücher von Goebbels Sämtliche Fragmente Kg Sauer Verlag München New York London Paris 1987 S. 183 Siehe hierzu auch Ulrich von Hassel Tagebücher 1938–44 Jobst Siedler Verlag Berlin 1988 S. 482

Kapitel 4 Von Geist und Macht in der Politik

1 Martin Luther Von christlicher Freiheit Manesse Verlag Zürich 1990 S. 529ff.
2 Martin Luther „Hauptschriften", Berlin 1951 S. 281–298
3 Martin Luthers Werke, Kritische. Gesamtausgabe 18. Band, Weimar, Hermann Böhlaus Nachfolger S. 358
4 Verlegung (Widerlegung) der 12 Artikel der Bauernschaft auf den dritten Artikel Von der Bauernaufruhr ed. Walch Band 16 S. 66
5 Siehe hierzu auch Luthers Kommentar zu Matheus 18.25:
„Der Herr welcher mit seinem Knecht rechnete, hieß ihn sein Weib und Kinder verkaufen und bezahlen. Solches ist vorzeiten die Weise und Brauch gewesen und hindert an christlichem Leben nichts."
Martin Luthers Werke Kritische Gesamtausgabe S. 243
6 Und
„Die Leibeigenschaft ist nicht wider das Christliche gewesen, und wer es sagt, der lügt."
ebd. S. 244
7 Buscello Schöningh UTB Verlag Paderborn München Wien Zürich, 1984, S. 329
8 ebd. S. 335
9 Geschichte der deutschen Revolution Veit Valentin Büchergilde Gutenberg Frankfurt Main 1977 S. 550
10 ebd. S. 252
11 Immanuel Kant Was ist Aufklärung? Insel Verlag S. 56
12 Goethes Gespräche 1805–1817 zweiter Band der Biedermannchen Ausgabe S. 864
13 Madame de Stael Über Deutschland S. 53 Insel Verlag 1985 Frankfurt S. 35
14 G.W.F. Hegel Grundlinien der Philosophie des Rechts S. 331 Suhrkamp Verlag Frankfurt am Main 1970
15 ebd. S. 279
16 ebd. S. 342, S. 331
17 ebd. S. 347
18 Ludwig August von Rochau Grundsätze der Realpolitik Ullstein Verlag Nr. 2915 Frankfurt/M 1972 S. 255
19 ebd. S. 214
20 ebd. S. 212

21 Die politischen Reden des Fürsten Bismarck 1847–1897 14 Bde. Stuttgart 1892–1905 Hg. Horst Kohl, Band 1: S. 264, 268
22 ebd. Band 2: S .30
23 ebd. S. 264, 268
24 Tagebuchblätter Moritz Busch 16.11. 1881 Leipzig 1899 Bände 1–3 S. 17
25 Otto von Bismarck Volker Ullrich Rowolt Verlag Reinbek bei Hamburg 1998 S. 63
26 Gedanken und Erinnerungen Bismarck Berlin Ullsteinverlag 1999 S. 299
27 Heinrich von Treitschkes Briefe an H. von Max 19.10.1862 Cornicelius Verlag Leipzig 1918 S. 239
28 Vom Geist des deutschen Bürgertums Wege und Irrwege Düsseldorf 1962 S. 198 und 201
29 Wilhelm von Humboldt Schriften zur Anthropologie und Geschichte Band 1 Cotta'sche Buchhandlung Stuttgart 1960 S. 64
30 ebd. Band 1 S. 56
31 Schriften zur Politik und zum Bildungswesen Wilhelm von Humboldt Band 4 Cotta'sche Buchhandlung Stuttgart S. 255
32 ebd. S. 256
33 ebd. S. 257
34 Alexis de Tocqueville L' Ancien Régime e la Révolution Paris 1856
35 Nicole Machiavelli Der Fürst Insel Taschenbuch 1207 1990 Frankfurt/M S. 61
36 „Der Nürnberger Prozeß“ Joe Heidecker Johannes Leeb Kiepenheuer und Witsch Verlag Köln 1979 S. 66
37 Duff Cooper Talleyrand Büchergilde Gutenberg Wien, Zürich Inselverlag Frankfurt/M 1964 S. 54
37a ebd. S. 169
38 The Second World War Winston Churchill Vol. III The Grand Alliance London 1950–52 S. 457 S. 458

Kapitel 5 Von den Intellektuellen

1 § 2 Abs. 1 der Satzung des Vereins Goethe-Institut Inter Nationes e.V. vom 08.01. 2001, www.goethe.de
2 Dies entspricht auch der Konzeption der auswärtigen deutschen Kulturpolitik. Die Protokollnotiz zu § 1 Abs. 1 Ziffer 3a des Rahmenvertrages zwischen Auswärtigen Amt und Goetheinstitut sagt zur Zielgruppe: „ Das Besucherprogramm richtet sich je zur Hälfte an Journalisten und andere Multiplikatoren aus Kultur und Gesellschaft der jeweiligen Gastländer."
3 Macht und Gerechtigkeit Siegfried Thalheimer Ein Beitrag zur Geschichte des Falles Dreyfus München 1959 Besche Verlagsbuchhandlung S. 90
4 W. Frank Nationalismus und Demokratie in Frankreich der Dritten Republik Hamburg S. 353
5 Macht und Gerechtigkeit Thalheimer S. 185–193
6 Die Affaire Dreyfus Claus Leusser Prozesse der Weltgeschichte München S. 87
7 Frankfurter Zeitung 18.1.1898
8 ebd. 21.1.1898 Die Intellektuellen Dietz Bering Ernst Klett Verlag 1978 Stuttgart S. 38
10 Die Intellektuellen S. 39
12 Die Intellektuellen S. 51
13 ebd. S. 51
14 Maurice Paleologue Tagebuch der Affaire Dreyfus Deutsche Verlagsanstalt Stuttgart 1957 S. 68
15 Die Intellektuellen S. 47f.
15a L'affaire Dreyfus Michel Drouin Flammarion Paris 1994 S. 267
16 Die kommunistische Internationale 1919 Leitfäden über die Bedingungen der Aufnahme in die Kommunistische Internationale Politladen Reprint Erlangen 1973 S. 95
17 Thomas Mann Betrachtungen eines Unpolitischen S. Fischer Verlag 1956 S. 60
18 ebd. S. 199
19 ebd. S. 51
20 ebd. S. 53
20a Michael Ein deutsches Schicksal in Tagebuchblättern Joseph Goebbels Eher Verlag München 1933 S. S. 14 Siehe auch „Der Intellekt hat unser Volk vergiftet". S. 30

21 Betrachtungen eines Unpolitischen S. 158f.
22 Mein Kampf Eher Verlag München 1943 S. 329
23 ebd. S. 330
24 ebd. S. 334
25 ebd. S. 334
26 ebd. S. 354f.
27 Andre Gide Reisen Deutsche Verlagsanstalt Stuttgart 1966 S. 413f.
28 ebd. S. 413
29 ebd. S. 414
30 ebd. S. 404
31 ebd. S. 358
32 ebd. S. 357
33 ebd. S. 387
34 ebd. S. 399
35 ebd. S. 419
36 Lion Feuchtwanger Eine Reisebericht für meine Freunde Moskau 1937 Aufbau Taschenbuchverlag 2. Auflage 1993 S. 18
37 . ebd. S. 18
38 ebd. S. 19
38a ebd. S. 29
39 ebd. S. 30
40 ebd. S. 39
41 ebd. S. 37
42 ebd. S. 61f.
43 ebd. S. 61f.
44 ebd. S. 93
45 ebd. S. 94
46 ebd. S. 95
47 ebd. S. 107
48 Die neue Weltbühne, 04.03.1937, Prag /Paris/Zürich 1933–1939 S. 294ff.
49 Bertolt Brecht Gruß an Feuchtwanger Brecht Schriften zur Literatur und Kunst Band 2 Berlin und Weimar 1966 S. 284
50 Bundeskanzler Ludwig Erhard vor dem Wirtschaftstag der CDU in Düsseldorf am 9.7.65. und in einem Fernsehinterview am 6.2.72 im NDR.
50a In seiner 1784 erschienenen Schrift „Beantwortung der Frage: Was ist Aufklärung

50b In der Zeitung „Das Schwarze Korps“ hieß es am 7.5.1936 über Benn:
„Schwein – Ferkeleien – warme Luft – widernatürliche Schweinereien – scher Dich doch dorthin, wo Deine Genossen Kerr, Tucholsky, Kästner sitzen!“
51 Wilhelm Röpke National Socialism and Intellectuals in The Intellectuals de Huscar Free Press of Glencoe Illinois USA 1960 S. 347
52 Golo Mann Erinnerungen und Gedanken Fischer Verlag Frankfurt S. 402
53 Tagebucheintragungen von Goebbels am 13.7.1940

Kapitel 6 Von der Politik der katholischen Kirche

1 Loofs, Leitfaden zum Studium der Dogmengeschichte, 7. Auflage, Max Niemeyer Verlag, Tübingen 1968 S. 59
2 Geistesgeschichte der christlichen Antike, Carl Schneider, Becksche Sonderausgabe, München 1970, C.H. Becksche Verlagsbuchhandlung
3 Bardy La Conversion au Christianisme durant les premiers siècles. Deutsche Ausgabe, Herder Verlag Freiburg S. 237
4 Schneider Geistesgeschichte der christlichen Antike S. 4ff.
5 Leitfaden zum Studium der Dogmengeschichte S. 16
6 ebd. S. 19 und 24
7 Die Literatur des Frühjudentums. In Das Judentum, Johann Maier Kindler Verlag München 1973 S. 256
Günter Stemberger Jüdische Religion Beck Verlag, München 1995 S. 42
8. A. Schweitzer, Geschichte der Leben-Jesu-Forschung,. Auflage J.C.B. Mohr (Paul Siebeck) Tübingen S. 281–284
9 Torah und Interpretation. In Das Judentum, Johann Maier Kindler Verlag München 1973 S. 138ff.
10 ebd. S. 274ff.
11 Midrasch Günter Stemberger Beck Verlag, München S. 23
12 G. Stemberger, Einleitung in Talmud und Midrasch Beck Verlag München 1992 S. 27ff. Die Schulen der Pharisäer, in Das Judentum, S. 219.
13 Talmud und Midrash S. 28 ff. Das Judentum S. 304
14 Das Judentum Johann Maier Kindler Verlag S. 357ff.

15 ebd. S. 357

16 Loofs Leitfaden zum Studium der Dogmengeschichte Max Niermeyer Verlag, Tübingen S. 45 und 46

17 Geistesgeschichte der christlichen Antike S. 597

18 Joseph Klausner Von Jesus zu Paulus, Jüdischer Verlag 1980, Königstein S. 430ff. Einführung in die Textgeschichte der Paulusbriefe H. Lietzmann Mohr Verlag, Tübingen 1971 S. 76

19 Hans Lietzmann, Einführung in die Textgeschichte der Paulusbriefe an die Römer, 1971, 5. Auflage, J.C.B. Mohr Tübingen S. 74ff.

20 Catholic University of America, Washington, USA, 1967, Bd. 10, S. 862–863

21 Loofs Leitfaden S. 129

22 Schneider, Geistesgeschichte des Antiken Christentums 2. Band. Becksche Verlagsbuchhandlung, München 1954 S. 572ff.

23 Schneider S. 267

24 ebd. S. 573

25 ebd. S. 586

26 The later Roman Empire A. Jones, Basil Blackwell Verlag, Oxford 1962 S. 906

27 The later Roman Empire S. 903 Geistesgeschichte der christlichen Antike, Carl Schneider, Becksche Sonderausgabe, München 1970, C.H. Becksche Verlagsbuchhandlung S. 586

28 ebd. Schneider S. 573

29 Lexikon der Päpste Fourier Verlag Wiesbaden 2003, S. 226

Kapitel 7 Vom Potential Auswärtiger Bewußtseinspolitik

1 Ute Schwabe „Moralische Verpflichtung- Strategischer Vorteil" Lit-Verlag Münster S. 56–59

2 Perceptions of Palestine: Their Influence on U.S. Middle East Policy, Kathleen Christison, 1999 University of California Press S. 135

3 30.3.2002 New York Times

4 Von 1948–1973 3,05 Mrd. US Dollar, 1973–1977 7,0 Mrd. Dollar, von 1977 bis 1978 3,6 Mrd. Dollar, 1978 bis 1982 8,8 Mrd. Dollar ab 1982 jährlich ca. 3,0 Mrd. Dollar, ansteigend auf 3,6 Mrd. Dollar im Jahr 2002 Quelle: Der israelisch-arabische Konflikt, Bundeszentrale für politische Bildung Möllerverlag Berlin S. 94

5 Noam Chomsky Fateful Triangle South End Press

6 Philadelphia Inquirer 25.8.82
7 Die Zeit 07.2003.

Kapitel 8 Von der Auswärtigen Kulturpolitik der Bundesrepublik

1 Wissenschaftliche Dienste des Deutschen Bundestages 22.12.2003
2 ebd. S. 36
3 ebd. S. 42
4 Für das Goethe Institut gilt Ähnliches. 1998 stellte es einen sogenannten Chefstrategen ein, zuständig für die Abteilung „Strategie und Controlling“. Auf die Frage, ob die Überführung des Goethe Institut von der operativen zur strategischen Führung geglückt wäre, antwortete er im Jahr 2004 folgendes: „Der Übergang ist zu einem großen Teil vollzogen und inzwischen zumindest von der zweiten Führungsebene des Goethe Instituts auch akzeptiert. Es kommt uns darauf an, allen Mitarbeitern deutlich zu machen, daß Führung nichts Verwerfliches, sondern notwendig und nützlich ist. Das bisherige Verfahren war weitgehend ein mehr oder weniger spontanes bottom up, bei dem man schon einmal die langfristigen Ziele – sofern man sie überhaupt hatte – aus den Augen verlor. Dem setzen wir nunmehr die Führung durch Zielvereinbarung entgegen, die ebenso bottom up wie top down ist.“ Goethe-Institut Intern. Heft 3 2004 S. 6.
Unklar bleibt bei dieser Äußerung des Chefstrategen des Goethe-Instituts, was unter bottom up und top down zu verstehen ist. Und worin denn die Strategie des Goethe Instituts in Zukunft bestehen soll, wobei bemerkenswert ist, daß der Befragte einräumt, daß es zuvor womöglich noch keine gegeben hat.
(Anmerkung vom Verfasser.)
5 Hieran ließe sich sicherlich einiges ändern. Etwa, indem man im Rahmen eines Studium generale deutsche und ausländische Studenten dazu verpflichtet, einen Kurs zu belegen, der sich mit den verschiedenen Formen der Staatsphilosophie befaßt und dadurch zur Objektivierung der Theorien vom perfekten Staat beiträgt.
(Anmerkung vom Verfasser)
6 Stand 2003 Webseite Goethe – Institut
7 Webseite Auswärtiges Amt Tatsachen über Deutschland 4.2.05 Etat für das Jahr 2002

7a Die Bundesregierung ist seit einigen Jahre dazu übergegangen, auch kulturelle Veranstaltungen ausländischer Partner im Inland zu fördern – etwa im Haus der Kulturen der Welt in Berlin – und das als eine Form des Dialogs unter Völkern zu bezeichnen. Was nur bedingt richtig ist. Wenn solche Veranstaltungen nicht zu einem Dialog unter den Beteiligten führen, laufen sie nur auf eine Reziprozität kultureller Selbstdarstellung hinaus.

8 Siehe Rahmenvertrag zwischen dem Auswärtigen Amt und dem Goethe-Institut vom 17.1.2001 & 1 Absatz 1–3d www.goethe.de)

8a Siehe hierzu Stellungnahme zum Bericht der Enquetekommission Auswärtiges Amt Bonn, 1977, Köllen Verlag Bonn, S. 13.

9 Thukydides, Geschichte des Peloponnesischen Krieges, dtv Bibliothek, 3. Aufl. Juli 1981, München, S. 431

10 Das gilt auch weiterhin, Vereinszweck des Goethe-Instituts ist die Förderung der deutschen Sprache im Ausland, die Pflege der internationalen Zusammenarbeit und die Vermittlung eines umfassenden Deutschlandbildes durch Informationen über das kulturelle gesellschaftliche und politische Leben. www. goethe.Institut.de 06.06.03.)

11 Rede von Joschka Fischer am 26.11.98 vor der Mitgliederversammlung des Goethe-Instituts

Kapitel 9 Vom Goethe-Institut

1 Siehe hierzu unter anderem S. 19. Anmerkung 47 und S. 40 Anmerkung 112 Wissenschaftliche Dienste des Deutschen Bundestages 22.12.03

2 § 6 Abs. VIII der Satzung i.d.F. vom 08. Januar 2001 des Goethe-Instiuts-Inter Nationes e.V, www.goethe.de 06.06.03

3 § 11 Abs. I des Rahmenvertrages vom 17.01.2001 zwischen dem Auswärtigen Amt und dem Goethe-Institut-Inter Nationes www.goethe.de 06.06.03

4 Satzung des Goetheinstituts § 7 Absatz 7 § 3 Abs. 1 des Rahmenvertrages

5 Siehe hierzu den Vorstandsbericht im Jahrbuch des Goethe-Instituts 1979/80 S. 19:
„So haben im Bereich der Wortveranstaltungen z.B. Themen der Stadtstruktur, der regionalen Entwicklung der Landwirtschaft, der

Medizin oder des Bildungswesens eine immer größere Rolle gespielt."

6 Seit Mitte der achtziger Jahre wurden diese Art von Veranstaltungen in den Jahrbüchern des Goethe-Instituts nicht mehr angeführt. Was damit zusammenhängen mag, daß man sie nicht mehr für erwähnenswert hielt, oder daß sich hierfür nicht genügend Interessenten fanden. (Anmerkung vom Verfasser)

7 Rede von Joschka Fischer am 26.11.98 vor der Mitgliederversammlung des Goethe-Instituts. Siehe hierzu auch: Auswärtige Kulturpolitik Konzeption 2000, Auswärtiges Amt, Kulturabteilung I.2

8 Die Zeit, 05.06.92

9 Festgabe zur Hauptversammlung der deutschen Akademie, München 11.–14. Oktober 1936, Breslau 9 S. 3

10 ebd. S. 4

11 Eichenlaub und Hakenkreuz, München 1990, Institut für deutsche und vergleichende Volkskunde, Band 11 S. 26

12 ebd. S. 26, 27

13 ebd. S. 27

13a ebd.

14 ebd. S. 45

15 Gottfried Benn, Leben ist Brückenschlagen, Limes Verlag Wiesbaden 1962, Droemer, Knaur, März 1965 S. 114

16 Wie glatt die Aktivitäten der deutschen Akademie in die des Goethe Instituts übergingen, zeigt sich daran, daß die Geschäftsführung 25 Dozenten der ehemaligen Deutschen Akademie einstellte, nachdem das Goethe-Institut in den Dienst des Auswärtigen Amtes getreten war. Siehe 50 Jahre Goethe Institut Beck Verlag München 2001. S. 13

16a Mit der Ausnahme von Eckart Peterich, der in den Anfängen des Goethe-Instituts für eine kurze Zeit Direktor des Instituts war.

17 Die Ausbildung und die Arbeitsbedingungen von Dozenten des Goetheinstituts beschrieb die Geschäftsführung im Jahrbuch 1982/83 wie folgt:

„Nach abgeschlossener Hochschulausbildung absolviert jeder zukünftige Dozent ein zwölfmonatige intensives Ausbildungsseminar und ein viermonatiges Auslandspraktikum, um in Theorie und Praxis mit seinen späteren Aufgaben vertraut zu werden. Anschließend erfolgt eine mehrjährige Unterrichtstätigkeit im Inland."

Jahrbuch des Goetheinstitutes 1982/83 Das Goethe-Institut hat hier die Grundzüge seiner Einstellungspolitik beschrieben. Sie galt bis 2004, weil das Goethe-Institut erst dann wieder Neueinstellungen vornahm. Goethe Intern 1.10. 2004 S. 12.

18 Es gab nur sehr wenige Ausnahmen von dieser Regel. Für die ganz überwiegende Mehrheit der Bewerber war sie gültig. (Anmerkung des Verfassers)

19 In einem im Internet publizierten Grundsatzpapier vom 29.8.2000 bezeichnete die Geschäftsführung des Goethe-Instituts das Rotationsprinzip, sowie den Wechsel zwischen Inland und Ausland für die Entsandten als eine wichtige Voraussetzung lebendiger Kulturarbeit Grundsatzpapier S. 10 www.goethe de 29.8.2000

20 Grundsatzpapier des Goethe Instituts S. 7 Goethe Intern www.goethe.de 29.8.2000

20a In den ersten zwei Jahren, in denen ein zukünftiger Dozent des Goetheinstitutes als sogenannter Referendar vorwiegend an einer Sprachschule im Inland tätig ist, ist sein Einkommen so bescheiden, daß es gerade für den Lebensunterhalt reicht. Und auch wenn er es schließlich zum Dozenten gebracht hat, wird er schlechter bezahlt als ein vergleichbarer Beamter und im Gegensatz etwa zu Studienräten im Schuldienst steht ihm keine Laufbahn offen, die ihn zum Oberstudienrat, zum Studiendirektor und so fort mit den entsprechenden Pensions- und Besoldungsansprüchen aufsteigen läßt. Wird er Leiter eines besonders wichtigen Kulturinstitutes, etwa in Paris, so erhält er allenfalls eine Funktionszulage, die nach Beendigung seiner Tätigkeit wieder wegfällt. Auf die Höhe seines Gehaltes oder auf seine Pensionsansprüche wirkt sie sich nicht aus. (Anmerkung des Verfassers)

21 Herr von Marschall war auf Empfehlung des römischen Institutsleiters Eckart Peterich Ende der fünfziger im Goethe Institut Rom eingestellt worden und übernahm nach dessen Weggang die Institutsleitung. In den Anfängen des Goethe-Instituts war so etwas noch möglich. Den heutigen Ausbildungsweg des Goethe Instituts ist er nie gegangen und hätte sich hierauf wohl auch nicht eingelassen. (Anmerkung des Verfassers)

22 Siehe Magisterarbeit von B. Dombrowski Goethe-Institut Rom Kapitel 5 1995 Universität Hildesheim

23 Ebd. Kapitel 5

24 Ohnehin reicht die Zeit, die einem Dozenten bleibt, um seine Beziehungen und Kontakte zu nutzen, nicht aus. Sie anzuknüpfen dauert einige Jahre. Wenn er sie hat, falls er sie hat, muß er schon wieder die Koffer packen. Sein Nachfolger muß dann meistens wieder von vorn beginnen. (Anmerkung des Verfassers)

25 „Die fachliche Förderung ausländischer Sprachlehrer und Germanisten, die Entwicklung und Verbesserung von Unterrichtsmethoden und Lehrbüchern und die Mitwirkung an entsprechenden Maßnahmen Dritter gehört nach wie vor zu den Aufgaben des Goetheinstituts“ (Abs. 1 Nr. 1 des Rahmenvertrages zwischen dem Goethe-Institutes Inter Nationes e.V. und dem Auswärtigen Amt www.Goethe.de 06.06.03

26 Jahrbuch des Goethe Instiuts 2001

27 Die Geschäftsführung formuliert die Tätigkeit des Goethe-Instituts im Sektor Sprachunterricht so:
„Das Goethe Institut – Inter Nationes setzt international anerkannte Standards im Deutsch als Fremdsprache Unterricht. Es führt Sprachkurse durch, erarbeitet Lehrmaterialien, bildet Lehrende fort und nimmt an wissenschaftlichen Forschungen und sprachpolitischen Initiativen teil. www.goethe.de 6.6.03)

28 Prof. Hans Barkowski, Pressekonferenz Internationaler Deutschlehrer Verband am 26.07.03 an der Universität Jena

29 Die Lehrbücher, die die Audio Linguale Direkte Methode anwenden, gebrauchen ebenfalls Stimulus-Respons Techniken und Multiple Choice Verfahren, die dem Schüler ermöglichen, unter mehreren vorgegebenen Antworten die richtige herauszusuchen.

30 Sprache im Technischen Zeitalter Aporien der Verwertungsinstruktion Martin Mumme Heft 48 Oktober – Dezember 1973

31 Es handelt sich um eine vorsichtig angesetzte Schätzung. Eine Schätzung deshalb, weil das Goethe Institut die Gesamtsumme der für Sprachlabore aufgewandten Beträge nie veröffentlicht hat.
Unsere Schätzung beläuft sich auf 3 900 000 Euro für den Kauf von Sprachlaboren.
3600 000 für die Erstellung von Tonbändern und deren Katalogisierung und Verwaltung
2 400 000 für die anteiligen Verwaltungskosten der Zentrale.
2 60 000 Euro für Reparaturen und den Ersatz defekter Geräte
Bezogen auf den Berieb von 130 Sprachlaboren in 20 Jahren

32/33 Futurum 2 Die Vision einer agressionsfreien Gesellschaft B.F. Skinner Rowohlt Verlag Hamburg 1972

34 Ein Jugendlicher wird, jedenfalls wie es sich im Augenblick verhält, nicht sagen „Darüber denke ich nicht nach“ sondern eher: „Da mache ich mit keinen Kopf“. Er wird nicht sagen „Diese Aufgabe reizt mich nicht“, sondern eher „Das ist nicht mein Ding“ Er wird nicht sagen „Ich sehe fern.“ sondern eher „Ich guck Glotze.“ (Anmerkung des Verfassers)

35 Noam Chomsky Language and mind S. 55

35a Edward Sapir Conceptional Categories in Primitive Language S. 74

36 Werner Roß Deutsch in der Konkurrenz der Weltsprachen Huber Verlag München 1972 S. 22, 24ff.

37 Edward M. Stack The Language Laboratory and Modern Language Teaching Oxford University Press New York 1960 The Keating Report – A Symposium, Modern Language Journal April 1964 An dieser Effizienzuntersuchung hatten 5000 Schüler aus 21 Schuldistrikten teilgenommen.

38 Siehe Philip D. Smith A Comparison of the Cognitive and Audiolingual Approach to Foreign Language Instruction, The Center for Curriculum Development Philadelphia Pennsylvenia 1970 Die Untersuchung war erneut zu dem Ergebnis gekommen, daß die audiolinguale direkte Methode die Unterrichtseffizienz gegenüber der klassischen Unterrichtsmethode nicht erhöht. Das galt auch für den Einsatz von Sprachlaboren. (Anmerkung des Verfassers)

39 Das wachsende Ansehen der Deutschen Wissenschaft im Ausland, läßt sich daran ablesen, daß sich die Zahl der Studenten an deutschen Universitäten von 144 000 im Jahr 1993 auf 246 000 im Jahr 2004 verdoppelt hat. Und daß man mit einem weiteren Anstieg von 100 000 Studenten bis 2010 rechnet. Financial Times Deutschland 30.11.2004 S. 9

40/41 Die Zielsetzung im Sprachunterricht nach wie vor Zweckmäßigkeiten in den Vordergrund zu stellen, zeigt ein diesbezüglicher Absatz im Jahrbuch 2001 des Goethe-Instituts

„Die Professionalisierung und Modernisierung unserer Kursangebote entsprechen einem Trend der das Sprachlernen stark an pragmatische, in der Regel berufliche Motivationen knüpft. Neben der Nachfrage nach Standardkursangeboten, die alle Stufen des Deutschlernens umfassen und durch weltweit anerkannte Prüfungen abgesichert sind, steigt die Nachfrage nach Sonderkursen.

Auf der Grundlage von Bedarfsanalysen konzipieren die Sprachabteilungen fertigkeitsorientierte und fachsprachliche Kurse für Wirtschaftsfachleute, Ingenieure, Übersetzer, Juristen, Journalisten oder Tourismusexperten."
Jahrbuch des Goethe-Instituts 2001 S. 6

42 Überprüft wurden in diesem Zusammenhang die am häufigsten im Goethe Institut verwendeten und vom Goethe-Institut empfohlenen Lehrbücher Delfin, Tangram, Euro Lingua Deutsch. EM, Unterwegs und die Suche.)